21世纪高等职业教育精品教材 · 人力资源管理专业

JIXIAO GUANLI

绩效管理（第四版）

严伟　主编
董杨　杜卉　李俊　副主编

东北财经大学出版社　大连
Dongbei University of Finance & Economics Press

图书在版编目（CIP）数据

绩效管理 / 严伟主编．—4版．—大连：东北财经大学出版社，2023.8

（21世纪高等职业教育精品教材·人力资源管理专业）

ISBN 978-7-5654-4929-1

Ⅰ.绩…　Ⅱ.严…　Ⅲ.企业绩效-企业管理-高等职业教育-教材　Ⅳ.F272.5

中国国家版本馆CIP数据核字（2023）第149445号

东北财经大学出版社出版

（大连市黑石礁尖山街217号　邮政编码　116025）

网　　址：http：//www.dufep.cn

读者信箱：dufep@dufe.edu.cn

大连日升彩色印刷有限公司印刷　东北财经大学出版社发行

幅面尺寸：185mm×260mm　字数：292千字　印张：13

2023年8月第4版　2023年8月第1次印刷

责任编辑：郭海雷　责任校对：何　群

封面设计：原　皓　版式设计：原　皓

定价：36.00元

教学支持　售后服务　联系电话：（0411）84710309

如有印装质量问题，请联系营销部：（0411）84710711

第四版前言

党的二十大报告指出，高质量发展是全面建设社会主义现代化国家的首要任务。从绩效管理视角看，为保障高质量发展目标顺利实现，制定科学合理的绩效目标是关键，构建完善的全过程的绩效管理体系是基础。我们知道，组织间竞争的根本就是人才的竞争——人是组织的灵魂，是管理的第一要素，是组织制胜的法宝和利润的源泉。而绩效管理在当今的组织管理中正日益凸显其重要性，上接战略、下接绩效，是很多组织关注的焦点，这是因为有效的绩效管理可以起到激励员工、实现员工的自身价值以及促进组织长远发展的作用。

2019年，主编在辽宁省政府绩效考核办挂职。在挂职期间编者发现，无论是企业还是政府部门，绩效管理在促进组织良性发展的功能上都是一致的；无论组织的类型如何，绩效管理的流程与考核方法都是一致的。因此，主编在此次修订中加入了一些政府绩效管理的实践操作案例。

本书根据人力资源管理专业教学标准编写，既可供高等职业教育人力资源管理专业教学使用，也可供应用型本科人力资源管理专业师生和从事人力资源管理工作的企事业单位人员参考使用。本次修订的重点内容如下：

第一，围绕“立德树人”这个根本任务，把思政元素通过“素养目标”融入各章知识点，达到“学思用贯通、知信行统一”。

第二，融汇了当前中国企业、政府的绩效管理实践。绩效管理是对人的管理，由于国家文化背景不同，人的观念也必然不同，管理实践自然就存在差异。编者尽量选取并解读富有中国特色的绩效管理实践案例，便于没有工作经验的大学生更好地掌握绩效管理的理论与相关知识。

第三，强化学生的实践能力和职业技能的培养。在介绍相关绩效管理知识的同时，注重突出学生在分析问题与解决问题的能力以及绩效方案设计能力等方面的训练。

第四，增加了对书中案例的分析指导，让师生更好地理解案例带来的启示。

第五，增加了在数字经济背景下对企业绩效管理的创新策略探究。

本书第四版由严伟担任主编，董杨、杜卉、李俊担任副主编。十分感谢王君、孙大伟、吴晓姝等老师在本书第一版和第二版出版过程中做出的贡献。在本书编写过程中，编者参考和引用了许多学者的研究成果，在此谨向这些作者表示诚挚的谢意！

由于编者水平有限，书中难免有不足和疏漏之处，恳请广大读者批评指正，以期不断修订完善。

编　者

2023年5月

前言

目录

第一篇　基础理论篇

第二篇　工具方法篇

第三篇 操作流程篇

第一篇
基础理论篇

学生通过基础理论篇的学习，了解绩效的内涵与绩效管理的目标及功能，并对影响绩效管理的战略、企业文化等因素进行全面的把握；通过胜任力与绩效管理的相关性分析，理解绩效管理的核心目的。

【内容架构】

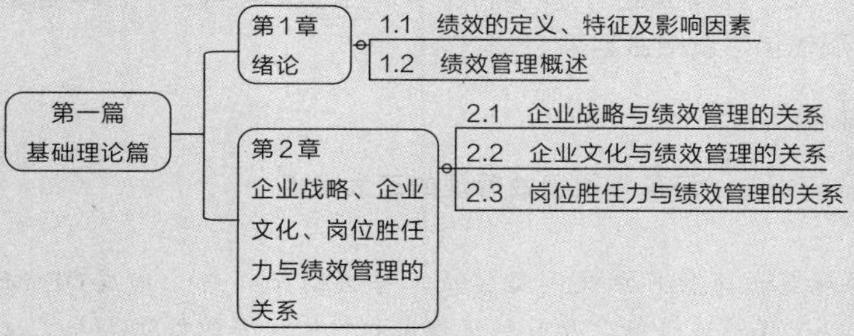

第1章 绪　论

学习目标

知识目标：

了解绩效的内涵及特征；熟悉绩效的影响因素；明确绩效管理的目标及功能；熟知绩效管理的适用对象。

能力目标：

能够认识到绩效管理对于组织管理的重要性。

素养目标：

深刻领会“人才强国战略”，能够将自身职业发展与第二个百年奋斗目标的实现和社会主义现代化建设结合起来。

案例研讨

海尔集团绩效管理的三大特点

特点一：

目标制定程序规范，将目标细化到每位员工每天的工作中，形成OEC日清体系，使员工和管理人员对工作清楚了解，及时纠正错误和推广优秀的做法，养成及时改善的习惯。

OEC综合管理是现场日清的方法之一，可以通过表格记录质量、物耗、设备、工艺、订单推进以及明确责任人、复审人等实现现场控制。OEC综合管理的现场监控细化到了小时甚至分钟，已经超越了“日清”的含义，达到了“及时清”的地步。因此，OEC综合管理又被称为全方位优化管理法。在海尔公司全球经理人年会上，海尔美国贸易公司总裁迈克尔提出了一个设想：能否设计一种新式电冰柜，这种电冰柜保留上端开口的设计，但同时在下部加装一个抽屉，为一些不方便弯腰取东西的老年人提供方便。当天的会议还未结束，海尔公司电冰柜事业部的工程师们就接到了这个信息。他们迅速行动，马上投入到模具的设计开发工作中。第二天上午，当经理人年会正在进行的时候，海尔电冰柜事业部的工程师推着一台样品走上了展台，呈现在经理们面前的正是迈克尔设想的新式电冰柜。仅仅用了17个小时，海尔公司的工程师就开发出了一个新型号产品，充分反映了海尔公司员工日事日毕、日清日高的工作理念和作风。

特点二：

PDCA管理方法保证工作得到迅速执行，有海尔特色的横向月度激励和纵向日度激励体系直接与指标挂钩。PDCA是英语单词plan（计划）、do（实施）、check（检查）和action（处置）的第一个字母，PDCA循环就是按照这样的顺序进行质量管理，并且周而复始地进行下去的科学程序。

PDCA循环是全面质量管理所应遵循的科学程序。全面质量管理活动的全部过程，就是质量计划的制订和组织目标实现的过程，这个过程就是按照PDCA循环不停地运转的。PDCA循环不仅在质量管理体系中广泛运用，也适用于一切循序渐进的管理工作。PDCA循环作为质量管理的基本方法，不仅适用于整个工程项目，也适用于整个企业和企业内的科室、工段、班组以及个人。各级部门根据企业的发展目标，都有自己的PDCA循环，层层循环，形成大环套小环，小环里面又套更小的环。大环是小环的母体和依据，小环是大环的分解和保证。各级部门的小环都围绕着企业的总目标朝着同一方向转动。通过循环把企业上下或工程项目的各项工作有机地联系起来，彼此协同，互相促进。

特点三：

兼顾结果和过程，设定主项指标和辅项指标，如果主项指标不理想，管理人员就会从针对过程控制的辅项指标上找原因或采取纠偏措施。

以上案例表明，随着企业规模的扩大、管理理念的提升和竞争压力的加大，国内企业越来越重视绩效管理。绩效管理的目的不在于考核员工，而是通过一种系统的管理方式取得、记录与分析员工在过去一段时间内的工作表现，以及工作进展状况，通过“评估”与“反馈”来发掘员工未来发展的潜力，协助员工开拓更宽广的职业生涯发展空间。同时，希望通过这种方式，把企业经营得更好。

然而，虽然经过了多年的努力探索，但还是有不少企业在绩效管理方面遇到困难。原因在于，不同的企业有不同的经营环境、核心能力、组织结构、业务流程和企业文化，其人员的素质、管理理念和方式也有较大的差异。由于绩效管理与企业自身情况的契合程度直接决定了绩效管理的有效性，所以不同的企业应努力寻求适合自己的绩效管理方法。

1.1 绩效的定义、特征及影响因素

1.1.1 什么是绩效

绩效主要是指组织的效率、工作效果和效益（经济效益和社会效益）。绩效一般被认为是与目标相关的活动和成果。绩效本身是一个多层次的概念，按照被衡量的行为主体不同，包含组织绩效、群体或部门绩效以及个人绩效等不同层次。

目前对绩效的界定主要有三种观点：第一种观点认为绩效是结果，关注的是工作结果；第二种观点认为绩效是行为，关注的是员工的工作过程；第三种观点认为绩效是素质，关注的是员工的成长。绩效的“结果观”认为：绩效是工作达成的结果，是一个人工作成绩的记录。一般用来表示绩效结果的相关概念有目标、结果、生产量、关键绩效

指标等。绩效的"行为观"认为：绩效是员工的行为表现，但并非所有的行为都是绩效，只有与组织目标、与工作结果或产出相关的，能够被观察或量化的员工行为才算是绩效。绩效的"素质观"认为：员工的工作行为和工作结果与其个人素质有很大的联系。所谓个人素质通常是指个人特有的品质和特征，即员工的工作胜任特征。个人的素质高低会影响员工对知识与技能的吸收或掌握程度，而员工的知识与技能又可通过工作结果转化为对企业的物质贡献，即企业的绩效成果。因此，企业对员工的绩效管理与提升员工的工作胜任力有直接联系。其实这些观点之间并不矛盾，它们相辅相成共同构成了一个全面的绩效观。为此，我们认为绩效是员工依据其所具备的与工作相关的个人素质所做出的工作行为及工作结果，这些工作行为及结果对组织目标的实现具有积极作用，即绩效是组织所期望的结果。

广义的绩效包括三个层次——组织绩效、团队绩效和员工绩效，相应的绩效考核也按照三个层次进行考核。狭义的绩效考核即是对员工的绩效考核。所谓个人绩效，是指员工在过去一段时间内的表现，是一种工作成果及对企业的贡献。一个人绩效的好坏，显示了其对企业贡献的大小。良好的个人绩效是形成团队绩效的基础，而团队绩效的叠加又会形成非常棒的组织绩效。企业之所以对员工实施绩效管理，是希望每个员工成长为最好的自己。

1.1.2 绩效的特征

1）多因性

工作绩效的优劣不是由单一因素决定的，而是受制于主客观多种因素。绩效既受到环境因素的影响，又受到工作特征因素的影响；既受到员工自身能力、个性因素的影响，也与组织的制度与机制有关；同时，绩效还受到员工的工作动机、价值观念及机会的影响。机会属于偶然性的影响因素，如某项任务由于乙员工不在而分配给甲员工，虽然乙员工能力优于甲，但无从表现，甲员工却抓住机会从而取得优良绩效。

2）多维性

绩效既包含各种结果，也包含各种行为与能力。因此，必须从多个维度、多个方面去评估绩效。比如，一个部门经理的工作绩效不仅反映在其经营指标上，也反映在其对下属的监督、指导等管理指标上，整个部门的业绩指标和团队指标都应包含在内。

3）动态性

由于绩效只是一段时间内工作情况的反映，因此绩效水平不会是一成不变的，而会随着客观条件和主观因素的变化而变化，所以，切忌以主观僵化的观点看待绩效，考核体系的设计也应考虑到绩效水平及绩效内涵、外延的变化。

1.1.3 影响员工绩效的主要因素

员工绩效是其工作的"绩"（即工作的结果）及"效"（即实现这一结果的效率水平）的复合体，是一种客观存在。影响员工绩效的因素主要有技能、激励、环境、机会等。

1）技能

技能指的是员工的工作技巧和能力水平。一般来说，影响员工技能的因素有天赋、智力、经历、教育、培训等。由此可以看出，员工的技能并不是一成不变的。组织为了提高员工的整体技能水平，一方面可以在招聘录用阶段进行科学的甄选；另一方面，还可以通过在员工进入组织之后提供各种类型的培训或依靠员工个人主动地进行各种类型的学习来提高其技能水平。

2）激励

激励作为影响员工工作绩效的因素，是通过改变员工的工作积极性来发挥作用的。为了使激励手段能够真正发挥作用，组织应根据员工个人的自我需求、个性、兴趣爱好等因素，选择适当的激励手段和方式。

3）环境

影响工作绩效的环境因素可以分为组织内部的客观环境因素和组织外部的客观环境因素两类。组织内部的客观环境因素一般包括：劳动场所的布局和物理条件；工作设计的质量及工作任务的性质；工具、设备、原材料的供应；上级的领导作风和监督的方式；企业的组织结构和政策；工资福利水平；培训机会；企业文化和组织气氛等。组织外部的客观环境因素包括社会政治、经济状况，市场的竞争强度等。不论是组织内部的客观环境因素还是组织外部的客观环境因素，都会通过影响员工的工作能力（技能）和工作态度（工作积极性等）来影响员工的工作绩效。

4）机会

机会指的是一种偶然性，俗称“运气”。对任何一名员工来说，被分配做什么样的工作，往往在客观必然性之外还带有一定的偶然性。在特定的情况下，员工如果能够得到机会去完成特定的工作任务，可能会使其达到在原有职位上无法实现的工作绩效。例如，一个在生产线上工作的操作工，工作之余自学了很多自动化方面的先进技术。有一次，他接到一个额外的工作任务，被要求对生产线存在的问题提出改进意见。正是这次机会展示了他的才华，他所提出的改进意见为企业节约了一大笔资金，因而做出在原来职位上无法实现的工作绩效。我们认为，机会对他的工作绩效产生了重大的影响。与前面三种影响因素相比，机会是一种偶然性的因素，但是，这种偶然性是相对而言的。一个好的管理者应该善于为员工创造这种能够展现员工高绩效的工作机会。

1.2 绩效管理概述

1.2.1 绩效管理的内涵

绩效管理是指管理者与员工之间在目标与如何实现目标上所达成共识的过程。绩效管理的目的在于提高员工的能力和素质，改进和提高公司绩效水平。

绩效管理首先要解决以下几个问题：目标在哪里以及如何达到目标，需要全体员工尽可能达成共识；绩效管理不是简单的任务管理，它特别强调管理过程中的上下级沟通、绩效辅导过程和由此带来员工能力的提高；绩效管理不仅强调结果导向，而且重视达成目标的过程，同时也重视员工胜任力的提高。绩效管理的根本目的在于绩效的改进，绩效改进需要管理者与员工双方的共同努力，绩效改进的关键是提高员工的能力与素质，绩效管理循环的过程就是绩效改进的过程，绩效管理过程也是员工能力与素质开发的过程。一个优秀企业的绩效管理应该具有什么样的特点呢？对世界500强企业及其他优秀企业进行研究的资料显示，这些全球最优秀的公司，其绩效管理基本上都具有相同的五个要素：明确一致具有可行性且令人鼓舞的战略；进取性强又可衡量及可实现的目标；与目标相适应的高效组织结构；透明而有效的绩效沟通和绩效评价；迅速展开的绩效管理成果应用。这五个基本要素对任何一个优秀企业的绩效管理来讲都是不可或缺的，缺少其中任何一个要素，都不是真正意义上的完整绩效管理。

1）明确一致、具有可行性且令人鼓舞的战略

正确和清晰的思路就像航标一样，能让员工朝一致和正确的方向前进，志向高远的战略能让员工非常清楚地感受企业宏大的发展方向和目标，能最大限度地调动和鼓舞员工的斗志和士气，也能让员工有一致努力的方向和归属感。与此同时，战略的制定一定要建立在对组织及环境动态分析的基础上，具有可行性。这样一来，明确一致且具有可行性的战略才会对员工产生更大的激励和鼓舞效果。

2）进取性强又可衡量及可实现的目标

大多数企业都会制定两套目标：一套是必须要达到的基本目标（生命线目标）；另一套是要经过努力才能达到的挑战性目标（期望目标）。目标制定得太高或太低都没什么意义：目标太高会让人望尘莫及而产生畏惧感，目标太低又会让人轻松懈怠而无所追求。目标的制定一定要让员工有种“踮起脚来能够得着”的感觉，如果员工对目标望而生畏，反而起不到激励作用。

3）与目标相适应的高效组织结构

为有效达成组织的目标，需要建立一个与目标协调一致的组织结构。不同的战略需要不同的组织结构。对同一个战略来讲，不同的组织结构对该战略的满足程度是不同的，对战略目标实现过程的影响也不同。比如，职能式的组织结构就很难满足多元化和国际化发展的战略目标，而矩阵式的组织结构就比较容易配合该战略目标的实现。因此，当企业的战略目标确定后，应建立一个与战略目标协调一致的组织结构。

4）透明而有效的绩效沟通和绩效评价

绩效沟通是绩效管理的重要环节，绩效沟通的主要目的在于改善及增强考核者与被考核者之间的关系；分析、确认、显示被考核者的强项与规避弱点，帮助被考核者善用强项与规避弱点；明晰被考核者发展及训练的需要，以便日后更加出色有效地完成工作；反映被考核者现阶段的工作表现，为被考核者订立下一阶段的目标，作为衡量日后工作表现的标准。基于绩效沟通基础之上的绩效评价是绩效管理的核心环节，是通过岗位管理人员或岗位关联人员与该岗位员工之间有效的双向或多向沟通，依据考核标准和实际工作完成情况的相关资料，在分析和判断基础上形成考核成绩，并将绩效成绩反馈给员工的一种工作制度。

5）迅速而广泛的绩效结果应用

目前，大多数企业进行绩效管理的主要目的是绩效薪酬的分配，而实际上，对绩效结果的应用包括以下五个方面：工资调整定级、绩效薪酬分配、层级晋升与职位调整、教育培训和指导员工职业发展。

1.2.2　绩效管理适用对象

1）按管理层级划分

组织要建立绩效管理系统，首先要明确绩效管理系统的适用对象。通常，公司的绩效管理系统适用于全体员工，包括管理层和普通员工。

管理层的特点：对公司生产经营结果负有决策责任，并具有较为综合的影响力。对应这样的特点，对管理人员的考核，应采用量化成分较多、约束力较强、独立性较高、以最终结果为导向的绩效评估方式。

普通员工的特点：工作基本由上级安排和设定，依赖性较强，工作内容单纯，对生产经营结果只有单一的、小范围的影响。对应这样的特点，对普通员工的考核，应采用量化成分少，需要上下级随时、充分沟通，主要以工作过程为导向的绩效衡量方式。

管理层的工作职能又可分为生产经营直接管理职能和生产经营间接管理职能两大类。生产经营直接管理职能是指直接参与生产经营活动，做出的决策对企业效益与各项生产经营指标有直接影响的职能。生产经营间接管理职能是指不直接参与生产经营活动，但从事诸如各项管理制度的制定、监督执行、协调管理及信息沟通等工作，其决策对企业效益与各项生产经营指标有间接影响的职能。

生产经营的直接管理职能与间接管理职能，因其工作的着力点不同，也应在绩效管理系统的设计中针对其不同特点，选择适宜的指标进行考核。

因此，绩效考核目标的设立应该视考核对象的不同而有所区别，根据经验和实施效果来看，通常原则如下：

中基层部门主管：绩效考核目标=绩效目标+衡量指标+改进点

一般性工作人员：绩效考核目标=工作计划+衡量指标+改进点

事务性工作人员：绩效考核目标=应负责任+例外工作+衡量指标

例行性工作人员：绩效考核目标=工作量+准确性

应急性工作人员：绩效考核目标=工作量+高压线

2）按工作特征划分

对每一岗位的工作都可以从稳定性、程序性和独立性三个方面的特征来考察。稳定性是指工作内容和工作环境的稳定程度；程序性是指工作遵循某些规程开展的范围和程度；独立性是指允许个人在工作完成方面进行自我决策的程度。

对某一特定岗位技能、工作经验和个人素质等特征的要求不同，程序性、稳定性高而独立性低的生产线工人只需要按照特定的规程进行特定的工作，因此只需具备较低的和特别专门化的知识和技能；而高层经理岗位则需要丰富的知识和经验、创新精神和应变能力以应对变化莫测的市场竞争和错综复杂的内部管理活动。

岗位性质的不同、工作特征的差异决定了绩效考核的内容和方法的不同。

对流水线上的工作人员而言，其程序性、稳定性强而独立性弱，他的岗位考核应包含较多可量化的指标，如准时上下班天数、操作的熟练程度、次品率等；高级经理岗位具有较低的程序性、很高的独立性和非稳定性，其考核内容应侧重于经理人员的能力和素质、股东满意度以及公司在股票市场上的表现等方面；市场销售工作具有一定的程序性、较高的独立性，因此除考核销售额外，还应考核签订的合同数量、客户档案管理、项目进度管理、用户满意度、货款回收率等指标。

1.2.3 绩效管理系统的开发与设计

建立科学有效的绩效管理系统，是一个分步实施、逐渐完善的过程，需要投入大量的人力、物力和时间，需要企业高层领导和全体员工的大力支持和积极参与。其具体步骤如下：

1）识别关键参与者

绩效管理同时是涉及组织方方面面的一种管理思想，最终会影响到整个组织的文化、气氛和管理风格，关系每一位员工的切身利益，必须非常严格地选择绩效管理系统开发与设计的参与人员。开发与设计绩效管理系统时，应该采用参与的方法。首先，组织的直线管理人员和员工是绩效管理系统的直接使用者，他们的充分参与和投入是提高绩效管理效果的重要保证。其次，高层管理者是设计、实施和管理绩效管理系统的关键，绩效管理系统中必须体现高层管理者所确定的“组织的战略方向和管理哲学”。谢尔德（Sheard，1992）主张建立一个“由组织各部门的高层、经验丰富的管理者组成的团队”，他们的任务是充当“人事筹划指导团队”，负责监督整个开发与设计过程的进行。高层管理者的参与和投入能提高有计划的变革的合法性。最后，在绩效管理开发与设计过程中，人事和人力资源管理人员（或专家）可以发挥重要的促进作用，他们会对整个开发与设计过程提供支持、协调和具体指导。许多研究者对管理人员和其他人的参与方式提出了一些具体建议。比如，可以设立项目小组，由绩效管理代表组成任务团队、咨询小组等。

2）诊断组织现状

对组织文化、组织气氛、管理风格、绩效管理现状进行诊断，是开发与设计绩效管理系统非常关键的一步，因为只有清楚将来运行整个绩效管理系统的组织背景，找出组织目前绩效管理中做得好的方面和存在的不足，才能有针对性地设计与组织相匹配的绩效管理系统。

拓展阅读1-1

组织诊断七要素

诊断组织现状时，应该着重分析以下七个因素。第一，原因：为什么要重新评价绩效管理系统或绩效工资系统？第二，目标：我们的战略目标是什么？谁来实现这些目标？如何衡量绩效？我们将与员工签订什么样的绩效合同？设计绩效管理系统的目的（如吸引、留住、激励、控制）是什么？第三，环境：我们处在业务发展的哪个阶段？我们置身其中的文化是如何影响我们对绩效及其结果评价的态度的？第四，系统：为了支持绩效或业务目标的实现，我们应该做哪些事情来改善员工的知识、能力和动机？第五，设计：我们如何界定报酬？我们如何界定奖励？何种衡量标准适当？我们将如何与员工沟通绩效、报酬或反馈？第六，结果：对行为有什么影响？成功的标准是什么？第七，监测：采用什么样的绩效回顾过程？总之，通过组织现状诊断，应该清楚地知道：需要做什么（what）、为什么要做（why）、如何做（how）以及引进绩效管理系统的成本（costs）和收益（benefits）。进行组织诊断的主要方法有：问卷调查、团体焦点访谈、观察、组织档案材料分析等。

3）确定绩效管理系统的目标

确定绩效管理系统的目标是开发与设计绩效管理系统最重要的一步。这是因为，整个开发与设计过程都是为一定目的服务的，应该根据不同的绩效管理目标，有针对性地设计绩效管理系统。通常，组织引进绩效管理系统的目的主要有：第一，建设一种绩效取向的组织文化或帮助将现在的组织文化变成更趋于绩效取向的文化；第二，将拥有不同职能的组织部门融合在一起，支持全面质量管理；第三，借助绩效驱动的绩效管理来改善员工个人或团队的绩效；第四，借助发展驱动的绩效管理来提高员工的技能、胜任能力，开发他们的潜能；第五，借助报酬驱动的绩效管理系统来为绩效工资的发放提供所需信息，吸引、留住熟练员工和企业中的关键员工；第六，借助激励驱动的绩效管理来提高和保持员工的积极性；第七，适当授权，使员工有更多的权利自由支配和处理自己的工作；第八，将组织、部门、团队和个人的目标整合在一起；第九，增加工作信息的沟通渠道；第十，为管理者澄清职责、授权、监测和回顾绩效、发展员工等提供一个运作系统。

在设计绩效管理系统时，还应注意以下几点：第一，绩效管理系统通常是有多重目的的。而且，这些目的主要是满足组织发展需要。比如，我们常说，培训和发展是为了员工的利益，但是，组织提供培训和发展机会的最终目的是满足组织的需要。第二，一个给定的系统可能会有许许多多的目标，结果可能会是哪个目标都没能充分实现。第三，这些目的之间可能会发生冲突。比如，当直线管理者和员工自己的目标发生冲突时，组织目标与其个人目标的冲突会更加明显。

4）开发与设计绩效管理系统

绩效管理系统的具体开发与设计包括对绩效管理的本质、范围、内容和操作模型等一系列问题的回答。更为详细的设计过程是根据上述问题，分析企业绩效管理的具体要求和局限性。许多问题都集中在企业具体要求绩效管理系统做什么和如何操作上。如果绩效管理的目的是发展员工的能力，那么，所设计的绩效管理系统应主要体现出员工行为或胜任特征的特色，应有岗位相应的行为绩效标准，然后还要考虑绩效管理系统的局限性（如成本等因素）。同样，如果一个组织选择了报酬驱动的方法，就要考虑该组织是否有足够的经济实力来支付所要增加的绩效工资。

拓展阅读1-2

关于绩效管理系统的三个核心理念

1. 绩效管理系统是企业人力资源管理系统的中枢和关键

绩效管理必须以任职资格为基础，根据目标进行全员评估，再通过薪酬制度、培训制度、职业生涯规划等对员工进行有效的激励，从而实现变单一考核为融合目标设定、绩效沟通、绩效改进的正面引导，不断改进员工绩效和企业绩效。

2. 绩效管理系统非常关注绩效沟通

不管是目标建立过程中的绩效沟通，还是目标实现过程中的沟通，甚至是绩效评估时的沟通，都是非常重要的。

3.绩效管理系统强调各级管理者的参与，特别是高层管理者的参与

绩效管理是保证战略实施的有效管理工具，企业所有的管理者都应当承担不同的绩效管理责任。

5）绩效管理培训

许多研究表明，对管理者、团队领导和员工进行的绩效管理培训的范围和质量，是成功引进和实施绩效管理系统的关键因素之一。通过绩效管理培训，能够使管理者抓住有效管理和培训员工的核心并让其他员工在参与的过程中获得最大收益。

绩效管理培训有三个主要目的：第一，让参加培训者了解组织引进绩效管理系统的原因、目的，绩效管理包括哪些过程等。可以通过编制组织的绩效管理指南，简要说明组织引进绩效管理系统的原因，并采用简报、研讨会、讲座、报告等方式，使全体员工对此有一个深入、全面的了解。第二，说明管理者、团队领导、团队和每个员工的贡献，包括他们工作的意义、他们应该如何工作、给他们及组织带来的益处等。应强调合作关系，公开和诚恳地进行信息交流，说明管理者和团队领导的贡献是帮助、辅导，而不是判断。员工应该明确他们能从自评中得到什么好处以及培训在自我发展中的作用。第三，培训实施和管理绩效管理系统的技能。比如，提供反馈、接受反馈、就绩效目标和胜任特征达成一致、绩效标准的使用、回顾结果的分析和使用方法、个人发展计划、自我管理学习等绩效管理技能，都需要经过专门的培训才能被掌握。

6）小范围试验

正确选择试验部门对绩效管理系统的顺利实施和进一步推广是非常重要的一步。选择进行试验的部门时应考虑以下六个方面的问题：第一，该部门的大小合适吗？第二，该部门的组织结构能代表其他部门吗？第三，该部门的功能可以推广吗？第四，该部门在政策上能接受吗？其他部门认为该部门是一个具有代表性的部门吗？第五，该部门留给他人的印象是什么？（它是哪一种：高效的？松散的？难管的？懒惰的？）第六，高层管理者支持吗？通过在所选定的部门实施绩效管理试验，可以提示我们需要在绩效方面进行哪些改变，包括对绩效管理系统本身进行的改变和对组织的一些方面进行的改变。

7）绩效管理系统效果评价

我们所开发和设计的绩效管理系统运行情况如何？是否达到了预期的目的？也就是说，我们需要对绩效管理系统的效果进行评价。评价绩效管理系统的效果时，可以采用访谈法、观察法和问卷调查法等。常用的调查问卷有“绩效管理调查问卷”“绩效管理（分阶段）调查问卷”“员工态度调查问卷”等。

拓展阅读1-3

评价绩效管理系统应考查的主要问题

第一，该系统在多大程度上支持了组织目标的实现？

第二，该系统是如何与组织的关键成功因素联系在一起的？

第三，该系统是否清楚地界定和设立了个人目标，是否与员工工作职责紧密相关？

第四，该系统是否有助于员工个人发展计划的制订？

第五，该系统的评价标准是否客观清晰？

第六，该系统是否反映了组织的工作流程？

第七，该系统是否与员工工资挂钩？

第八，该系统是否有助于推进组织高质量发展？

第九，该系统是否有助于推进组织成员创新？

基础训练

1.绩效管理的内涵是什么？

2.绩效管理的目标是什么？

3.绩效管理的功能有哪些？

4.简述绩效管理在企业中的地位及作用。

综合应用

□ 案例分析题

海底捞的“断臂求生”

2020年3月，海底捞发布2019年年报，营业收入和净利润实现同步增长，营业收入和净利润都创下了历史新高：营业收入265.56亿元，同比增长56.5%；净利润23.47亿元，同比增长43.59%。2020年6月，基于海底捞2019年财报的出色表现，海底捞创始人张勇公布了大规模扩店的计划，短短半年便新开了363家门店，平均每天新开2家门店。2021年年报显示，海底捞店铺数量已经达到了1 597家。疫情期间的盲目扩店，让本想“抄底”的海底捞反而陷入泥潭。2021年海底捞实现营业收入411.1亿元，同比增长43.68%；但同期净利润却为-41.63亿元，是海底捞自上市以来的首次亏损，且亏损金额相当于此前三年净利润之和。

困境之下，海底捞选择“断臂求生”。截至2021年年末，海底捞有260家餐厅被永久关闭，32家暂时停业休整。2022年年报显示，海底捞实现盈利13亿元，主要原因是2022年海底捞把“赚钱”的核心放在了降本增效上。

如何实现降本增效？对于线下餐饮门店来说，始终绕不过“房租、原材料、人工”这三座成本大山。

在原材料方面，2021年海底捞原材料及易耗品成本为179.77亿元，占总收入比重高达43.7%。此前，海底捞就因“牛肉粒变素”“缺斤少两”等话题多次登上微博热搜榜。此外，也有不少网友在微博、小红书等社交平台上“吐槽”，表示海底捞不再主动送上小零食等。

在员工成本方面，截至2021年年底，海底捞员工总数超过14万人，员工成本约148.75亿元，同比增长53.7%，占总营业收入比例为36.2%。疫情前海底捞单店员工数为100~120人，目前单店员工人数为60~80人。

在员工营业收入管理上，海底捞调整“薪酬结构”，由“高底薪+分红”改为“低底薪+高分红”模式。

截至2021年年末，海底捞员工总数为146 584人。而2022年中报显示，海底捞员工总数已经降至101 041人，相当于半年时间大幅减少了45 543人。

综上，通过关闭业绩不佳门店，降低各项成本，海底捞最终实现了“降本增效”，暂时甩掉了亏损的帽子。

问题：（1）海底捞的业绩变化带给你什么样的启示？

（2）海底捞的整体绩效受哪些因素影响？

分析提示：可以从政策、经营环境、经营决策、影响绩效的因素、影响企业人力资源管理的因素等多个角度展开讨论，提升学生分析问题和解决问题的能力。

□ 实践训练题

请利用课余时间收集一个你感兴趣的某个绩效良好的企业实例，分析该企业绩效优秀的原因并形成报告。

第2章 企业战略、企业文化、岗位胜任力与绩效管理的关系

学习目标

知识目标：

了解企业战略的内涵；明确企业文化的功能；熟知岗位胜任力的基本内容；掌握企业战略、企业文化、岗位胜任力与绩效管理的关系。

能力目标：

能够认识到企业战略、企业文化与岗位胜任力对于绩效管理的重要性。

素养目标：

深刻领会党的二十大报告中提出的我国发展战略与战略布局的关系，能够正确认识“五位一体”总体布局和“四个全面”战略布局。

案例研讨

绩效战略导向的力量

这是历史上一个著名的关于制度建设的例子。18世纪末期，英国政府决定把罪犯统统发配到大洋洲去。一些私人船主承包了从英国开往大洋洲大规模地运送犯人的工作。英国政府实行的办法是按上船的犯人人数支付费用。当时那些运送犯人的船只大多是由一些很破旧的货船改装的，船上设备简陋，没有什么医疗药品，更没有医生，船主为了牟取暴利，尽可能地多装人，导致船上生活条件十分恶劣。一旦船只离岸，船主按上船人数拿到了政府支付的费用，而对这些犯人能否远涉重洋活着到达大洋洲就不管不问了。有些船主为了降低开支，甚至故意断水断食。3年以后，英国政府发现：运往大洋洲的犯人在途中的死亡率高达12%，其中最严重的一艘船上424个犯人死了158个，死亡率高达37%。英国政府花费了大笔资金，却没能达到大批移民的目的。

为此，英国政府想了很多办法。每一艘船上都派了一名政府官员监督，再派一名医生负责犯人的医疗卫生工作，同时对犯人在船上的生活标准做了硬性的规定。但是，犯人死亡率不仅没有降下来，有的船上的监督官员和医生竟然也不明不白地死了。原来，一些船主为了贪图暴利，贿赂官员，如果官员不同流合污就会被扔到大海里喂鱼。政府支出了监督费用，却没有达到监督目的。政府又采取了新办法，把船主都召集起来进行培训，教育他们要珍惜生命，要理解去大洋洲开发是为了英国的长远大计，不要把金钱看得比生命还重要。但是情况依然没有好转，犯人的死亡率一直居高不下。

一位英国议员认为那些私人船主钻了制度的空子，而制度的缺陷在于政府给予船主的报酬是按上船人数来计算的。他提出了新的方案：政府以到达大洋洲上岸的人数为基准计算报酬，而不管上船人数有多少。困扰政府官员许久的问题迎刃而解。船主主动请医生跟船，在船上准备药品，改善犯人生活，尽可能地让每一个犯人都健康地到达大洋洲。自从实行上岸计数的办法，船上犯人的死亡率降到了1%以下，一些运载几百人的船只到岸后犯人死亡率甚至为零。

这个实例告诉我们，绩效考核的战略导向作用很重要，企业的绩效战略导向决定了员工的行为方式。如果企业认为绩效考核是惩罚员工的工具，那么员工的行为就是避免犯错，从而忽视创造性，这样就不能给企业带来战略性增长，企业的目标就无法达成。如果企业的绩效战略导向是组织目标的达成，那么员工的行为就趋于与组织目标保持一致——分解组织目标，理解上级意图，并制订切实可行的计划；与经理形成绩效合作伙伴关系，并在经理的帮助下不断改善，最终支持组织目标的达成。

2.1 企业战略与绩效管理的关系

2.1.1 绩效评价的历史演变

企业绩效评价大致经历了成本绩效评价、财务性绩效评价以及战略性绩效评价三个发展阶段。

1）成本绩效评价阶段

在19世纪初至20世纪初的成本绩效评价阶段，美国的纺织、铁路、钢铁和商业部门的管理者根据各自行业的经营特点设立了多种绩效指标，这些指标主要以成本控制为目的，用于评价企业内部的生产效率。这种成本业绩评价体系维持了将近一个世纪。

2）财务性绩效评价阶段

20世纪初到80年代前，企业绩效评价处于财务性绩效评价阶段。1903年，杜邦公司开始以投资报酬率来评价企业绩效，并通过杜邦系统图来规划和协调各分部的经营活动，使企业成为一个部门与部门之间相互协作的有机整体，进而提高对企业绩效的预测能力和控制能力。以此为标志，企业绩效管理进入以财务指标为重点的财务性绩效评价阶段。随后，20世纪30年代受金融危机的影响，企业更加注重财务指标。这之后一段时间的发展，只是对财务指标的完善，这一阶段财务评价几乎是企业绩效评价体系的全部内容，绩效评价指标主要涉及与企业偿债能力、营运能力和盈利能力等相关的财务指标。

3）战略性绩效评价阶段

20世纪80年代后，随着科技进步与经济的迅速发展，企业内生产、销售、研发、财务和人力资源管理等职能部门的相互协作与配合显得越来越重要。在这种背景下，财务绩效评价制约了公司发展战略的实现，因此，非财务指标的作用日益得到重视。自20世纪90年代起，学术界越来越多的学者开始研究绩效管理，有关研究成果日益增多。其中，战略性绩效管理逐渐成为一个新生的主导流派。平衡计分卡最初源于1990年美国诺顿研究所主持并完成的“衡量未来组织的业绩”这项课题的研究成果。在此基础上，这项课题的带头人卡普兰和诺顿又不断进行深入研究，陆续发表相关论文和专著并提出可操作性的实施步骤，使该理论得以逐步系统化。迄今为止，平衡计分卡依然是企业最理想的战略绩效工具。近年来，我国许多企业也在尝试着进行类似的变革，并取得了不俗的业绩。

2.1.2 战略性绩效管理的定义

1）什么是战略规划

一个组织的战略规划包括使命、愿景、目标和战略。使命主要是介绍一个组织存在的意义、组织活动的范围、所要服务的客户以及所要提供的产品和服务。在使命陈述中，还包括组织在生产和提供服务的过程中将会使用哪些技术，以及组织的产品和服务具有哪些独特的好处或优势等方面的信息。此外，在使命陈述中还可以包括组织价值观和管理理念等方面的陈述，比如组织的管理哲学等。愿景是对组织未来期望的描述。使命强调的是现在，而愿景强调的则是将来。组织为了实现其使命和愿景必须制定具体目标，目标提供了关于组织如何实现使命和愿景的更加详细的信息。组织自上而下地把目标逐级分解到各个层级上去。这样，组织中的各个部门或业务单元就会制定自己的战略目标，并且它们的战略目标都应当与组织的总体战略计划保持一致。

2）什么是战略绩效管理

绩效管理是一种企业执行力体系，是实现企业战略目标、培养企业核心竞争力的重要管理手段。战略绩效管理就是以企业战略为出发点，对企业绩效实现过程中各要素的管理，是通过建立或明晰企业战略、分解目标、沟通与宣传、业绩评价，并将绩效考核结果应用于企业日常管理活动中，以激励员工业绩持续改进并最终实现企业战略及目标的一种管理活动、管理思想、管理文化和管理工具。战略绩效管理区别于传统的考核管理：出发点不再是自己的部门或岗位，而是组织的整体目标和利益，关注短期和长远、组织和岗位、内部和外部、结果和过程的平衡协同。

2.1.3 战略管理与绩效管理之间的关系

战略管理和绩效管理是现代企业管理的重要组成部分，将绩效管理与战略相联系，是近年来企业管理的显著特点。战略是对未来结果的一种期望，这种期望的实现要依靠组织所有成员按照一定逻辑相关性和绩效要求的导向，努力发挥创造性；而绩效管理是战略执行和实现的有力工具和手段，是具有战略性高度的管理制度体系。因此，战略管理和绩效管理是密切相关的。战略绩效管理系统的主要目的是以战略指导绩效管理，通过绩效管理来实现企业战略，使组织的战略目标转化为阶段性的、具体的、可操作性的并为大多数人所理解的目标，让绩效管理以战略为导向，真正实现为组织战略管理服务的思想。

1）绩效管理是企业价值分配的基础

企业的经营运作过程，实质上就是价值不断创造的过程。价值创造循环包括价值创造、价值评价和价值分配，它们环环相扣，缺一不可。一个企业的核心任务就是全力创造价值，科学评价价值和合理分配价值。要做到科学评价价值，必须采用不同的评价方法和评价要素。在企业中主要采用以下五套评价体系：以素质模型为基础的潜能评价体系；以任职资格标准为基础的职业行为评价体系；以战略目标为导向的绩效评价体系；

以企业自检及中期述职报告为基础的绩效改进体系；以绩效循环为基础的管理能力评价体系。通过以上五套评价体系，可以实现企业内部的价值分配。

2）绩效管理是企业战略落实的载体

绩效目标的制定必须是自上而下的，通过绩效目标的制定把企业的战略目标层层分解和传递下去。战略管理只有依靠绩效管理的支持才能将战略转化成企业日常的经营目标，战略才能真正落到实处；而绩效管理也不能脱离企业的战略。企业必须将组织战略作为绩效管理的起点，通过绩效考评指标体系将组织战略目标转换成阶段性目标，再将这些目标自上而下层层分解，以便不同部门、不同人员明确各自的任务。只有在战略指导下的绩效管理才能促使管理者正确地监督、评价与激励员工，才能实现企业短期利益和长期利益、局部利益和整体利益的均衡。

3）企业战略促进绩效管理体系改进与完善

绩效管理不仅在企业战略运营中有重要的作用，还使得企业战略得到升华。具体而言，企业战略从以下四个方面促进绩效管理体系的改进与完善：第一，企业战略分解有利于确定企业成功的核心因素，提高企业的核心竞争力；第二，企业战略分解使绩效管理体系不仅成为企业员工的约束机制，同时也使企业战略发挥导向牵引作用；第三，企业战略分解通过员工的个人行为目标与企业战略相契合，使绩效管理体系有效地阐释与传播企业战略，并成为企业战略实施的有效工具；第四，基于战略导向的绩效管理体系设计是对以往以控制为核心的传统绩效考核理念与制度的创新。

2.1.4 战略性绩效管理的优点

1）有利于增强员工的工作积极性

战略性绩效管理能让管理者将最明确的信息和责任传递给员工，能让员工将最直接的工作效果反馈给管理者，能让各层级人员为达成最大的绩效而努力。员工通过充分参与组织绩效计划、实施绩效考评和绩效反馈沟通，亲身感受和体验到战略性绩效管理能够贯彻公开、公平、公正的精神，会消除对管理者的抵触情绪，正确对待考评结果，以平和的心态正视个人长短，正确看待物质利益，建立责任感与使命感，从而真正关心组织战略目标。与此同时，战略性绩效管理给员工提供最多的成长机会及最大的回报，从而最大限度地调动员工的工作积极性。

2）有利于管理者掌握员工情况

战略性绩效管理能让管理者在最短的时间内获得各层级员工的工作绩效，能发现员工实际工作与期望目标的差距，能给出员工最准确和最客观真实的工作业绩反馈，能在最短的时间内精准地度量出各个员工的实际工作状况。战略性绩效管理能够使管理者重视绩效沟通。通过有效的沟通，员工能够向管理者提供真实的信息，管理者能充分掌握下属情况，为进一步开展工作奠定基础。

3）有利于提高组织绩效

战略性绩效管理能够将员工的工作目标同部门目标、组织目标联系在一起。在战略的基础上建立科学合理的组织目标，再通过层层分解，形成部门的目标和员工的目标，这就保证了员工工作目标与部门和组织目标的一致性，从而也确保了员工的工作目标和组织战略目标的同步达成，最终使组织绩效得到改善。

2.1.5　企业战略绩效管理体系的导入要点

企业导入战略绩效管理体系是一项需要慎重进行的工作，不同的组织一定要结合自身的实际情况确定导入要点。结合企业实践来看，以下五个导入要点非常重要：

1）全员参与

全员参与是正确执行战略性绩效管理的保障。对全员的动员，应注重员工观念上的认同和行为上的转变。在组织的战略和绩效指标的制定过程中，各部门、各层级的人员都要参与进来，这样才能得到员工的理解和支持，从而获得大家的认同，最终有助于组织战略的实施和执行。绩效管理应是企业进行管理和改革中的大事，是企业全体员工的事情，上至总经理，下到基层员工，公司所有的人都应参与进来。在一个企业的目标体系中，总经理的目标、事业部经理的目标、部门主管的目标是各不相同的，但他们的目标都和企业整体目标息息相关；企业整体目标的实现，有赖于各部门目标及员工目标的顺利实现。

2）高层推动

高层重视是战略绩效管理体系顺利导入的前提。在战略绩效管理体系导入的过程中，高层要充分认识到导入绩效管理体系的重要性，要提供组织保证、人员保证、资金保证，要及时向员工传递一个明确的信息：不管遇到多大的困难，都将坚定地走下去，不会半途而废。

案例2-1

杰克·韦尔奇与GE的战略性绩效管理

企业推行战略绩效管理的过程是漫长而复杂的，任务相当艰巨，需要企业管理者特别是CEO具有坚毅执着的品格。在这方面，杰克·韦尔奇给所有的CEO树立了榜样。GE的绩效管理之所以能取得辉煌成就，是与前CEO杰克·韦尔奇的激情和执着分不开的。在担任CEO的20年里，韦尔奇始终站在领导绩效管理改进和创新的最前沿，GE的很多员工把他视为一个在管理方面花样多变的“魔术师”。当他把绩效管理的内核动力从开始的领导者与被领导者沟通合作，一步一步地发展成为“充分授权”的员工自主管理，再后来演变成“合力促进”运动，越来越充分地激活了绩效管理这台传动机，进而驱动GE走向鼎盛与辉煌。

3）明确责任主体

绩效管理是在管理者与员工之间就目标制定和如何实现目标而达成共识的过程，以及促使员工成功地实现目标的管理方法。绩效管理既然是一种管理的方法和手段，那么真正的主角只能是管理者和被管理者双方，也就是考核者和被考核者，绝不是其他部门或者其他人。人力资源部门并不是绩效管理的主体，作为服务性的职能部门，它在绩效管理中只能起到组织、支持、服务和指导的作用。事实上，绩效管理的真正责任主体是直线经理，他们在绩效管理中扮演着下属的指导者、考评者、反馈者、辅导者、激励者的角色。他们与下属讨论战略绩效目标、标准，经常进行绩效检查，掌握下属的业绩情况，对下属进行辅导和反馈，评定下属的业绩结果，分析不足及改进的方向等。企业的人力资源部门、财务部门以及专门的绩效管理部门只是参谋部门、推进部门而已，离开了直线经理的理解和支持，绩效管理必然会流于形式。

4）成立绩效管理项目小组

建立和实施战略绩效管理体系是一项专业性非常强的系统工程，必须成立项目小组加以推进。项目小组成员既要精通绩效管理的原理和方法，又要熟悉企业经营管理的特点，具备较强的组织能力和协调能力。为此，必要时应借用“外脑”，即引入外部专家机制，充分利用外部专家的知识、技术和经验，来弥补组织内部绩效管理知识和技能的不足。同时，成立内部推进小组，共同组成绩效管理项目组，形成优势互补的项目团队。外部专家的职能主要包括绩效管理观念的传播、绩效管理技术和方法的传授、绩效管理过程的辅导、绩效管理知识和技能的培训等方面的内容。内部推进小组的职能是负责绩效管理方案的确认、具体实施、组织和资源的保障等。绩效管理项目小组的建立对企业战略绩效管理体系的导入具有重要的推进作用。绩效管理项目团队的协调合作主要是把项目组成员不同的专长结合起来，优势互补，相得益彰。考评者与被考评者加强沟通，协调合作，可以增强组织的凝聚力，起到达成共识、促进发展的作用，从而有助于组织战略绩效管理体系的成功导入。

5）建立学习型组织

彼得·圣吉在《第五项修炼》一书中指出：“所谓学习型组织，是指通过培养弥漫于整个组织的学习气氛、充分发挥员工的创造性思维能力而建立起来的一种有机的、高度柔性的、扁平的、符合人性的、能持续发展的组织。这种组织具有持续学习的能力，具有高于个人绩效总和的综合绩效。”学习型组织的建立有助于组织员工各抒己见、共同学习、共享经验和知识、共同进步，对企业导入战略绩效管理体系具有非常重要的作用。组织的愿景和战略的制定，管理者和员工之间的沟通，创新精神的培养，员工之间绩效管理知识、经验和技能的共享和交流等，都只有在学习的基础上才能够达到。因此，企业创建学习型组织会极大地推动组织战略绩效管理体系的导入和实施。

2.1.6 战略绩效管理工具

目前世界范围内被广泛应用的战略绩效管理工具主要有三个：一是发展较早的关键绩效指标法（KPI）；二是20世纪90年代初产生并被广泛应用的平衡计分卡法（BSC）；三是个人业务承诺计划（PBC）。

1）关键绩效指标法

关键绩效指标法是把企业的战略目标分解为可操作的工作目标，是企业绩效管理的基础。其优点是把企业的战略目标分解为具体可操作的工作目标，便于落实，缺点是没能提供一套完整的、对操作具有战略指导意义的指标框架体系。

2）平衡计分卡法

平衡计分卡法就是通过建立一整套财务与非财务指标体系，包括财务业绩指标、客户方面业绩指标、内部经营过程业绩指标和学习与成长业绩指标，对企业的经营业绩和竞争状况进行综合、全面、系统的评价。平衡计分卡包括财务、客户、内部流程、学习与成长四个维度，既包含了财务指标又有非财务指标，财务指标能说明企业已采取的决策所产生的结果，而顾客满意度、内部业务流程及学习和创新活动等非财务指标作为未来财务业绩的推进器，可对财务指标进行补充。平衡计分卡的四个维度以战略为中心相互联系、互相平衡而形成一条因果关系链。

3）个人绩效承诺计划

个人绩效承诺计划或业务承诺计划（PBC），也叫个人绩效承诺法，最早是由IBM开始实践的一种战略绩效管理工具。PBC管理是指在全集团范围内通过自上而下地将集团、部门的工作目标逐级分解到每一位员工的方式，由直线经理与员工签订PBC，以实现组织绩效和个人绩效的有机联结。每个员工都要在年初制订自己的PBC，并列举出在来年为了实现各个方面的目标所需要采取的行动，相当于立下了一个一年期的“军令状”。制订PBC时，需要个人与其直线经理共同商讨，这样可以使个人计划与整个部门计划相融合，以保证其切实可行，即个人的所做所想要符合企业的价值观。然后，这一年中，直线经理会根据个人的工作表现和PBC目标达成情况对其做出绩效评估，包括季度评估和年底评估。个人的绩效评估结果也将与其自身的薪酬、晋升、发展紧密关联，体现于绩效奖金发放、员工薪酬调整、员工晋升/岗位变更、员工培养发展等多方面。PBC管理能够起到实现企业战略、加强管理及提升员工发展的目的。PBC评估流程包括目标设定、辅导、评估、结果应用四个环节，且不断循环。

2.2　企业文化与绩效管理的关系

2.2.1　企业文化的本质

1）什么是企业文化

企业文化是企业在经营实践过程中，由企业管理者倡导的，在大部分员工中逐渐形成的共同的价值观念、行为模式、感觉氛围、企业形象的总和。企业文化是企业经营管理的灵魂，是一种无形的管理方式，同时，它又以观念的形式，影响和调控企业或员工的行为，使其团结一致并实现企业目标。企业文化的核心是企业的价值观，它是企业中占主导地位的管理意识，这种意识通过潜移默化的方式渗透到企业经营管理活动全过程之中，会在企业的经营活动中无形地左右企业的各种活动，它决定着员工行为的取向，关系企业的生死存亡。一个适合企业的正确价值观一经确立并成为全体成员的共识后，将会产生长时间的稳定性，甚至会成为几代人共同尊奉的信念，对企业具有持久的精神支撑力。另外，优秀的企业文化会促进企业的可持续发展，良好的企业文化是企业网罗人才、留住人才的制胜法宝。

美国学者埃德加·沙因将企业文化划分为三个层次：第一层是外显的人为事物；第二层是表层的价值观；第三层是核心的基本假设。通过这个理论模型可以发现，企业文化的本质因素是存在于员工内心深处的基本假设，是这个基本假设决定了企业员工的行为。而目前公认的企业文化三层次中的理念层（以价值观为中心），则是企业文化本质的表现形式。企业文化在企业发展中起着巨大的作用，是企业的灵魂。它通过凝聚功能、导向功能、激励功能和约束功能推动企业提高核心竞争力，同时具有塑造企业形象的作用。

2）企业文化的人才培养功能

企业文化的人才培养功能是指对职工实施培训，并为其提供发展的机会。企业文化的人才培养功能，是通过文化本身的行为约束功能和价值导向功能来实现的。

第一，企业文化的行为约束功能，主要体现为制度文化和企业伦理的作用。一方面，企业规章制度的约束作用非常明显，而且是硬性的，制度面前人人平等；另一方面，企业伦理包括社会公德和职业道德，员工都必须遵守，它是一种无形的、理性的内在约束。通过这种方式可以培养出符合企业发展所需的高素质员工。

第二，企业文化的价值导向功能也具有人才培养作用。这主要是通过企业文化的塑造来引导企业成员的行为，使其在潜移默化中接受企业共同的价值观念，自觉自愿地把企业目标作为自己的目标来实现，从而提升企业人力资源的整体素质。企业文化反映了企业整体的共同追求、共同价值观和共同利益，企业文化一旦形成，就建立起了自身系统的价值和规范标准，对企业中的个体成员就能很好地进行引导。

3）企业文化的人力资源约束功能

人力资源的约束功能是指在企业文化建设中形成的一种非行政、非经济的心理约束氛围，它能增强经济、行政手段的制约功能。具体表现在以下两个方面：

第一，能使对员工的心理约束和对工作的约束一致，建设一支具有统一的价值观念、首创精神以及一切行动听指挥、遵纪守法的员工队伍，既发挥员工的主体作用，又使每一位员工懂得自己的工作任务、目标、职责，并按照这些要求驾驭管理各种要素，尽职尽责地完成本职工作。

第二，能使自我约束与强制约束结合起来。企业文化的一个重要职能就是启发和增强员工自我约束、自我控制的意识和能力，而这种自我管理的意识和能力与规范化的工作纪律、规章制度、管理秩序等相匹配，有助于员工推进实现自己的理想目标。一个企业群体的价值观念一旦成为广大员工的自觉意识和行为，员工们就无须外力强制，会自觉地按照群体认同的价值观待人接物和从事经营活动。

4）企业文化的管理调控功能

第一，能使企业软件约束和硬件约束结合起来。除企业结构、技术管理属于硬管理外，系统、网络、员工、策略和共同价值观等均属于软管理。只有软管理强化，才能加强硬管理。如果软管理软弱，硬管理是难以为继的，即便加强硬管理，也难以持久。企业文化属于软管理，企业形象搞好了，结构、技术便能获得保证，进而发挥其应有的功能。

第二，能使事前、事中、事后的约束相结合，三者约束，环环紧扣。在产品质量问题上，事先约束尤为重要，按规定、制度、要求执行，来不得半点马虎和私心杂念，否则会造成不良后果。企业文化中长期形成的群体观念和道德行为准则，在员工中起着潜移默化的作用，可以自我约束不良行为。即使发生不良后果，纠正起来也比较容易。

2.2.2 企业文化的基本结构

从企业文化的内涵来看，企业文化是由理念文化、制度文化、行为文化和物质文化四个层次所构成的，这四个层次构成一个完整的文化系统，从各个方面对企业的经营活动发挥着“指南针”的作用。这四个构成要素之间相互联系、相互作用，构成企业文化的全部内容。

1）理念文化

企业理念文化，即精神层面的企业文化，是企业在生产经营过程中，长期受一定的社会文化背景、意识形态影响而形成的一种文化观念和精神成果，是企业文化的核心。理念文化制约着企业文化的中间层面、幔层和表层文化，决定其他文化的变化和发展方向。企业的生产经营行为如何，企业制定什么样的规章制度，企业员工表现出什么样的行为，归根到底受制于企业的理念文化。理念文化通常包括企业的核心价值观、愿景、使命、精神等内容。

（1）企业核心价值观

企业的核心价值观是企业长期坚持的基本信仰和价值取向，是统率企业理念和指导企业行为的基本原则。围绕核心价值观，很多企业都会建立一套自己的价值观体系，从各方面决定着组织对内外各种关系和自身行为的思考、判断和决策。随着组织内外环境的变化，组织价值观体系中的许多内容可能需要相应改变，但是只有核心价值观会持久不变，长期、深刻地影响着企业的生存和发展。它强调企业的社会责任感及其在社会生活中的存在价值，并以此把企业与职工凝聚在一起。

国内外经营成功的企业都很注重企业核心价值观的塑造，并要求企业员工自觉推崇和尊重企业的价值观。例如，海尔集团提出“真诚到永远”，把真诚地为顾客提供高质量的产品和服务作为自己的价值追求；美国IBM公司提出“IBM就是服务”，把为顾客提供世界上第一流的服务作为最高的价值信念。

成功企业的经验证明，积极向上的企业价值观能使员工把维护企业利益、促进企业发展看成是最有意义的工作，从而激发员工极大的工作热情，使企业的外部适应能力和内部协调能力得到加强，企业也由此获得成功和发展。

（2）企业愿景

企业愿景是由企业内部的成员所制定，描绘企业发展的宏伟蓝图，体现企业永恒的追求，是对“我们代表什么”“我们希望成为怎样的企业”的持久性回答和承诺。企业愿景不同于一般的短期目标，它往往更为笼统，体现出宏伟、振奋、清晰和可实现的特点。企业愿景不断地激励着企业奋勇向前，拼搏向上。优秀企业成长的背后，总有一股经久不衰的推动力——企业愿景激励着这些企业不断向前。比如，联想集团“未来的联想应该是高科技的联想、服务的联想、国际化的联想”的这一愿景激励着一代代联想人为之拼搏奋斗。

（3）企业使命

企业使命是指企业在社会进步和社会经济发展中所应担当的角色和责任。企业使命是企业存在的目的和理由，明确企业的使命就是要确定企业实现愿景目标必须承担的责任或义务。企业使命描述了企业的主导产品、市场和核心技术领域，体现了企业经营的哲学定位、价值观和企业的形象定位，是企业的一种根本的、最有价值的、崇高的责任和任务，即回答我们干什么和为什么干的问题。崇高、明确、富有感召力的使命不仅为企业指明了方向，而且使企业的每一位成员明确了工作的真正意义，激发内在动力。试想，华为公司“聚集客户关注的挑战和压力，提供有竞争力的通信解决方案和服务，持续为客户创造最大价值”的使命让华为的员工对企业、对顾客、对社会倾注了多少热情和心血！

（4）企业精神

企业精神是现代意识与企业个性相结合的一种群体意识。每个企业都有各具特色的企业精神，它往往以简洁而富有哲理的语言形式加以概括，通常通过厂歌、厂训、厂规、厂徽等形式表达出来。企业精神源于企业生产经营的实践活动。随着经营实践的发展，企业逐渐提炼出指导企业行动的哲学思想，成为企业家倡导并以决策和组织实施等手段所强化的主导意识。企业精神集中反映了企业家的事业追求、企业经营的主攻方向以及调动员工积极性的基本指导思想。它能较深刻地反映企业的个性特征和在管理上的影响，促进企业发展。

2）制度文化

企业制度文化是具有本企业特色的各种规章制度、道德规范和职工行为准则的总称。它是一种约束企业和员工行为的规范性文化。企业制度文化是精神文化和物质文化的中介，制度文化既是行为文化的固定形式，又是塑造精神文化的主要机制和载体。正是由于制度文化的这种中介和传递功能，才把精神文化和物质文化有机地结合成一个整体。企业制度文化主要包括企业领导体制、企业组织结构和企业管理制度三个方面。

（1）企业领导体制

企业领导体制是企业领导方式、领导结构、领导制度的总称，其中主要是领导制度。现代企业应该实行分权管理制，让企业的领导权在董事会、经理和监事会三者之间分配。三者之间必须权责分明、权力制衡，有效贯彻民主集中原则，避免相互扯皮造成的管理低效率以及由于权力过于集中造成的决策失误。

（2）企业组织结构

企业组织结构是指企业为了有效实现企业目标而筹划建立的企业内部各组成部分及其关系。如果把企业视为一个生物有机体，那么组织结构就是这个有机体的骨骼。组织结构是否适应企业生产经营管理的要求，对企业生存和发展有很大的影响。不同的企业文化，有着不同的组织结构。影响企业组织结构的因素不仅包括企业制度文化中的领导体制，也包括企业文化中的企业环境、企业目标、企业生产技术及企业员工的思想文化素质等。组织结构形式的选择，必须有助于企业目标的实现。

（3）企业管理制度

企业管理制度是企业为求得最大效益，在生产管理实践活动中制定的各种带有强制性的，并能保障一定权利的各项规定或条例，如企业的人事制度、生产管理制度、民主管理制度等一切规章制度。企业管理制度是实现企业目标的有力措施和手段，作为员工行为规范的模式，它能使员工个人的活动得以合理进行，同时又成为维护员工共同利益的有效措施。因此，企业的各项管理制度，是企业进行正常的生产经营管理所必需的，它是一种强有力的保证。

3）行为文化

企业的行为文化是指企业员工在生产经营、学习娱乐中产生的活动文化。它包括在企业经营、教育宣传、人际关系、文娱体育等活动中产生的文化现象。它是企业经营作风、精神面貌、人际关系的动态体现，也折射出企业精神和企业的价值观。

从人员结构划分，企业行为包括企业家行为和企业员工行为。

（1）企业家行为

企业的行为文化主要是以企业家为导向的，它深深地烙上了企业家的个性、志趣情操、精神状态、思维方式和目标追求，企业家行为是企业行为文化的核心。最优秀的企业领导者必须去创造、倡导、塑造、维护自己或创业者们构造的具有强势力量的企业文化，并通过自己的行为不断对员工和企业施加积极的影响力。

案例2-2

包玉刚的"稳健谨慎"文化

"世界船王"包玉刚一向以稳健、谨慎的风格来经营企业，没有把握，他从不会冒险决策。在创业之初，他就选定了风险相对较小的船运业，回避风险成为他事业成功的重要秘诀。他的这种稳健、谨慎的风格直接影响到他旗下的几十家集团、公司，企业文化突出了安全可靠、处处为客户着想的宗旨。这种企业文化反过来又帮助包玉刚以卓越的信誉、良好的经营风格不断扩大自己的企业王国。由此可见，企业家的特殊风格直接影响和左右着企业文化。

（2）员工行为

企业员工是企业的主体，企业员工的群体行为决定企业整体的精神风貌和企业文明的程度，企业员工群体行为的塑造是企业文化建设的重要组成部分。

4）物质文化

物质文化是物质层面上的企业文化，是企业员工创造的产品和各种物质设施等所构成的器物文化。它是表层的企业文化，是企业文化在物质上的外显，即企业文化的外在表现和物质载体，主要包括企业产品结构和外观款色、企业劳动环境和员工休息娱乐环境、企业的文化设施以及厂容厂貌标识等。

外层的物质文化是企业员工的理想、价值观、精神面貌的具体反映，集中表现了一个现代企业在社会上的外在形象，主要体现在以下几方面：

（1）企业的产品和服务

企业生产的产品和提供的服务是企业生产经营的成果，它是企业物质文化的首要内容。企业不仅通过有目的的具体劳动，把意识中的许多表象变为具有实际效用的物品，更重要的是在这一过程中，不时地按照一种文化心理来塑造自己的产品，使产品的使用价值从一开始就蕴含着一定的文化价值。"可口可乐"流线型的字体、永远不变的红色，给人以深刻的印象；持续的宣传，也使可口可乐成为美国文化和精神的代表。所有这些共同构成的可口可乐整体形象，使其"挡不住的感觉"深深扎根在人们的心中。

（2）企业名称和企业象征物

企业名称和企业象征物都是企业文化的可视性象征之一，能充分体现出企业的文化个性，显示出企业的文化风格。例如，中国的银行建筑风格大体一致——坚实、牢固、宏大，银行门口矗立的都是威风凛凛的狮子。这些都根源于中华民族传统的文化习俗，中国人在把自己的钱送到银行时，一定认为这是最牢靠、最安全的地方，暗合老百姓的心理，给他们一种值得托付之感。

（3）生产资料

物质文化载体中生产资料包括建筑物、机器工具、设备设施、原料、燃料等。这些都是企业生产资料的实体，是企业进行生产经营活动的物质基础。世界著名的啤酒公司安海莎啤酒公司，它的工厂环境优美，厂房布局合理、清洁明亮。公司员工或宾客置身其中，对其产品的信任感便油然而生。

2.2.3 企业文化与绩效管理的关系

企业文化对绩效管理体系的实施、运行起到一种无形的指导、影响作用。反过来，企业文化最终要通过企业的绩效管理体系及价值分配体系来发挥其功能，通过绩效管理有助于实现从企业价值观到在全体员工中形成相对统一的价值观的转变过程，因此企业文化与绩效管理之间是一种相辅相成的关系。实施绩效管理，通过有效的绩效沟通，使企业愿景、战略和核心价值观为广大员工认同并接受；通过持续的绩效改进，使企业精神也不断得到发扬光大；通过科学的绩效激励，让符合企业精神和理念的思想得到弘扬，行为得到肯定，推动优秀企业文化的建设。

1）绩效管理和企业文化的相同点

第一，从管理的角度看，都是为达到管理目标而应用的管理手段，因此均具有作为管理手段的内涵。

第二，它们的建立都与企业所有者的经营指导思想、企业的经营战略、企业的组织结构的科学性、企业各项制度的规范度与完善性、企业管理层的整体素养、员工的综合素质紧密相连，而最根本的，是与企业所有者和经营者的胸襟、视野、理念和道德观念等息息相关。

第三，它们均能提高企业的凝聚力。企业文化是企业的黏合剂，可以把员工紧紧地团结在一起，使他们目的明确、协调一致。企业员工队伍凝聚力的基础是企业的根本目标。企业的根本目标选择正确，就能够统一企业的利益和绝大多数员工的利益，是一个集体与个人双赢的目标。在此基础上企业就能够形成强大的凝聚力。通过良好的绩效管理，了解企业员工未来的打算和计划，使员工在绩效管理的基础上不断得到发展和完善，为员工的发展量体裁衣，并提出建议，使员工更有归属感。

综上所述，企业文化是企业的精神、意识形态、共同愿景、战略目标与价值理念的体现，是企业战略发展的方向，是企业上下一心共同奋斗的目标；而绩效管理是企业实现目标的管理过程和管理手段，是企业文化建设的落脚点。

2）绩效管理和企业文化的不同点

第一，企业文化具有长期性，是基于企业长远发展方向和愿景建立起来的；而绩效管理相对于企业文化建设的整个过程而言，具有变化性和阶段性，根据企业不同的发展阶段有所改变。

第二，企业文化在企业中发挥作用的过程是通过企业哲学、企业精神、企业目标、企业道德、企业风尚、企业民主、企业形象、企业价值观、企业素质、企业行为规范等方面点滴渗透的；而绩效管理则是通过对员工在工作当中设定目标、跟踪目标和完成目标过程中的能力表现和结果衡量中实现和体现的。

综上所述，绩效管理是一种方法，企业文化建设是一种方向，只有将这两个方面很好地结合起来，在工作当中不断总结和提高，不断完善和发展，才能将企业文化建设统一到员工的绩效管理上来，积极创建一种基于绩效的企业文化。

3）企业文化对绩效管理的影响

第一，企业文化会影响所有的利益相关者，包括员工、顾客、供应商和其他利益相关者。企业的核心理念、愿景和价值观会直接影响到员工，并通过企业的产品和服务影响到企业所有利益相关者的价值判断。员工是企业绩效实现的核心利益相关者，顾客是企业经济绩效的直接来源，企业的价值只有通过顾客购买企业的产品和服务才能实现。

第二，企业文化会在利益相关者之间进行价值传递，一个利益相关者的认同态度以及由此而来的行为会对其他利益相关者的态度产生直接的积极影响。

第三，企业利益相关者各方均对企业绩效做出了贡献。企业绩效由经济效益和社会效益组成，但经济效益是最根本的，只有实现了经济效益，才能满足利益相关者的需求，真正实现企业绩效。企业经济效益为社会效益提供基础，而企业社会效益又会促进企业经济效益的增长。

4）企业文化对绩效管理的作用

第一，创造巨大的凝聚力。当人们致力于某种事业、任务或使命时，清晰明确的愿景可以使他们忘掉自己的私利，淡化人与人之间的利益冲突，从而形成一种巨大的凝聚力。

第二，创造巨大的驱动力。清晰而明确的愿景可以产生强大的驱动力，驱动员工产生追求愿景、实现愿景的勇气和信心。

第三，产生归属感和安全感，培养员工的奉献精神。成功的企业均拥有良好的企业文化。

5）绩效管理与企业文化的融合

如果说企业文化是指引企业长期发展的明灯，没有企业文化就无法获得牵引企业不断向前发展的动力，那么绩效管理就是企业的舵手。绩效管理作为一种先进的管理手段，也是企业打败其他竞争对手的法宝。绩效管理与企业文化可在以下几方面实现融合：

第一，企业文化可以弥补管理的不足。良好的企业文化可以在一定程度上弥补管理监督和规章制度的不足，使员工在没有人监督的情况下也会按照企业文化的要求认真且有效地开展工作。

第二，绩效管理是强化和构建企业文化的工具。企业可以通过绩效指标的调整来强化员工的行为，使之符合公司的价值导向。例如某公司强调团队协作，那么在设计考核要素时，就要考虑到横向部门或上下游岗位的合作指标和部门总体绩效对个人绩效衡量的影响，通过绩效管理，组织可以不断向员工传递企业对他们的期望，告诉他们什么样的行为符合公司的价值导向；同时，由于员工了解公司的行为规范，知道公司所期望的行为，就会约束自己的行为使之符合公司的价值导向。企业文化的核心内容是一个企业的价值准则，它在无形中会影响员工的行为。绩效管理可以通过绩效指标的调整来引导和强化员工的行为，使之符合企业的价值导向。

第三，培养绩效文化。培养绩效文化是塑造企业文化的基础，其根本在于加强管理者对绩效文化的理解。通过制定相关的目标，让管理者能够从本质上掌握并且自觉使用绩效管理工具，在企业所有部门及全体人员中推行绩效文化。此外，还可以通过专业培训、研讨会等形式促进企业绩效文化氛围的形成。在员工方面，必须使之明白绩效管理是一种先进的管理思想，通过绩效管理能够提高员工自身的绩效水平，这对于企业和员工来说是双赢的。在推行绩效文化的过程中，企业需要做大量的宣传工作，让员工从被动地接受绩效管理转变为主动参与。当企业上下形成良好的绩效文化氛围时，绩效管理才能获得管理者所需要的效果，企业的战略才能得到有效执行。一般来说，绩效文化的培养需要企业将重心放在绩效管理上，只有当员工了解企业的重心，才能配合企业追求绩效最大化。绩效文化通过设定具有难度的高标准，使用合理手段使员工努力向目标前进。与此同时，绩效管理也是体现企业价值观的手段，在人力资源管理活动中对员工的薪资分配、奖惩等日常管理办法都需要在绩效管理的框架下执行。通过绩效文化，企业可以将高度概括的愿景、战略和政策方针等转变为简明易懂的绩效指标、绩效考核流程等形式，这样一来，员工不仅能充分了解企业的发展方向与发展目标，而且可以根据自身情况修正适合自己的职业规划。

2.2.4 企业文化与绩效管理的匹配

我们发现，能够提升企业绩效的企业文化具有两个共同点：一是企业家必须拥有适应市场经济环境的价值观念；二是企业要有一个能够适应企业所处市场经营环境的经营策略，从而使得企业在特定的消费者群体中具有极高的信誉度。

1）利润导向型企业的绩效管理

利润导向型企业的绩效管理主要是以结果来衡量员工的绩效水平，而不仅仅关注员工的能力与行为表现。目标管理是其有效的绩效管理方法。利润导向型企业通常会采取各种手段来谋求利润的最大化，包括降低成本、提高市场占有率等办法，但是这种绩效管理往往过于注重企业的经营利润，只能鼓励企业员工的短期行为，不利于企业的长期发展。

2）以人为本型企业的绩效管理

以人为本型企业的绩效管理会让员工参与绩效计划的制订过程，并鼓励他们发表意见，同时赋予员工相应的权限和充分的信任。以人为本型企业的绩效管理非常重视绩效反馈和沟通环节，强调绩效管理结果要与员工的薪酬、培训和晋升挂钩，以此促进员工的工作热情和绩效的提高，兼顾目标管理和过程管理。以人为本型企业的绩效管理不单是针对员工以往工作业绩的绩效考核，更是为了促进员工和企业将来有更好的发展。由此可见，以人为本型企业的绩效管理有利于员工的职业生涯规划和企业的长期战略规划。

3）服务社会型企业的绩效管理

服务社会型企业的绩效管理不只考虑企业的利润、员工的发展，还十分注重企业上下游联盟和服务对象的整体利益，所以除上述经营业绩和雇员绩效指标外，还应多角度进行全盘考虑：第一，顾客角度——顾客满意度、保持现有客户的能力和顾客的忠诚度。第二，债权人角度——债权人满意度、资本成本、投资密度、负债率与还债能力。第三，供应商角度——供应商满意度、与供应商的谈判和议价能力。第四，国家角度——政府满意度、税务筹划能力、向税务机关申请减免税的能力。这种企业文化下的绩效管理需要采用定性和定量考核相结合的办法，把为社会提供满意服务作为企业长期的战略目标融合到企业的绩效管理中，以此推动企业更好的发展。

综上所述，企业文化是绩效管理体系设计和运作的前提，并为绩效管理提供一种道德约束和行为准则；而绩效管理对企业文化也产生很大的影响，可以产生维持和优化企业文化的效果。绩效管理作为一种绩效导向的管理思想，其最终目的是建立企业的绩效文化，形成具有激励作用的工作氛围，从而提高人员素质和企业的经营业绩。

2.3 岗位胜任力与绩效管理的关系

随着信息时代的到来，企业核心价值及竞争优势不再单独取决于有形资产，企业价值来源正逐步由有形资产向无形资产转变，企业因此开始注重于对人力资本、企业文化、信息技术和顾客关系等无形资产的开发和管理，而这一切都取决于员工的综合素质。员工素质是企业战略能否实现的决定性因素之一，这就要求绩效管理体系既要体现战略性，又要体现出对员工素质的导向性，因此很多现代企业非常重视通过绩效管理提升员工的岗位胜任力。

既然企业的价值和发展越来越依赖于人才管理，而人才管理又更多地体现在提升员工的核心素质与能力上，所以将胜任力模型融合在企业管理中就能更好地发挥人才管理的效能，同时也为企业的人力资源管理以及组织的战略分析找到新的突破口。因此，以“胜任特征”为中心的绩效管理越来越受到企业的关注，通过员工胜任特征模型可以判断并发现导致员工绩效好坏差异的关键驱动因素，成为企业改进与提高绩效的基点，从而指导员工发挥个人胜任特征优势，并因此获得高绩效。胜任力研究为实现企业战略目标、企业总体绩效目标、团队绩效目标、持续改进员工个人绩效目标提供了方向。

2.3.1 什么是胜任力

20世纪60年代后期，美国国务院感到以智力因素为基础选拔外交官的效果并不理想。许多表面优秀的人才，在实际工作中的表现却令人失望。在这种情况下，麦克利兰博士应邀帮助美国国务院设计一种能够有效地预测实际工作业绩的人员选拔方法。在项目实施过程中，麦克利兰博士提出了胜任力研究的关键性理论和技术。

1973年，麦克利兰博士在《美国心理学家》杂志上发表的一篇文章中指出：传统的智力和能力倾向测验不能预测职业成就或生活中的其他重要成就，人们主观上认为能够决定工作成绩的一些人格、智力、价值观等方面因素在现实中并没有表现出预期的效果。因此，他强调回归现实，从第一手材料入手，直接发掘那些能真正影响工作绩效的个人条件和行为特征，为提高组织效率和促进个人事业成功做出实质性的贡献。他把这种直接影响工作业绩的个人条件和行为特征称为“胜任力”。麦克利兰认为胜任力是指能将某一工作中有卓越成就者与普通者区分开来的个人的深层次特征，它可以是动机、特质、自我形象、态度或价值观、某领域知识、认知或行为技能等任何可以被可靠测量或计数的，并且能显著区分优秀与一般绩效的个体特征。胜任力是个体具备的能够导致在工作上产生优异绩效的潜在特征，它主要包含以下三方面内容：

1）个体特征

个体特征即指人可以或可能做什么，即胜任力中的“力”。它表明人所拥有的特质属性，是一个人个性中深层和持久的部分，决定了个体的行为和思维方式，能够预测多种情景或工作中的行为。

个体特征分为五个方面：

① 知识：指个人在某一特定领域拥有的事实型与经验型信息。

② 技能：指结构化地运用知识完成某项具体工作的能力。

③ 社会角色：指一个人基于态度和价值观的行为方式与风格及自我印象。

④ 特质：指个性身体素质对环境和各种信息所表现出来的持续反应。

⑤ 动机：指一个人对某种事物持续渴望进而付诸行动的内驱力。

这五个方面的胜任特征组成一个整体的胜任力结构。其中，知识和技能是可见的、相对表面的，而特质和动机是隐藏的、位于人格结构的更深层，社会角色位于二者之间。表面的知识和技能是相对容易改变的，可以通过培训实现其发展；态度、价值观和自信也可通过培训实现改变，但这种培训比对知识和技能的培训要困难；核心的特质和动机处于人格结构的最深处，难以对其进行培训。

2）行为特征

行为特征，即指人会做什么，可以看成是在特定情景下对知识、技能、态度、动机等的具体运用。有理由相信，在相似的情景下这种行为特征可能反复出现。与胜任力关联的行为特征即指在相似情景下能实现绩优的关键行为。

3）情景条件

胜任力可在一定的工作情景中体现出来。研究发现，在不同的职位、不同行业、不同文化环境中的胜任特征模型是不同的，这就要求我们应该将胜任力概念置于人-职位-组织三者相匹配的框架中研究，从而为企业发展指明方向。

拓展阅读2-1

三种经典的胜任力模型

一、冰山模型

所谓“冰山模型”，就是将人员个体素质的不同表现形式划分为表面的“冰山以上部分”和深藏的“冰山以下部分”。上述特质常用水中漂浮的一座冰山来描述，其中，知识和技能是可以看得见的，是相对较为表层的、外显的个人特征，漂浮在水上；而自我概念、特质、动机/需要则是个性中较为隐蔽、深层和中心的部分，隐藏在水下，而内隐特征是决定人们行为表现的关键因素。麦克利兰认为，水上冰山部分（知识和技能）是基准性特征，是对胜任者基础素质的要求，但它不能把表现优异者与表现平平者准确区别开来；水下冰山部分可以统称为鉴别性特征，是区分优异者和普通者的关键因素。但不同层次的个人特质之间存在相互作用的关系。

二、洋葱模型

洋葱模型各核心要素由内至外分别是动机、个性、自我形象与价值观、社会角色、态度、知识、技能等。洋葱模型（彭剑峰，2003）被比拟为洋葱的结构，描述胜任力时由外层及内层、由表层向里层，层层深入，最表层是基本的技能和知识，最核心层为个体潜在的特征。胜任力洋葱模型从外到内主要包括了知识、技能、自我形象、社会角色、态度、价值观、个性和动机。

三、通用胜任力模型

1989年，Lyle M.Spencer通过对360种管理人员的行为事件的研究，归纳总结出21项胜任特征，最后建立了包括技术人员、销售人员、社会服务人员、经理人员和企业家5大类的通用行业胜任力模型，每一项胜任力模型包括10项左右的胜任特征因素。如经理人员通用胜任力模型包括以下胜任特征因素：影响力、成就欲；团队协作、分析性思维、主动性；发展他人；自信、指挥、团队领导等；公关、技术专长等。尽管这些胜任力模型有一定的参考价值，但是这些通用胜任力模型的构建是基于国外的测试结果，因此在我国的实用性仍然处于有待进一步验证的阶段。彭剑锋教授于2003年根据中国企业的实际情况研究出了企业通用胜任力模型，其中包括管理类、技术类、市场类以及人力资源管理类专业人员通用胜任力模型。这些模型的建立是国内胜任力专家们根据国内企业的实际状况研究出来的成果，因此为企业选拔优秀人才提供了一定的参考基准。

2.3.2　构建岗位胜任力素质模型的功能

1）岗位胜任力素质模型是建立岗位目标管理体系的重要基础

岗位目标管理模式要求建立人员岗位目标管理体系、能力评价体系和业绩管理考核体系，最终建立一个科学、合理、公平、公正，较富市场竞争力并能有效促进组织战略目标实现的人力资源管理系统。建立岗位目标管理模式主要包括六个方面的内容，即组织分析、工作分析、岗位评价、人-岗匹配设计、岗位目标设立和建立控制系统，其中人-岗匹配设计的基础之一就是岗位胜任力素质模型的构建。人-岗匹配就是要让员工进入岗位结构体系中与其素质能力相符的岗位及档次。岗位胜任力素质模型的构建为人员进入相应岗位和档次提供了依据和标准，是实现人-岗匹配的有效途径，因此，岗位胜任力素质模型的构建是岗位目标管理体系中一项非常基础的工作，也是非常重要的工作。员工一旦进入相应岗位和档次，即达到了本身素质与岗位要求的匹配，这就在一定程度上决定了员工的岗位工资水平及其所应达到的绩效水平，从而为建立企业的薪酬管理体系和绩效管理体系奠定了基础。

2）岗位胜任力素质模型是促进人力资源管理趋于科学、规范的重要工具

在组织内部建立和发展岗位胜任力素质模型是为了帮助组织找到合适的人员来完成其发展目标。人员的素质支持组织的发展，组织的发展要求员工不断成长。两者相辅相成，不断更新。而组织的发展目标（无论是短期的目标，还是长期的目标），始终是其内部员工素质提升的参照物。

从组织的角度来看，岗位胜任力素质模型是推进组织核心竞争优势构建和高绩效文化培育的有效推进器，有利于组织进行人力资源盘点，明晰目前人才储备与未来要求之间的差距；有利于组织建立一套标杆参照体系，帮助组织更好地选拔、培养、激励那些能为组织核心竞争优势构建做出贡献的人员；有利于更加有效地组合人才，以实现组织的发展目标；有利于组织建立素质发展阶梯；有助于员工制定职业生涯发展规划；有利于组织内部人员的工作轮换与岗位调动。

从员工角度来看，岗位胜任力素质模型为其指明了努力的方向，使员工明白他们的做事方法与他们的做事内容同样重要；鼓励员工针对个人的素质提升进行自我定位，可以帮助员工更好地提高个人绩效；促使员工了解并适应与组织发展战略相一致的人力资源管理体系。

3）岗位胜任力素质模型弥补了现有绩效评估体系的不足

企业能否实现组织绩效，关键在于员工能否高质高效地完成岗位工作，而员工能够胜任岗位工作的原因是其具备岗位所需的素质。在现有的绩效评估体系中，企业会更多关注业绩结果以及绩效实现过程中的行为，忽视业绩链条的源头，即员工的岗位胜任力素质，因此不利于公司的长远发展。岗位胜任力素质模型着眼于未来，关注企业和员工的可持续发展，从影响组织绩效的最深层因素挖掘员工的潜力，从源头上寻找并创造产生组织高绩效的持续动力，因此可以很好地弥补现有绩效评估体系的不足。

4）岗位胜任力素质模型体现了企业战略与企业文化的根本要求

企业的战略发展目标和企业文化的特点决定了企业所需具备的核心竞争力，企业核心竞争力的获取实际上是员工的能力与素质组合。通过评估员工岗位胜任力，能够通过优秀员工的组合来保证企业核心竞争力，而且，发展员工岗位胜任力也可以将企业核心竞争力作为方向，使得员工的绩效发展和企业战略发展与企业文化保持一致。针对不同的岗位要求，分别列出对每项素质的不同要求，就形成了每个岗位完整的胜任力素质模型。建立了岗位胜任力素质模型，就可以将组织人力资源战略和组织整体战略紧密结合起来。岗位胜任力素质模型由于其产生于组织的整体战略，能够体现组织在战略层面上对个体的素质需求，同时又贯穿于组织整个人力资源管理中，因此，通过胜任力素质模型能确保组织的人力资源战略与整体战略紧密连接，使人力资源战略为组织整体发展和战略目标的实现提供更好的服务，并根据组织的战略目标和发展重点的调整及时对胜任力素质模型进行调整。

2.3.3 基于胜任特征模型的绩效管理体系

基于胜任特征模型的绩效管理体系会影响绩效管理的全过程。从绩效计划、绩效实施及辅导、绩效考核及反馈，到绩效结果应用都会受到胜任特征模型的影响。胜任特征模型为企业人力资源管理中的员工开发、体系设计、提升以及培训决策提供科学、准确、公平的依据。

1）基于胜任特征的绩效计划

绩效计划是一个确定组织对员工的绩效期望并得到员工认可的过程。绩效计划必须清楚地说明期望员工达到的结果以及为达到该结果所期望员工表现出来的行为和技能，即确定工作目标和发展目标。在确定工作目标的同时，还应该确定和认可相应的工作行为要求，即胜任特征；强调发展目标既可满足组织发展需要，也可为员工个人赢得利益。为了保证顺利实现所确定的工作目标，员工必须有一个提高自己的胜任特征的过程，而且，通过提高自己的胜任特征，还可以促进员工完成更高的工作目标。

2）基于胜任特征的绩效实施及辅导

在基于胜任特征的绩效计划完成后，绩效管理进入第二个阶段：绩效的实施与辅导阶段。在这一阶段，员工按照绩效计划书开展工作，管理者按照绩效计划书对员工的工作进行跟踪、监控与指导，尤其要关注员工胜任特征方面的情况，特别是潜在胜任特征，分析妨碍员工获得更好绩效的胜任特征障碍，并及时收集和记录员工工作现状和胜任特征的信息，为第三阶段的绩效考核收集资料。

3）基于胜任特征的绩效考核及反馈

基于胜任特征的绩效考核要注意以下三个方面：

第一，考核方法的选择。基于胜任特征的绩效考核，应以胜任特征为标准展开，兼顾其他考核方法的综合运用。

第二，考核时间的变化。基于胜任特征的绩效管理体系强调将正式、定期的考核与上下级之间非正式的经常性沟通结合起来。沟通可以是每月、每星期甚至每天一次。这种沟通可以使管理者随时掌握员工是否沿着正确的方向和途径去完成战略目标，在完成目标过程中是否取得进展、遇到困难和问题，及时发现员工胜任特征方面存在的不足，及时为其提供反馈指导，使员工能够在达成目标的过程中提高和完善自己。

第三，考核注重把员工的过去和未来相结合。基于胜任特征的绩效评估既重视绩效结果，也重视胜任特征表现，员工在履行职责过程中所使用的胜任特征也被视作绩效。传统的绩效考核着重于过去的结果考核，胜任特征考核则比较看重员工素质，主要考察员工现有胜任特征与未来工作的胜任特征要求之间的差距，其结果被用作员工开发和职业生涯规划。基于胜任特征的绩效考核把过去的绩效结果和对未来的绩效期望有机地结合起来。

4）基于胜任特征的绩效结果应用

第一，胜任特征用于管理员工的激励晋升与提拔任用。在企业中，员工晋升的职位越高，胜任力素质就会越重要，因此，企业在提拔员工时必须对待提拔员工的胜任力素质水平进行系统性评价，而胜任力素质模型将会为企业管理干部的激励晋升提供参考。

第二，胜任特征用于员工的评优评先。每年企业都会开展类似评优评先的表彰活动，其依据就是员工平时的工作表现，这种表现包括业绩、胜任力水平等各方面，而以胜任力模型为基础的绩效考核结果可以为员工评优评先带来参考。

第三，胜任特征用于员工成长计划的制订。事实上，企业每位员工都在进行着自我激励与评价，而岗位胜任力素质模型的建立可以帮助员工制订自我成长计划，包括业绩绩效改善、胜任力素质提升等。如果这些改善和提升由员工个体延伸到全员，那么企业就会形成良好的学习氛围，员工的整体素质将会得到提高。

总之，没有胜任力，就没有执行力，也就没有企业的竞争力。岗位胜任力模型以绩效分析为基础，同时应用于绩效管理体系中。构建适合企业的“岗位胜任特征模型”，为员工奖惩、能力培养和提高提供最直接和最符合实际的依据，可以促进我们不断地提高工作质量和操作水平。

基础训练

1.战略性绩效管理的内涵是什么？

2.战略性绩效管理的优点是什么？

3.企业文化对绩效管理的作用有哪些？

4.简述基于胜任特征模型的绩效管理体系的构成。

综合应用

□ 案例分析题

案例1

M经济区的绩效考核

2018年1月，L省五市市政府共同签署《M经济区一体化发展共同行动计划（2018—2020年）》，根据该计划，M经济区五市将加快推动一体化发展，以使M经济区成为L省经济的发动机和新引擎为共同行动宗旨，共同建设创新中心、区域金融中心、人才中心、物流中心、高品质公共服务中心五个中心，共同打造新型工业化示范区、具有较强竞争力和影响力的城市群。该计划提出了11个方面、37项区域一体化发展任务，并从建立协同工作机制、科学编制规划、强化政策保障、加强舆论宣传四个方面提出了具体工作措施。

M经济区一体化考核工作中存在的问题：

（1）绩效考核指标与目标不匹配

绩效管理工作之所以在现实工作中重要就是因为绩效考核可以帮助组织有效地实现目标，遵照目标规划设计绩效指标是绩效工作的基本原则。但是在M经济区一体化考核工作中我们发现，按照共同行动计划安排，今后三年，M经济区五市将重点推进合作事项（项目）155项。2018年拟推进合作事项（项目）107项，其中将重点推进28项合作事项（项目）。但是在2018年对于经济区一体化的考核指标中却没有针对发展规划中要求的项目展开考核，无法充分发挥绩效考核的指挥棒和导向作用，也就无法推动五市联合起来早日实现规划，早日实现目标。

（2）考核指标雷同，针对性不强

在L省2019年对各市政府指标考核评分细则中，我们发现L省政府绩效办给14个市政府设定的一类考核指标为地区生产总值、固定资产投资总额、一般公共预算收入、工业增加值、社会消费品零售总额、出口总额、进口总额、实际利用内资、实际利用外资九个量化指标。这九个指标与M经济区考核的七个指标雷同，省政府绩效办与省发改委在对下级单位实施考核时，会带来M经济区五市的下属单位重复提交文件的行政效率低下等问题。并且，由于考核指标没有充分体现出M经济区一体化的要求，故针对性不强。

与“M经济区要着力培育连接、聚合、扩散能力，加快推进同周边城镇及产业园区的同城化、一体化发展，打造新型工业化示范区和具有较强竞争力、影响力的城市群”的要求相比，现有考核模式没有体现出加快推进同城化、一体化的要求，也未能准确反映各市推进资源整合、布局优化所完成的工作内容。现有考核模式已不能适应M经济区一体化快速发展的工作需要，对现有指标体系进行丰富、完善已刻不容缓。

问题：M经济区的绩效考核为何会产生不良效果？（试着从战略与绩效考核指标设计的关系入手进行分析）

分析提示：M经济区的绩效考核之所以产生不良效果，是因为M经济区没有把发展战略作为指标设计的方向标，而是制定了与发展战略毫无关联的绩效考核指标，如此一来，M经济区的绩效考核形同虚设，丝毫起不到促进经济区发展的作用。

案例2

联想的个性化绩效管理

在联想，每个员工都有两个目标：短期目标和中长期目标。

一般情况下，短期目标都是由公司根据企业的目标分解到员工头上的，而中长期目标则是每个员工对自己未来的描述。

每年年初，联想的员工都要向部门领导交一份自己的中长期发展规划，如果这份规划和部门领导对员工的判断一致，该规划就生效，人力资源部门也会创造各种条件、提供尽可能多的资源帮助员工。

如果员工对自己中长期的发展规划与部门领导对其的观察、定位不一致，双方就一定要坐下来沟通。联想认为不管是什么样的考核方式，调动员工的积极性和创造性都是最终目的，而不是完全按照上级的意思办事。

为了做到考核尽量个性化，联想先从部门的个性化开始抓起，针对个性化表现不那么明显的销售部门，联想为销售人员建立了一套销售系统，登录该系统就可以看到自己年度内的所有计划、完成情况等信息。

对于绩效考核的难点——职能和研发部门的考核，联想也力争个性化。联想在研发上的投入很大，在考核的过程中也运用了大量的人力和物力。联想把研发部门分成研究院和二级研发机构（研发部门），虽然同为研发工作人员，但这两个系统的人员所从事的工作大不相同。研究院多从事基础性和前瞻性的研究，以保障联想未来的竞争力，而二级研发机构则多从事产品的更新换代研究等工作。

联想在考核研发人员的时候主要考虑两个方面的指标：研发周期和工程化。

研发周期反映了企业的反应速度，直接决定企业能否跟上消费者的步伐。

工程化指标则包括研发转化成产品的时间、件数以及一次成功率等，是衡量研发成果转化成市场价值的有效手段。

当然，除了这两个硬性的指标外，客户的满意度也是衡量二级研发机构员工绩效的重要指标之一。

研究院与二级研发机构的考核指标大相径庭。专利数量是考核研究院的主要指标，还有论文发表数量和国家课题的参与数量。

研发人员在联想是可以换岗的，如果二级研发机构的研发人员喜欢从事基础性的研究工作，可以申请调到研究院去，申请的当季度，绩效考核内容随之变化。不仅不同的部门有不同的绩效指标，根据业务的发展阶段，联想也采用不同的考核指标。联想一般把业务分为成熟业务、发展中业务、新兴业务。一般情况下，成熟业务更关注利润的成长，并将质量提升作为部门考核指标；而发展中业务需要继续推进销量与销售额的提高，更关注销售额；新兴业务则更关注销量。

资料来源 佚名. 联想的特色绩效管理［EB/OL］.［2020-05-20］. https://www.docin.com/p-1176170630.html.引文经过节选、压缩和改编。

问题：联想的个性化绩效管理带给你什么样的启发？

□ 实践训练题

在网上查找一个你喜欢的某公司的企业文化，用报告的形式谈谈你对该企业文化的理解和认同原因。

第二篇

工具方法篇

学生通过工具方法篇的学习，掌握企业实施战略绩效管理的两大工具：平衡计分卡及KPI。同时，学生通过对品质导向型、行为导向型、结果导向型三个类型考评方法的掌握，可以更好地区分不同的职业岗位适合何种考评方法。

【内容架构】

- 第二篇 工具方法篇
  - 第3章 平衡计分卡的设计与应用
    - 3.1 平衡计分卡概述
    - 3.2 平衡计分卡的设计实施流程
    - 3.3 企业实施平衡计分卡应注意的几个问题
  - 第4章 关键绩效考评方法
    - 4.1 关键绩效指标法概述
    - 4.2 关键绩效指标的设计方法
    - 4.3 各个层面上具体的KPI
  - 第5章 品质导向型考评方法
    - 5.1 简单排列法
    - 5.2 选择排列法
    - 5.3 成对比较法
    - 5.4 强制分布法
    - 5.5 图尺度考评法
    - 5.6 书面报告法
    - 5.7 团体评价法
  - 第6章 行为导向型考评方法
    - 6.1 关键事件法
    - 6.2 行为锚定等级评价法
    - 6.3 行为观察法
    - 6.4 加权选择量表法
    - 6.5 强迫选择法
  - 第7章 结果导向型考评方法
    - 7.1 目标管理法
    - 7.2 绩效标准法
    - 7.3 直接指标法
    - 7.4 成绩记录法
    - 7.5 生产能力衡量法

第3章 平衡计分卡的设计与应用

学习目标

知识目标：

了解平衡计分卡的发展历程；明确平衡计分卡的基本结构；熟悉平衡计分卡的设计实施流程；掌握企业实施平衡计分卡应注意的问题。

能力目标：

能够掌握平衡计分卡的设计技巧。

素养目标：

深刻领会党的二十大报告中提出的“中国式现代化是人与自然和谐共生的现代化”，增强企业发展的平衡性、协调性和可持续性理念。

案例研讨

平衡计分卡在可口可乐瑞典饮料公司管理中的运用

可口可乐瑞典饮料公司采纳了卡普兰和诺顿的建议，在财务、客户、内部流程以及学习与成长层面通过平衡计分卡来衡量其战略行动。为此，公司的高层管理人员把综合业务计划作为重点的讨论议题召开了为期3天的会议。会议期间，每一位管理人员都要开展以下工作：

（1）描述公司远景战略。

（2）设定长期目标（大致的时间范围为3年）。

（3）描述当前的形势。

（4）描述将要采取的战略行动。

（5）为不同的体系和测量程序定义参数。

在设计公司的平衡计分卡时，公司高层管理人员强调了保持各方面平衡的重要性。

第一步，阐明与战略计划相关的财务措施，然后以这些措施为基础设定财务目标，并说明为实现这些目标应当采取的适当行动。

第二步，在客户方面重复该过程。应该明确：“如果我们能够完成自己的财务目标，客户会怎样看待我们？”

第三步，明确向客户和消费者转移价值必不可少的内部流程。应该明确以下问题：自己是否具备足够的创新精神？自己是否愿意为了公司的新发展而改变？

经过以上步骤，公司能够确保各个方面达到平衡，并且所有的参数设置和行动方向保持一致。

在公司，很重要的一点就是只依靠那些个人能够影响到的计量因素来评估个人业绩。

公司强调的既不是商业计划，也不是预算安排，不把平衡计分卡看成一成不变的；相反，对所有问题的考虑都是动态的，并且每年都要不断地进行检查和修正。按照公司的说法，在推广平衡计分卡过程中最大的挑战是，既要寻求各层面的不同测量方法之间的适当平衡，又要确保能够获得所有将该方法推广下去所需要的信息系统。此外，要获得成功，每个人都要确保及时提交所有的信息，信息的提交情况也将反映在业绩上面。

以上案例告诉我们这样一个道理：企业要想得到发展，就必须兼顾多方面的利益。平衡计分卡是一种非常好的绩效管理工具，它不仅包含财务指标，还兼顾了客户、内部流程、学习与成长3个层面的非财务指标。

3.1　平衡计分卡概述

平衡计分卡是具有较大影响力的综合性的业绩评价指标体系。它是对几个世纪以来人们一直用各种各样的财务指标来衡量一个企业的发展状况所造成弊端的一种反思和回应。传统的以财务指标衡量企业绩效的方法，仅仅考评年度财务结果，难以准确评估公司整体发展状况。为了克服这一弊端，罗伯特·S.卡普兰（Robert S.Kaplan）和戴维·P.诺顿（David P.Norton）于20世纪90年代初正式提出“平衡计分卡法”，倡导注重客户和市场，通过完善内部运作，提升公司整体创新、学习和发展的能力，才能达到预期结果。目前，许多行业都将平衡计分卡作为业绩评价指标体系，具体应用领域包括工厂、银行、政府机构和IT企业等。

3.1.1　平衡计分卡的发展历程

1）平衡计分卡的萌芽时期（1987—1989年）

在卡普兰和诺顿研究平衡计分卡之前，Analog Device（ADI）公司最早于1987年就进行了平衡计分卡的尝试。

ADI公司是一家半导体公司，主要生产模拟、数字及数模混合信号处理装置，其产品广泛应用于通信、计算机、工业自动化领域。同其他大多数公司一样，ADI每五年进行一次战略方案调整，在制订新的战略方案的同时检讨原方案的执行情况。但是，如同管理者们经常遇到的战略问题一样，“制订战略方案”被当成一项任务完成后，形成的文件便被束之高阁，并不能在公司的日常生产经营工作中得以贯彻执行。

在1987年，ADI公司又开始了公司战略方案的调整。与以往不同的是，公司决策层意识到战略不仅仅要注重制定过程本身，还要更加注意战略实施。他们希望通过面对面与公司员工的交流与沟通，使他们充分理解并认同公司战略。同时，公司高层还希望将战略切实落实到日常管理中，来推动战略的执行。此次ADI公司的战略文件在形式上发生了重大的变化，摒弃了以往那种长达几十页甚至几百页的战略文件，将全部的战略文档资料精简到几页纸的长度。在制订战略方案的过程中，ADI公司首先确定了公司的重要利益相关者为股东、员工、客户、供应商和社区，然后ADI公司在公司的使命、价值观与愿景的指引下，根据上述利益相关者的“利益”分别设定了战略目标并明晰了3个战略重点。

为了确保战略目标特别是3个战略重点目标的实现，ADI推行了一个名为“质量提高”的子项目，简称QIP。在该项目进行的同时，ADI公司继续将实现战略目标的关键成功要素转化为年度经营绩效计划，由此衍生出了世界上第一张平衡计分卡的雏形。

在ADI公司实施全面质量管理的过程中，公司为了推行作业成本法（ABC），特地邀请了一部分管理学者参与，哈佛商学院的教授卡普兰就是其中的一位。在帮助ADI公司推行ABC的过程中，卡普兰发现了ADI的平衡计分卡，并认识到它的重要价值。尽管卡普兰与诺顿在后期又进行了学术上的深化，并把它推广到全球的企业中，但是ADI公司对平衡计分卡的贡献仍是我们不能回避和忽视的。

2）平衡计分卡的理论研究时期（1990—1993年）

在卡普兰发现ADI公司的第一张平衡计分卡后，他与美国复兴全球战略集团执行总裁诺顿开始了平衡计分卡的理论研究。

平衡计分卡的研究课题首先是从公司绩效考核开始的。1990年，美国复兴全球战略集团专门设立了一个为期1年的公司绩效考核模式开发项目，集团执行总裁诺顿任该项目的项目经理，卡普兰担任学术顾问，参加此次项目开发的还有通用电气公司、杜邦、惠普等12家著名的公司。项目小组重点对ADI公司的计分卡进行了深入研究并将其在公司绩效考核方面进行扩展、深化，并将最终研究成果命名为“平衡计分卡（BSC）”。该小组的最终研究报告详细地阐述了平衡计分卡对公司绩效考核的重大意义，并建立了平衡计分卡的四个考核维度：财务、顾客、内部运营与学习发展。

1992年年初，卡普兰和诺顿将平衡计分卡的研究结果在《哈佛商业评论》上进行了总结，这是他们公开发表的第一篇关于平衡计分卡的论文，论文的名称为《平衡计分卡——驱动绩效指标》。在论文中，卡普兰和诺顿详细地阐述了采用平衡计分卡进行公司绩效考核所获得的益处。该论文发表后，卡普兰和诺顿很快就受到了几家公司的邀请，平衡计分卡开始得到企业界的关注。

平衡计分卡理论研究的第二个重要里程碑是：1993年，卡普兰和诺顿将平衡计分卡延伸到企业的战略管理之中。在最初的企业平衡计分卡实践中，卡普兰和诺顿发现平衡计分卡能够传递公司的战略。他们认为平衡计分卡不仅仅是公司绩效考核的工具，更为重要的是它还是一个公司战略管理的工具。为此，卡普兰和诺顿在《哈佛商业评论》发表了第二篇关于平衡计分卡的重要论文《在实践中运用平衡计分卡》，在这篇文章中他们明确指出企业应当根据企业战略实施的关键成功要素来选择绩效考核的指标。

3）平衡计分卡的推广应用时期（1994年至今）

1993年，卡普兰和诺顿将平衡计分卡延伸到企业的战略管理系统之后，平衡计分卡开始得到全球企业界的广泛接受与认同，越来越多的企业在平衡计分卡的实践项目中受益，同时平衡计分卡的应用还延伸到非营利性的组织机构中。

目前，许多世界知名企业都在使用平衡计分卡，《财富》杂志500强企业当中，约有80%的企业已采用平衡计分卡这一管理框架。平衡计分卡的应用领域十分广泛。再看一看政府绩效管理方面，平衡计分卡在20世纪90年代初提出，到了1993年美国政府就通过了《政府绩效与结果法案》(The Government Performance and Result Act)。今天，美国联邦政府的几乎所有部门、各兵种及大部分州政府都已建立和实施了绩效管理，目前的重心已转入在城市及县一级的政府推行绩效管理。

平衡计分卡在美国乃至全球的企业得到广泛的认同，标志着平衡计分卡已经进入了推广与应用的时代。在平衡计分卡推广与应用的过程中，其理论体系也在不断地丰富与完善。1996年，卡普兰和诺顿在《哈佛商业评论》上发表了第三篇关于平衡计分卡的论文，他们一方面重申了平衡计分卡作为战略绩效管理工具对于企业战略实践的重要性；另一方面从管理大师德鲁克的目标管理中汲取精髓，在论文中解释了平衡计分卡作为战略与绩效管理工具的框架，该框架包括设定目标、编制行动计划、分配预算资金、绩效的指导与反馈以及连接薪酬激励机制等内容。同年，他们还出版了一本专著《平衡计分卡》，该著作更加详尽地阐述了上述论文中强调的两个方面。

2001年，随着平衡计分卡在全球的风靡，卡普兰和诺顿在总结众多企业实践成功经验的基础上，又出版了他们的第二本关于平衡计分卡的专著《战略中心组织》。在该著作中，卡普兰和诺顿指出企业可以通过平衡计分卡，依据公司的战略来建立企业内部的组织管理模式，要让企业的核心流程聚焦于企业的战略实践。该著作的出版标志着平衡计分卡开始成为组织管理的重要工具。

平衡计分卡不仅适用于营利组织，同时也十分适合在政府机构、非营利组织中广泛推广。事实上，平衡计分卡已经在政府机关、非营利组织以及军事机构中获得高度认可。1996年，美国夏洛特市率先在公共部门和非营利组织中引入了平衡计分卡理论，通过开发设计不同组织层级的平衡计分卡指标，实现绩效管理与财务预算挂钩，实实在在地提高了公共服务水平，获得市民的广泛赞誉。瑞典的赫尔辛堡市政府从1999年开始应用平衡计分卡进行绩效管理，致力于变革政府管理观念，将政府服务推向市场，使其成为瑞典最具吸引力的地区。在军事领域，澳大利亚的库科博恩和迈利维尔市于2000年初在其军事基地应用平衡计分卡绩效系统，较好地实现了预期目标。

平衡计分卡在我国公共部门也有不少成功应用的案例。例如，青岛市直机关工委和黑龙江省林海市政府在公共服务工程中通过运用平衡计分卡，较好地实现了各项政策措施的高效落实，体现了绩效管理、监督和考评的工具价值。平衡计分卡不仅是一种考核工具，也是组织战略管理系统的重要基础，成为组织管理体制革新的重要基石。

3.1.2 平衡计分卡的基本结构

平衡计分卡通过诠释组织的使命、愿景和战略，并将之转变为具体的目标和评价指标，实现战略与绩效的有机结合。它由财务、客户、内部流程、学习与成长四个维度组成，使组织能够一方面了解财务结果，另一方面又能监督组织，促使组织增强能力和未来潜力等无形资产。以企业战略为导向，从财务、客户、内部流程和学习与成长四个维度观察企业，并注重业绩指标的因果关系，以期全面管理和评价企业综合业绩。平衡计分卡的基本结构如图3-1所示。

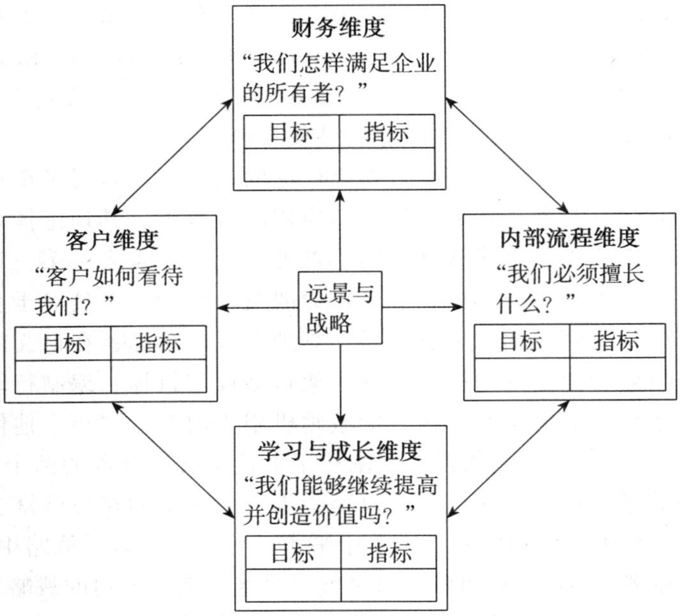

图3-1 平衡计分卡的基本结构

1）以企业战略为导向

平衡计分卡要求企业始终要把战略置于其变化和管理过程中的核心地位，通过清楚地定义战略，始终如一地进行组织沟通，并将其与变化驱动因素联系起来，使财务、客户、内部流程和学习与成长四个维度互相连接，浑然一体，从而约束每一项具体工作按企业战略发展的方向产生绩效，使企业整合起来的绩效最大，并符合企业发展的需要。

2）从财务、客户、内部流程和学习与成长四个维度观察企业

第一，财务维度。其目标是解决“我们怎样满足企业的所有者？”这一类问题。企业必须将营利作为企业经营的直接目的。平衡计分卡在财务维度的绩效衡量能够显示出企业的战略及其具体实行是否有益于经营结果的改善。为实现企业的财务目标，可以从企业盈利水平、提升生产力两个方面来进行指标分解。企业盈利水平主要从总营收、出货量和利润三个方面来考察，而提高人均产值和降低间接费用与营运费用则是提升生产力的两个重要财务策略。财务方面的指标包括流动比率、资产利用率等。提高企业的净资产收益率是财务维度上的最根本目标。

第二，客户维度。企业要实现最终财务目标，首先要关注客户方面，要尽可能地运用各项战略来了解客户、服务客户、满足客户，因此，从客户维度来看，提供高性价比的产品与增值服务、强化质量优势和完善客户关系管理方面就显得尤为重要。其管理目标是解决“客户如何看待我们？”这一类问题。客户维度有助于企业从时间、质量、服务和成本几个方面来关注市场份额以及客户的需求和满意程度。其指标可以是送货准时率、顾客满意度、产品退货率、合同取消数等。

第三，内部流程维度。要实现财务效益，吸引和保持顾客，企业最终还必须“修炼

内功”，必须依靠内部的程序、决策和行为。内部流程也称内部业务流程，是从企业内部维度来评价企业的运营情况。内部业务流程就是指从确定顾客的要求开始到研究开发出能满足顾客要求的产品与服务项目、制造并销售产品或劳务，最后提供售后服务、满足顾客要求的一系列活动。根据内部价值链划分，内部业务流程分为研究与开发、生产过程、售后服务三个阶段。其目标是解决“我们必须擅长什么?”这一类问题。其所关注的是企业内部效率，关注导致企业整体绩效更好的过程、决策和行动，特别是对顾客满意度有重要影响的企业过程，如新产品开发能力、设计能力等。

第四，学习与成长维度。平衡计分卡所强调的投资重点是未来的投资项目，诸如新产品和新设备的研究和开发，而不是传统的投资领域。这就要求企业对管理人员和员工不断地进行新技术、新知识的培训学习，形成一支稳定的、高素质的员工队伍，以适应时代发展的需要；与此同时，企业应建立有效的信息系统，让员工了解企业的战略意图，及时获取足够的关于客户、内部业务流程及财务决策等方面的信息，让他们明确工作与企业战略之间的关系，可以更好地促进他们的工作；还要设立良好的激励机制，以激发全体员工的积极性和创造性。其目标是解决“我们能够继续提高并创造价值吗?”这一类问题，主要从长远角度关注企业未来成功的基础。平衡计分卡在学习与成长维度方面的考核，能够帮助企业规避短期行为和关注未来投资的重要性，尤其是员工成长系统和业务流程系统的重要性。

3）财务、客户、内部流程和学习与成长四个维度具有因果关系

尽管平衡计分卡似乎是从四个相对独立的维度系统地对企业的经营业绩进行评价，但是从这四个维度出发设计的各项评价指标之间并非毫无关系，而是在逻辑上紧密相承，具有一定的因果关系。实际上，因果链布满了平衡计分卡的各个方面。比如，某公司希望提高财务方面资本回报率的水平，这一目标的实现有赖于客户满意度的提高，即需要增加客户购买次数以及客户的购买量。因此，需要研究如何才能使客户更加青睐公司的产品。客户偏好分析结果可能会显示客户重视按时交货，这样，按时交货将被记入平衡计分卡的客户方面。此时，需要明确什么样的内部流程才能提高按时交货率，这需要依赖于缩短经营周期和提高内部流程的质量，于是，这两个方面将被记入平衡计分卡的内部流程方面，而公司要提高内部流程的质量以及缩短周期，就需要培训员工，提高他们的能力，于是这个目标就依靠学习与成长指标来实现。这样，一条因果关系链就贯穿了平衡计分卡的四个维度。

案例3-1

罗克沃特公司的平衡计分卡

罗克沃特公司是在水下工程建筑业中处于全球领先地位的企业。20世纪80年代，水下建筑行业竞争特别激烈，一些小企业退出了该行业，一些大的石油企业客户希望与自己的供货商发展长期的合作伙伴关系，而非根据价格选择供货商。

罗克沃特公司制定了远景规划：“我们应向顾客提供最高水平的安全，并在质量标准方面处于行业领先地位。”该远景规划分解为五个战略目标：超出顾客预期和需要的服务；高水平的顾客满意度；安全、设备可靠性、灵敏性和成本效率的不断提高；高质

量雇员；实现股东预期。罗克沃特公司又把远景规划和战略目标细化为平衡计分卡的四套绩效测评指标。

第一，财务指标。资本报酬率和现金流反映了对短期结果的偏好；预测可靠度表明了母公司希望减少由于业绩的预期外波动而引起的历史不确定性。罗克沃特的管理层增加了项目营利性和销售储备两个财务指标：项目营利性侧重于把项目作为计划和控制的基本单位；销售储备有助于减少绩效的不确定性。

第二，顾客方面。罗克沃特公司希望能把两类顾客区分开来：第一类顾客是指想建立高附加值关系的石油企业；第二类顾客是指那些根据价格选择供货商的顾客。公司设立了价格指数，把关于竞争位置的可得信息综合起来，以确保当竞争加剧时能保住第二类顾客的生意。公司还邀请某组织和顾客对顾客满意度进行调查分析，并统计市场份额。

第三，内部过程。为了构造出内部程序的测评指标，罗克沃特的经理人员界定了一个项目从启动（认识到顾客的需要）到完成（顾客的需要被满足）的项目周期。针对项目周期中的五个业务程序阶段——制定了测评指标。这五个业务阶段如下：确认阶段，所花费的与潜在的顾客讨论新工作的小时数；争取阶段，投标成功率；准备和交付阶段，项目业绩效率指数安全/损失控制，返工率；终止阶段，项目终止周期的长度。

第四，创新和学习。创新和学习的目的在于加速财务、顾客和内部程序的改进。在罗克沃特，这类改进除了来自内部业务程序的不断改善外，还来自会带来新的收入来源和市场扩展的产品和服务创新。为了同时促进产品 / 服务创新和业务改进，企业认为有必要为雇员创造一种充满激励气氛的环境。职员态度调查和雇员建议数量的统计指标，都可以用来衡量是否创造了这样一种氛围。

资料来源 秦杨勇. 平衡计分卡与绩效管理经典案例解析［M］. 北京：中国经济出版社，2015. 引文经过节选、压缩和改编。

3.1.3 平衡计分卡的特点

1）平衡计分卡是一种绩效评价系统

平衡计分卡是基于组织战略的绩效评价体系，它不仅克服了传统绩效评价体系的片面性、滞后性，而且强化了对目标制定、行为引导、绩效提升等方面的管理，使得组织绩效目标的达成有了制度上的保证。

2）平衡计分卡是一种战略管理系统

平衡计分卡使组织的各个层级对愿景和战略达成共识，并将其转化为四个层面的目标、指标和目标值。这种愿景和战略的转化，会使管理者和员工认真思考这些愿景和战略意味着什么，帮助他们清楚地知道自己的工作对实现战略的意义。通过建立组织、业务单位、部门、个人等各个层面的平衡计分卡，使员工在这一套评价指标的引导下努力工作，从而实现战略目标。

3）平衡计分卡是一种沟通工具

平衡计分卡被视为一个用于传播、宣讲和学习的系统，通过宣讲和传播，使管理者和员工真正了解组织的愿景和战略。管理者和员工通过共同开发各个层次的平衡计分卡，明确各自的奋斗目标，并努力达成既定目标。平衡计分卡的开发运行过程本身就是一个沟通的过程。

4）平衡计分卡强调“平衡”的重要性

与其他绩效管理工具不同，平衡计分卡强调“平衡”，尤其是财务指标与非财务指标的平衡、组织内外的平衡、前置指标与滞后指标的平衡，以及长期目标与短期目标的平衡。

5）平衡计分卡强调因果关系的重要性

平衡计分卡是根据组织的战略和愿景，由一系列因果链贯穿起来的一个有机整体：只有目标客户满意了，财务成果才能实现；客户价值主张描述了如何创造来自目标客户的销售额和忠诚度；内部流程创造并传递客户主张；支持内部流程的无形资产则为战略提供了基础。这四个层面的目标协调一致是价值创造的关键。

3.2　平衡计分卡的设计实施流程

平衡计分卡的设计实施流程可分为五个步骤：制定企业远景目标与发展战略；把组织经营战略转化为一系列的衡量指标；将战略与企业、部门、个人的短期目标挂钩；战略的具体实施、反馈和中期调整、修正；建立健全考核体系，根据平衡计分卡的完成情况进行奖惩。

3.2.1　制定企业远景目标与发展战略

平衡计分卡的设计实施贯穿于企业战略管理的全过程。应用平衡计分卡时，由于是把组织经营战略转化为一系列的目标和衡量指标，因此，平衡计分卡对企业战略有较高的要求：企业应在符合和保证实现企业使命的条件下，在充分利用环境中存在的各种机会和创造机会的基础上，确定企业同环境的关系，规定企业从事经营的范围、成长方向和竞争对策，合理地调整企业结构和分配企业的全部资源，从而使企业获得竞争优势，制定出适合本企业成长与发展的企业远景目标与发展战略。企业战略要力求具备适合性、可衡量性、易懂性、激励性和灵活性。

企业所处的生命周期阶段的不同导致其战略会有很大的差异，所以制定企业的发展战略应注意企业所处的发展阶段，根据发展阶段确定发展战略。通常，成长期企业的战略，主要是通过开发产品或服务来赢得市场和客户，构建起企业发展所需的各方面资源，以期获得长期的回报；维护期企业的战略，主要是提高生产能力，保持或增加市场份额，获得丰厚的利润；成熟期企业的战略，主要是收获前两个阶段中投资所产生的利润。

平衡计分卡还能使管理层对战略进行重新审视和修改，这样就为管理层提供了经营战略的具体交流机会。同时，因为战略制定和战略实施是一个交互式的过程，在运用平衡计分卡评价组织经营业绩之后，管理者们了解了战略执行情况，就可对战略进行检验和调整。

3.2.2　把组织经营战略转化为一系列的衡量指标

平衡计分卡是一个战略实施机制，它把组织的战略与一整套的衡量指标相联系，弥补了制定战略和实施战略间的差距。应用平衡计分卡可把组织的战略和一整套的衡量指标联系起来，能使企业战略得到有效实施。为了使企业战略有效实施，我们可逐步把组织战略转化为财务、客户、内部流程、学习与成长四个维度的衡量指标。

1）为重要的财务绩效变量设置衡量指标

企业财务性业绩指标，能够综合地反映公司业绩，可以直接体现股东的利益，表明战略目标是否实现及其对提高企业利润到底有多大的贡献，因此，它一直被广泛地用于对公司的业绩进行控制和评价，并在平衡计分卡中予以保留。常用的财务性业绩指标主要有经营利润率、现金流、收入增长率、项目效益、毛利率、回款率、税后净利润、净现值等。

2）为重要的客户绩效变量设置衡量指标

从客户角度来看，实施平衡计分卡的企业管理者必须首先定义企业希望加入竞争的目标市场。目标市场包括现有的客户和潜在的客户。然后，管理者设计一些衡量指标来追踪企业在目标市场上提高客户满意度和忠诚度的能力。客户衡量指标通常包括一些与客户忠诚度相关的核心或普通的衡量指标。这些指标包括客户满意度、客户印象、新客户需求、客户盈利能力和在目标市场上的份额等。

除了这些常见的客户衡量指标外，企业还可以进行个性化的选择，使其适合企业盈利最多、增长最快的目标客户群。比如，客户满意度、客户印象、客户忠诚度和市场份额只适用于那些希望成为产品或服务市场上重要提供者的企业。

3）为重要的内部流程绩效变量设置衡量指标

从内部流程角度看，管理者必须建立企业在实施其战略时所有的重要的内部流程。内部流程代表了使企业能够完成下列任务的处理过程：交付能够吸引和保持目标市场上客户的价值变量；满足股东财务回报的需求。因此，设置内部流程指标时应该关注对客户满意度和完成企业财务目标有重大影响的流程。

每家企业都有一套独特的创造客户价值和产生超额财务回报的流程。内部价值链模型提供了一个便利的模型，帮助公司制定其目标与内部流程的衡量手段。一般的价值链包含研发创新流程、生产运营流程和售后服务流程这三个主要的业务流程。

（1）研发创新流程是内部价值链的第一部分，管理者对市场的调研主要是定义市场的容量、客户偏好的特点、目标市场的价格敏感度。例如，企业在市场上领先的产品数量、新上市产品的销售预期等。

（2）生产运营流程是内部价值链的第二部分，代表了生产与发送产品流程。生产运营流程从客户订单开始，结束于产品发送至客户。此流程强调效率、连贯、及时性。我们可以从质量、时间、成本等方面制定相关的衡量指标。例如，处理过程中的缺陷率、产出比率（产出的产品与投入的材料之比）、安排产品批量、原材料整理时间或批量生产准备时间、存货率、订单发送准确率等指标。

（3）售后服务流程是内部价值链的最后一个流程，是售后的客户服务。售后服务流程包括售后保证、保修和退换、账款回收管理。公司的战略应该包括为客户提供良好的售后服务，以提升公司的形象和市场占有率。

平衡计分卡中评估企业内部流程与传统的衡量指标有很大的差异。传统的方法希望监控和改善现有的业务流程。这些方法不但包括财务指标，还有一些质量和时间尺度，尽管它们主要还是集中于现有流程的改进。相反，平衡计分卡可以建立全新的流程，使企业能够满足客户与股东的需求。例如，通过平衡计分卡的一部分，企业可以实现开发一个新的流程来预测客户需求并可提供新的客户服务。平衡计分卡的差异还表现在将研发创新流程融合到内部企业管理流程中。研发创新流程对大部分企业来说是一个强大的未来利润驱动器。平衡计分卡的内部流程可以将研发创新流程和生产运营流程的目标衡量方法有机地结合起来。

4）为重要的学习与成长变量设置衡量指标

企业的学习和发展过程包括三部分：人员、信息系统和企业程序。该种类型的指标可包括：

（1）人员指标

只有充分发挥职工的积极性和创新能力才能使企业立于不败之地。使用的指标如下：

① 职工的满意程度。职工满意是提高生产率、提高市场占有率的前提条件。评价方法可采用年度调查或滚动调查的方法。调查项目可分为决策参与程度、工作认可程度、创造性的鼓励程度、充分发挥才能的程度以及对企业总的满意程度等。该指标应结合职工的稳定性和创新性予以考虑。

② 职工的稳定性。该指标以保持员工长期被雇用为目标。企业在职工身上进行了长期投资，职工辞职则是企业在人力资本投资上的损失，尤其是掌控企业经营过程的高级雇员。该指标通过主要的人事变动百分比计量，其中高级雇员的人事变动是考核职工稳定性的重要指标。

③ 职工的创新性。该指标反映企业的发展潜力，可用职工每年申请的专利或研制出的非专利技术数计量，也可用职工获得的奖金额计量。日本部分企业职工每年的创新奖金超过了他们的年工资，这充分鼓励了职工的创新愿望。

（2）信息系统指标

信息系统指标可以通过及时准确地把关键客户和内部经营的信息传递给制定决策和工作的一线雇员所用的时间来计量。

（3）企业程序指标

企业程序指标可以检查员工激励与全面的企业成功因素及内部经营提高率的情况。必须指出的是，平衡计分卡的四个方面并不是相互独立的，而是一条因果链，展示了业绩和业绩动因之间的关系。为提高经营成果，必须使产品或服务赢得顾客的信赖；要使顾客信赖，必须提供顾客满意的产品，为此改进内部流程；要改进内部流程，必须对职工进行培训，提升员工素质，开发新的信息系统。

依据上面步骤，可以把组织经营战略转化为一系列的衡量指标。我们可以建立一个业绩衡量指标体系（如图3-2所示）。

我们可以依据图3-2来选定绩效考核指标。在对考核指标的把握上应注意以下几个方面：贵精而不多，七八个较为适合；贵敏感而不迟钝，能被有效量化；贵明确而不模糊，缺什么考核什么；贵关键而不空泛，要抓住关键绩效指标。

财务方面：
- 利润率
- 现金流量
- 收入增长
- 项目效益
- 毛利率
- 回款率
- 税后净利润
- 净现值

客户方面：
- 市场份额
- 用户排名调查
- 新客户的增加
- 客户的保有率
- 客户满意度
- 品牌形象/识别
- 服务差错率

内部流程方面：
- 产品（服务）质量
- 产品开发/创新
- 事故回应速度
- 安全与环境影响
- 劳动生产率
- 设计开发周期
- 生产周期
- 生产计划
- 预测准确率
- 项目完成指标
- 关键员工流失率

学习与成长方面：
- 提供新服务收入的比例
- 员工满意度
- 改善并提高效率指数
- 关键技能的发展
- 继任计划
- 领导能力的发展
- 人均创收
- 员工建议数
- 新产品上市的时间
- 新产品收入所占比例

图3-2　业绩衡量指标体系

3.2.3　将战略与企业、部门、个人的短期目标挂钩

平衡计分卡中的目标和衡量指标是相互联系的，这种联系不仅包括因果关系，而且包括结果的衡量和引起结果的过程的衡量相结合，最终反映组织战略。绩效考核指标选定后，则需要确定每一指标所对应的具体目标，为了有效避免出现企业战略目标、部门计划目标、个人绩效考核目标的纵向矛盾，以及各部门间计划的横向不和谐，我们要进行战略目标分解。

战略目标分解要求将战略与部门、个人的目标挂钩。在战略分解过程中，要求在保证企业目标实现的前提下层层分解，并在分解过程中上下沟通，达成共识，从而形成上下一致、左右协调的绩效考核目标。目标分解过程是员工和上级协商制定考核目标，然后以这些目标作为绩效考核的基础这样一个循环往复的过程，这个循环过程从设定共同的企业战略目标开始，经过循环最终再回到起点。通常，员工制定目标后应与上级进行讨论、回顾和修改，并最终使双方都满意。员工在设定目标的同时，还必须制定完成目标的详细步骤。在期间考核时，由于目标数据已经可以取得，因此可以评定员工完成目标的程度。在此期间，当取得新的数据或其他方面数据时，可以修正目标。在一个评估期间结束时，员工用他所能得到的实际数据对其所完成的工作做自我评估。“面谈”即上级和员工一起对员工自我评估进行检验。最后一个步骤是回顾员工工作与企业工作之

间的联系。

为了使制定的绩效考核目标取得成功，企业应该将其看成是整个管理体系的一个组成部分，而不仅仅是上级工作的附加部分。上级必须将制定目标的权力下放给员工，给员工决策目标的自由，与此同时要求员工对工作结果负责。在实际操作过程中，还应注意以下几点：

第一，上级和员工必须愿意一起制定目标。数据显示，这种目标的制定过程能使员工的工作绩效提高10%~25%。这一过程之所以起作用，是因为这一过程帮助员工将精力集中在重要工作上，并促使员工对自己完成的工作负责。另外，这一过程还建立了一个自动反馈系统，因为员工可以经常参照目标对工作进行自我评估。

第二，目标应该是长期和短期并存的、可量化和可测量的；而且，在制定目标时还必须说明实现目标的步骤。

第三，预期的结果必须在员工的控制之中，因为我们先前曾提及可能会存在标准的制定脱离实际的情况。

第四，目标必须在每一个层次上保持一致。

第五，上级和员工必须留出专门的时间来对目标进行回顾和评估。

3.2.4　战略的具体实施、反馈和中期调整、修正

完成了绩效考核指标和目标的确定之后，系统科学的绩效考核内容设定体系便形成了。很有必要制作“绩效考核——工作计划表”（见表3-1），将员工绩效考核内容以书面形式记录下来，作为绩效考核的依据。

表3-1　**绩效考核——工作计划表**

岗位名称			岗位编号			
姓名			绩效期限			
视角	关键业绩指标（KPI）	衡量标准	计算方法	权重	数据来源	备注
财务						
客户						
内部流程						
学习与成长						

本人签字：

年　　月　　日

在计划的实施过程中，上级要及时有效地检查监督，并根据内外情况的变化，做出合理调整。为了让计划有效实施，企业应建立畅通的反馈渠道，及时解决员工在实施过程中遇到的问题。

3.2.5 建立健全考核体系，根据平衡计分卡的完成情况进行奖惩

企业可通过健全的考核体系，将员工奖金、晋升、教育培训等与员工所完成平衡计分卡的情况直接挂钩，形成有效的管理途径。在薪酬结构方面，应通过年终奖金对平衡计分卡完成好的员工进行奖励，对完成不佳的员工进行惩罚；在教育培训方面，推荐优秀员工进行深造，对成绩不佳者要求其进行强制性学习；在晋升方面，建立优胜劣汰、能上能下的机制，真正实现“能者上、平者让、庸者下”。最终，应使平衡计分卡的实施实现公平评价员工的业绩和能力、激发员工的热情和潜力、最大限度地开发和利用企业的人力资源的目的，从而提高整个企业的绩效水平。

案例3-2

平衡计分卡应用案例：L乳业

L乳业是中国著名乳制品公司，其业务量在近几年不断攀升，公司的规模和经营效益也逐步提高。面对不断扩大的企业规模，公司的最高决策者意识到了管理和评价管理团队的重要性。以前，决策层利用经营业绩指标来管理和控制管理团队，并且与管理团队签订了业绩合同。但是，这个做法收到的效果并不理想，尤其是决策层感到自己制定的指标缺乏一定的内在联系，考核指标不能够与其职责相匹配；另外，设计这些经营业绩指标要耗费决策层大量的时间和精力。因此，决策层决定聘请外部的咨询公司协助制定绩效考核体系。以下是采访者与L乳业负责此次绩效管理改进项目的人力资源总监之间的一次对话，我们可以从中学习L乳业成功实施绩效管理的经验。

问：公司在制定绩效管理体系时是以什么为切入点的？

答：在这次绩效管理体系优化过程中，我们在咨询公司的协助下引入了战略性的绩效管理体系——平衡计分卡。平衡计分卡的设立目的是在公司内部有效沟通公司战略目标、引导公司实现流程最佳组合并控制流程风险，引导员工行为以求实现公司战略。因此，我们在制定绩效管理体系时是以企业战略为切入点的。尽管我们以前制定了明确的发展战略，但并没有制定相应的考核指标，或者是指标并没有与战略相匹配。因此这次在设计考核指标时，我们首先对公司的战略目标与发展方向等进行了重新梳理、分析与归纳，基于对公司整体战略的理解，明确公司整体优化的关键成功要素。管理人员普遍反映，通过战略导出的绩效指标比以前更能体现公司和事业部发展的方向。

问：在设计绩效指标的过程中你们遵循了哪些设计原则？

答：如前所说，在绩效指标设计过程中，应当全面反映企业战略的要求。由于我们公司是由多个不同的事业部组成的，因此绩效指标也应根据各事业部自身的业务特点及战略要求来确定。以平衡计分卡的思想作为绩效指标体系建立的基础，指标不仅包括财务方面的结果性指标，也包括客户、内部运营和学习与成长方面的过程性指标。同时，指标体系中针对前期诊断工作中发现需解决的重要问题设计了相应指标。如发现财务部门财务分析的工作做得不够，而这个工作对企业又很重要，就需要对相关的财务人员设

立财务分析管理报告数量和提交及时性的指标。针对职能部门，我们尽可能选择该部门能直接影响的指标，如取消了原来对人力资源管理部门考核不可控的销售额和净利润的指标。不同指标对一个岗位来讲，其重要度是不一样的，这就涉及指标的权重问题。相对而言，上级较下级的财务性指标的权重高一些、非财务性指标的权重低一些；面向市场的岗位（如销售经理等）相对内部管理的岗位（如人事经理等）的财务性指标的权重高一些、非财务性指标的权重低一些。各级管理人员普遍认为基于以上这些原则设计出来的绩效指标比以前更合理，在签订绩效合同时减少了异议。

问：在一套绩效指标体系设计完成后，你们如何来评价它是否完善呢？

答：绩效指标体系的评价可以从三个方面来进行，即结构完备性、内容完整性和操作可行性。

结构完备性主要考察指标是否从财务、客户、内部运营和学习与成长四个维度来衡量，是否与实现企业战略所需要的关键成功要素相对应，对岗位的考核指标是否与该岗位的职责与权限相对应，是否对岗位重复考核，或者是否遗漏考核。

内容完整性主要考察指标是否有明确的名称、具体的计算方法，是否说明数据来源、考核频度，是否合理确定权重以及是否有明确、合理的目标值。

操作可行性主要考察指标是否具有可评价性，支持数据是否具有可获取性，数据来源是否具有可靠性，目标值是否具有可实现性。

问：绩效指标设定完成以后，是否可以在执行过程中进行调整？

答：这一直是困扰我们的问题。为了维护指标的严肃性，原则上不考虑进行所谓的年中指标调整。只有在一些特殊情况下，产生行业性的不可抗因素，而且其影响对整个行业来讲是长期的，才可以相应地调整相关指标的目标值。但在做这项调整工作时要非常慎重，处理不好很容易引发其他相似岗位的不同意见。

问：根据你们的经验，企业在做绩效评估的过程中应该注意什么？

答：绩效评估确实是一个相当关键的环节，贯穿于整个日常工作中。从绩效评估的步骤来看，主要有以下工作：(1) 收集并审核有关绩效数据。(2) 针对每一个KPI进行打分（可写下注解），也可由你的下属先进行自我评估。(3) 与你的下属进行一次正式的交流，并作必要的解释和讨论。如你的下属有异议，可给予他一定时间去核实绩效数据，有偏差之处应纠正。(4) 与你的下属讨论哪些领域是需要提高和改善的。(5) 与你的下属讨论其个人技能提高及职业成长的需求。(6) 与你的下属达成共识。

在绩效评估过程中应当注意：(1) 评估应针对预先制定的KPI及其标准进行，而不是与其他人或部门的评估结果相比较。(2) 阶段性的评估和沟通应在一年内多次进行。(3) 绩效考核的数据应定期收集。(4) 相似的岗位应有可比较的绩效标准和评分，如不同部门的秘书考核标准比较。

问：作为一个主管，除了为下属设定和评估绩效指标以外，还可以做哪些工作？

答：当然，指标的设定并不只是为了年底的评估有据可依。作为一个主管，更应该在日常工作中给予下属支持，帮助下属完成指标，这就是所谓的绩效支持工作。以前我们并没有意识到有哪些工作可以做，其实绩效支持工作可以包括很多内容，如实践中指导、实践机会、能力提升、知识培训、提供有效工具、工作环境、团队气氛、授权和下放工作、制订个人发展计划、信息分享、处理矛盾和冲突等。

3.3 企业实施平衡计分卡应注意的几个问题

3.3.1 平衡计分卡的应用要注重全员参与

平衡计分卡的应用涉及企业高层领导团队、中层管理团队和基层作业团队的人员，因而应该从企业高层领导团队开始，逐级向下宣传贯彻。高层领导团队在平衡计分卡应用中的主要作用是从总体上把握企业战略，与其他成员沟通公司的战略，为其他团队成员提供政策和资源配置方面的支持。中层管理团队是应用平衡计分卡的核心团队。中层管理团队对公司的业务有全面的理解，能够抓住公司成功的关键因素，他们在沟通高层领导战略意图和基层员工意见之间起着不可替代的连接作用。中层管理团队能把平衡计分卡方法落实到企业的各个职能领域中，并对战略执行结果做出正式总结和报告。基层团队对企业的职能领域具有深入细致的理解。企业战略最终要落实到基层人员的工作中，他们能够把战略问题与自己的工作联系起来，收集到详细的企业运作数据，并加以分析，与公司其他层面的成员进行沟通。

3.3.2 切勿照抄照搬其他企业的模式和经验

不同的企业面临着不同的竞争环境，需要制定不同的战略，进而设定不同的目标。每个企业在运用平衡计分卡方法时都要结合自己的实际情况建立平衡计分卡指标体系。所以，不同企业的平衡计分卡四个层面的目标及其衡量指标皆不同；即使相同的目标也可能采取不同的指标来衡量。另外，不同公司的指标之间的相关性也不同；相同的指标也会因产业不同而导致作用不同。总之，每个企业都应开发具有自身特色的平衡计分卡，如果盲目地模仿或抄袭其他公司，不但无法充分发挥平衡计分卡的长处，反而会影响对企业业绩的正确评价。

3.3.3 提高企业管理信息质量的要求

与欧美企业相比，我国企业对信息的精细度和质量要求相对偏低，这会在很大程度上影响到平衡计分卡应用的效果。因为对信息的精细度与质量的要求度不够，会影响企业实施平衡计分卡的效果，如导致所设计与推行的考核指标过于粗糙，或效度、信度过低，因而无法有效衡量企业的经营业绩。此外，由于无法正常发挥平衡计分卡的应有作用，还会挫伤企业对其应用的积极性。

3.3.4 正确对待平衡计分卡实施时投入成本与获得效益之间的关系

平衡计分卡的四个层面彼此是连接的，要提高财务面首先要改善其他三个方面，要改善就要有投入，所以实施平衡计分卡首先出现的是成本而非效益问题。更为严重的是，效益的产生往往滞后很长时间，使投入与产出、成本与效益之间有一个时间差，可能是6个月，也可能是12个月，或者更长的时间。往往会出现客户满意度提高了，员工满意度提高了，效率也提高了，可财务指标却下降的情况。关键的问题是在实施平衡计分卡的时候一定要清楚，非财务指标的改善所投入的资金，是在可以预见的时间内可以从财务指标中收回的，不要因为实施了6个月没有效果就没有信心了，应该将眼光放得更远些。

3.3.5　平衡计分卡的执行要与奖励制度结合

公司中每个员工的职责虽然不同，但使用平衡计分卡会使大家清楚企业的战略方向，有助于群策群力，也可以使每个人的工作更具有方向性，从而增强每个人的工作能力和效率。为充分发挥平衡计分卡的效果，需在重点业务部门及个人等层次上实施平衡计分，使各个层次的注意力集中在各自的工作业绩上。这就需要将平衡计分卡的实施结果与奖励制度挂钩，注意对员工的奖励与惩罚。

基础训练

1. 平衡计分卡的特点有哪些？
2. 平衡计分卡的应用维度有哪些？
3. 平衡计分卡的设计实施流程有哪些？
4. 企业实施平衡计分卡应注意哪些问题？

综合应用

□ 案例分析题

T集团对平衡计分卡的应用

T集团对平衡计分卡的应用有如下几个方面：

一、财务视角

目标是解决“股东如何看待我们？”这一类问题。表明我们的努力是否对企业的经济效益产生了积极的作用。财务指标包括销售额、利润额、资产利用率等。

二、客户视角

目标是解决“顾客如何看待我们？”这一类问题。通过顾客的眼睛来看公司，从时间（交货周期）、质量、服务和成本几个方面关注市场份额以及顾客的需求和满意程度。客户指标包括送货准时率、客户满意度、产品退货率、合同取消数等。

三、内部流程视角

目标是解决“我们擅长什么？”这一类问题。关注公司内部效率，如生产率、生产周期、成本、合格品率、新产品开发速度、出勤率等。内部流程是公司改善经营业绩的重点。

四、学习与成长视角

目标是解决“我们是在进步吗？”这一类问题。关注员工士气、员工满意度、平均培训时间、再培训投资和关键员工流失率等指标。

员工的素质决定产品质量、销售渠道等，产品、服务质量决定顾客满意度和忠诚度，顾客满意度和忠诚度及产品、服务质量等决定财务状况和市场份额。

平衡计分卡业绩管理包含三个层面：公司整体、部门和员工。因此，作为一个完整的业绩管理方案，三个层面联系密切、缺一不可。另外，公司的战略目标是否清晰是业绩管理体系建设的一个重要前提，没有目标的企业首先考虑的不是如何考核，而是自己的方向和计划。

平衡计分卡所有工作的思路和出发点都必须紧紧围绕一个中心：公司愿景和战略。

根据平衡计分卡所提供的架构，我们通过对公司年度规划目标进行分解，使得公司年度目标与部门年度目标高度一致，已初步具备可执行性。紧接着，部门根据员工岗位定位和职责再次细化目标，将责、权、利落实到人。

资料来源　编者根据相关资料整理。

问题：T集团对平衡计分卡的应用为什么会取得成功？

分析提示：T集团对平衡计分卡的应用与卡普兰的理念十分吻合，抓住了平衡计分卡考核的重点与关键，操作得当，逻辑清晰，因而取得了成功。

□ 实践训练题

中外运敦豪国际航空快递有限公司（简称“中外运敦豪”）是由中国对外贸易运输集团总公司和敦豪环球快递两家公司出资设立的。

2002年被中外运敦豪设定为“服务年”，要求加强公司内部所有人员的服务意识。但是，让分布在全国318个城市的所有员工对客户的服务意识、服务态度都得到提升是一项极其艰巨的任务。中外运敦豪认识到平衡计分卡正好能够配合内部的组织结构变革，帮助公司全体员工统一认识，制定一个把管理目标和薪酬系统相结合的战略管理模式，因此决定实行平衡计分卡。

中外运敦豪首先建立了公司的远景战略，就是“Market leader”（市场领导者），在国际快递行业中向顾客提供最优质的服务。之前中外运敦豪主要是运用盈利水平和收款情况等这些硬性财务指标衡量分公司，看收入的增长是否达到标准。现在他们不但重新设计了财务指标（如使用超过90天的应收账款来描述收入与预算的完成情况），还涵盖了客户保有率、新增客户、客户满意度等外部的、柔性的指标。

我们可以看出，中外运敦豪在以下几方面做得较为出色：（1）总经理亲自挂帅；（2）将平衡计分卡作为战略管理工具使用；（3）在平衡计分卡指标设计上充分考虑差异性；（4）加强沟通与员工培训；（5）平衡计分卡与预算管理和薪酬制度结合使用。

从中外运敦豪取得的成绩可以看出，实施平衡计分卡取得了成功。但是，我们也应当看到中外运敦豪的平衡计分卡在设计方面并不完美，比如：

（1）平衡计分卡在设计上并不完整。实际上只涉及平衡计分卡的两个视角，缺少内部流程视角和学习与成长视角的内容。

（2）平衡计分卡在指标的设计上可以进一步改进。平衡计分卡的财务视角应包括增长战略和生产率战略两方面的信息，而中外运敦豪平衡计分卡的财务视角只包括增长方面的信息，没有反映生产率方面的信息。中外运敦豪的平衡计分卡第二层面是效率指标，但该部分指标实际上是客户视角指标。另外，在评价指标的分类上，员工流动率应属于学习与成长视角，却被归入效率视角。所以，中外运敦豪的平衡计分卡在指标的选取上存在改进的余地。

问题：假如你是中外运敦豪的人力资源总监，请尝试着为公司做一份平衡计分卡考核方案。

第4章 关键绩效考评方法

学习目标

知识目标：

了解什么是关键绩效指标；明确关键绩效指标的特点、功能、作用；熟知关键绩效指标的要点及各主要责任中心KPI指标；掌握KPI系统设计的误区；明确实际工作中KPI的应用。

能力目标：

能够掌握KPI的设计技巧。

素养目标：

深刻领会党的二十大报告中提出的“推动战略性新兴产业融合集群发展，构建新一代信息技术、人工智能、生物技术、新能源、新材料、高端装备、绿色环保等一批新的增长引擎”，能够初步分析地方政府要把地区产业创新KPI设计成上述几个方面的指标的原因。

案例研讨

KPI在中层管理人员绩效管理中的应用解析

R公司是一家大型的信息技术类民营企业，近年来通过全体员工的共同努力得到了迅速发展，获得了一定的经济效益和社会效益，在同行中小有名气。该公司分为三个管理层次，即高层管理层、中层管理层和普通员工。高层管理层主要有董事长、总经理、财务总监、副总经理等；中层管理层主要有审计部部长、质量管理部部长、财务部部长、市场部经理、办公室主任、人力资源部部长等；普通员工就是公司各个岗位的普通工作人员。

近年来，R公司相关工作人员根据公司的实际情况设计了KPI绩效管理体系：将审计部门的职责细化为财务审计、基本建设项目审计、合同审计、专项审计几个关键部分；将财务部门的工作职责分为会计核算及会计申报，会计档案管理，税务、银行、审计等有关监管部门的沟通与协调，全公司财务管理、会计核算、财务报表几个关键部分；将人力资源部门的职责细化为部门岗位定员定编工作，规范人才引进、培养和选拔的工作程序，主要负责公司员工劳动纪律、考勤、奖惩、差假、调动管理工作几个关键的部分。通过从财务维度、客户维度、业务流程维度、学习与成长维度、职责维度几个层面确定了中层管理人员的KPI，建立了自有的考核标准，完成了企业KPI体系的建设工作。每个部门具体的KPI指标具体内容根据公司的实际运行情况进行适当的调整和优化。经过一段时间的运行后发现，KPI不仅提高了中层管理人员的工作热情和工作积极性，而且为企业营造了良好的氛围，促进了企业的发展。

资料来源 艾莉．KPI在中层管理人员绩效管理中的应用解析［J］．辽宁科技大学学报，2016（3）．引文经过节选、压缩和改编。

通过以上案例我们发现，关键绩效指标法不仅促进了企业目标的实现，而且很好地满足了客户需求。

4.1 关键绩效指标法概述

4.1.1 关键绩效指标法的含义

关键绩效指标（key performance indicator，KPI）法是把对绩效的评估简化为对几个关键指标的考核，它把企业的战略目标分解为可操作的工作目标，并以此为基础，明确部门、人员的绩效衡量指标。它是一种定量性指标，而不是目标，是对关键成功因素的具体计量，而不是对所有过程的反应。建立明确、切实可行的KPI体系，是做好绩效管理的关键。

KPI可以使部门主管明确部门的主要责任，明确部门人员的业绩衡量指标。管理者给下属订立工作目标的依据来自部门的KPI，部门的KPI来自上级部门的KPI，上级部门的KPI来自企业级KPI。只有这样，才能保证每个职位都是按照企业要求的方向去努力。

KPI法符合一个重要的管理原理——“二八定律”。在一个企业的价值创造过程中，存在着“20/80”的规律，即20%的骨干人员创造企业80%的价值；而且，在每一位员工身上“二八定律”同样适用，即80%的工作任务是由20%的关键行为完成的。因此，必须抓住20%的关键行为，对其进行分析和衡量，这样就能抓住业绩评价的重心。

4.1.2 建立关键绩效指标应遵循的SMART原则

根据成功企业的实践经验，在设计关键绩效指标的时候要遵循SMART原则，这五个字母分别代表一个具体的含义：

1）S（specific）

业绩考核指标必须切中特定的工作指标，不能笼统，应是具体和明确的，指标设计应当细化到具体内容，符合企业和团队主导业绩目标，保证明确的导向性。

2）M（measurable）

绩效指标是量化或者行为化的，验证这些绩效指标的数据或者信息是可以获得的，工作业绩成果应体现为容易衡量的量化指标。

3）A（attainable）

业绩考核指标必须是可以达到的，企业应避免设立过高或过低的目标，在保证一定挑战性的基础上，指标应当是员工在现有条件下经过努力可以实现的目标。

4）R（realistic）

业绩考核指标应当具有相关性，必须和企业的战略目标、部门的职能及岗位职责紧密联系。

5）T（time-based）

业绩考核指标应当有明确的时间要求，关注工作完成的效率。

4.1.3　构建关键绩效指标体系的流程

确立KPI指标的要点在于流程性、计划性和系统性，其具体的操作流程如下：

1）明确企业的战略目标

找出组织的业务重点，也就是组织价值评估的重点，然后找出这些关键业务领域的关键绩效指标，即企业级KPI。关键绩效指标随公司战略目标的发展演变而调整。当公司战略侧重点转移时，关键绩效指标必须予以修正以反映公司战略新的内容。

2）分解出部门级KPI

各部门的主管需要依据企业级KPI建立部门KPI，并对相应部门的KPI进行分解，确定相关的要素目标，分析绩效驱动因素（技术、组织、人），确定实现目标的工作流程，分解出各部门级的KPI，以便确定评价指标体系。

3）分解出个人的KPI

各部门的主管和部门的KPI人员一起将KPI进一步细分，分解为更细的KPI及各职位的业绩衡量指标。这些业绩衡量指标就是员工考核的要素和依据。这种对KPI体系的建立和测评过程本身，就是统一全体员工朝着企业战略目标努力的过程，也必将对各部门管理者的绩效管理工作起到很大的促进作用。

4）设定评价标准

一般来说，指标指的是从哪些方面衡量或评价工作，解决“评价什么”的问题，而标准指的是在各个指标上分别应该达到什么样的水平，解决“被评价者怎样做，做多少”的问题。

5）审核关键绩效指标

对关键绩效指标进行审核的目的是确认这些关键绩效指标是否能够全面、客观地反映被评价对象的工作绩效，以及是否适合于评价操作。

由此可见，关键绩效指标体系的建立过程实际上是一个自上而下层层分解的过程，也是一个将组织战略层层落实的过程，这样一来，组织战略不再是领导层或管理层给组织描绘的口号式的图景，而是非常切实地与组织的各个层次相联系的具体目标。

4.1.4　关键绩效指标的主要特征

关键绩效指标是对组织运作过程中关键成功要素的提炼和归纳。一般有如下特征：

1）系统性

关键绩效指标是一个系统。公司、部门、班组有各自独立的KPI，但是必须从公司愿景、战略、整体效益展开，而且是层层分解、层层关联、层层支持。

2）可控与可管理性

关键绩效考核指标的设计是基于公司的发展战略与流程，而非岗位的功能。

3）价值牵引和导向性

下道工序是上道工序的客户，上道工序是为下道工序服务的，内部客户的绩效链最终体现在为外部客户的价值服务上。

4.1.5 关键绩效指标的作用

KPI为企业的绩效考核提供了更为客观、公正的基础性数据，避免了各级主管因各种人为因素而造成的考核偏差，使绩效考核客观、公正，保证了员工对基于KPI的绩效考核系统的认同。

KPI可以提高员工的工作效率。关键绩效指标应尽量反映员工工作的直接可控效果，剔除他人或环境造成的其他影响。企业员工根据或对照KPI，更加清楚自己的哪些行为是关键重要的行为，哪些行为是对企业发展有利的行为，工作的目标是什么，该怎么做来达到目标等。

KPI可以增进员工与管理人员的沟通。KPI不是由上级强行确定下发的，也不是由员工自行制定的，它的制定过程是由上级与员工共同参与完成的，是双方达成一致意见后的共识。通过在KPI指标上达成的承诺与共识，员工与管理人员可就工作目标、工作期望、工作表现和未来发展等问题进行沟通。

KPI可以增强企业的核心竞争力和凝聚力。KPI可以确保企业内每个员工都朝着企业希望的方向努力，使众多分散的个人力量通过这种方向牵引和层级的向上传递，最终在企业内部形成一股强大的合力，从而使企业的核心竞争力明显提高。

4.1.6 关键绩效指标法的优缺点

1）关键绩效指标法的优点

（1）目标明确，有利于公司战略目标的实现

KPI是企业战略目标的层层分解，通过KPI指标的整合和控制，使员工绩效行为与企业目标要求的行为相吻合，不至于出现偏差，有力地保证了公司战略目标的实现。

（2）提出了客户价值理念

KPI提倡的是实现企业内外部客户价值的理念，对于企业原来形成的以市场为导向的经营思想是有一定的提升的。

（3）有利于组织利益与个人利益达成一致

有策略性地进行指标分解，让公司战略目标成为个人绩效目标，员工个人在实现个人绩效目标的同时，也就实现了公司总体的战略目标，达到公司与员工两者和谐、共赢的结局。

2）关键绩效指标法的缺点

（1）KPI指标比较难界定

KPI倾向于定量化的指标，至于这些定量化的指标是否真正对企业绩效产生关键性的影响，如果没有运用专业化的工具和手段，则是很难界定的。

（2）KPI会使考核者误入机械的考核方式

过分地依赖考核指标，而没有考虑人为因素和弹性因素，就会产生一些考核上的争端和异议。

（3）KPI并不是对所有岗位都适用

对于一些特定的岗位，运用KPI不是很恰当，比如部分职能型的职务，它的绩效周期比较长，而且外显的绩效行为不明显，运用KPI来考核就不是很适合。

4.2 关键绩效指标的设计方法

目前，关键绩效指标的设计方法主要有鱼骨图分析法和九宫图分析法两种。

4.2.1 鱼骨图分析法

鱼骨图是由日本管理大师石川馨先生首创的，故也称石川图，如图4-1所示。鱼骨图分析法实际上是一种逻辑工具，它使用的关键在于需考虑鱼刺上的因素是否都在同一个逻辑层面上。它是一种透过现象看本质的分析方法，也是重点要素分析法。

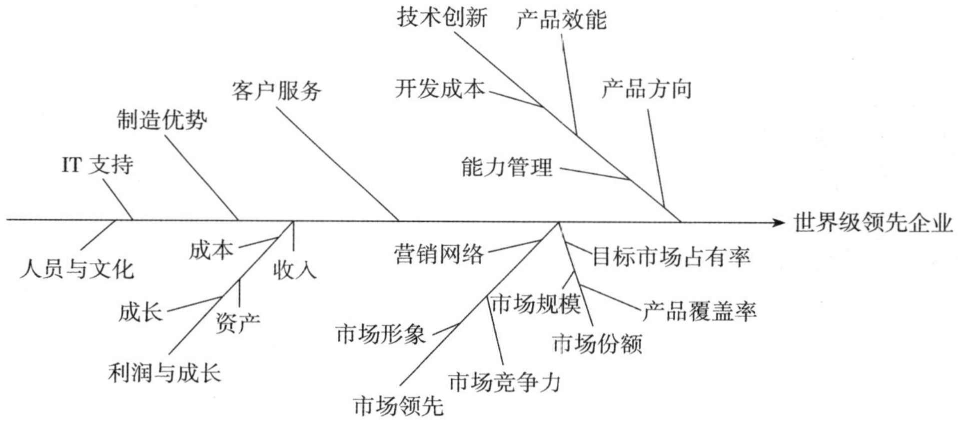

图4-1 鱼骨图分析法

鱼骨图分析法的主要步骤如下：

1）确定个人或部门的业务重点，明确哪些个体因素或组织因素与公司相互影响

关键成功因素来源于公司的战略目标，是反映公司战略目标实现的关键价值驱动因素。关键成功因素是对公司所擅长的、对公司成功起决定性作用的某个战略要素的定性描述。如图4-1所示，“世界级领先企业”是组织的总体战略目标。

2）确定每一职位的业务标准，定义成功的关键因素，满足业务重点所需要的策略手段

关键成功因素是制定关键绩效指标的依据。关键成功因素的判断标准：企业战略目标实现不可或缺的资源；企业期望建立或继续保持的核心竞争力或成功的关键能力等。如图4-1所示，将组织总体战略目标分解为主要的支持性子目标：人员与文化、IT支持、制造优势、利润与成长、客户服务、市场领先、市场份额、技术创新。以上这些都是支持性子目标。

3）确定关键绩效指标

实现企业战略目标的价值驱动因素有很多，并不是所有的价值驱动因素都是导致战略目标实现的关键因素，要根据企业内外部环境，结合理论上的判断标准，对各种驱动

因素进行筛选，确定哪些因素属于关键因素；同时，关键成功因素也不是固定不变的，随着公司战略目标以及企业内外部环境的发展变化，已经确认的关键成功因素可能会随着环境的变化转变为非关键成功因素，非关键成功因素也可能转变为关键成功因素。因此，企业要时刻关注内外部环境变化及对战略目标的影响，及时分析关键成功因素的适应性问题，适时做出调整。在组织的主要业务流程与支持性子目标之间建立关联。如图4-1所示，“人员与文化”这一子目标的主要业务流程就应该包括员工培训与发展、员工招聘、员工关系管理、企业文化等方面。

4）关键绩效指标的分解与落实

对关键绩效指标，要从企业到各个业务单元，再到部门，最后到岗位，进行层层分解与落实，从而确定各部门、各岗位具体的关键业绩指标体系。要在企业的主要业务流程里，再分解出KPI指标。例如“员工培训与发展”这一主要业务流程中可能包括员工晋升、培训、转岗、降级等多个指标，可以对这些具体的指标进行限制性规定。再如，在某个阶段内达到晋升标准的员工数量要达到相应人数的5%，这就是对“晋升”这一KPI指标的绩效评价标准。

4.2.2 九宫图分析法

九宫图分析法是一种有助于扩散性思维的思考策略，利用一幅九宫图，将主题写在中央，然后把由主题所引发的各种想法写在周围的八个位置，从八个方向去思考，发挥八种不同的创见，依循此思维方式加以发挥并扩散其思考范围（如图4-2所示）。

态度和能力		业绩低	符合要求	业绩高
	能力高	调适、重设目标、培训 6	更大挑战工作、轮岗、培训 2	晋升、更大的责任 1
	符合要求	共定目标、培训、转岗 7	赋予更大的职责 5	训练能力、塑造良好心态 3
	能力低	重点指导、转岗、降级、离职 9	引导、鼓励、培训、转岗 8	持续提升能力、转换心态 4

工作业绩

图4-2 “员工培训与发展”九宫图

图4-2的横向维度是工作业绩：对于员工工作业绩，直线经理们和人力资源管理者应正确认识，哪些是个人能力造成的，哪些是人际环境造成的，考核结束后应采取什么措施。员工的业绩等级有三个层次：业绩高、符合要求、业绩低。同时，对于业绩等级应该进行明确定义，以便在考核时有参照的标准。对于业绩等级的定义，应尽可能量化；如果业绩等级难以量化，也可以用文字来描述。例如，业绩高的量化定义：年销售收入达50万元，年销售回款率达80%。业绩高的描述性定义：员工能够持续地超越工

作上、专业技能上的绩效要求，能够建立和不断优化周边的人际关系，在关键绩效指标和工作计划任务方面都能超标。

图4-2的纵向维度是态度和能力：对员工态度和能力的评估需要员工的直线经理们和人力资源管理者给予共同的关注，尤其是直线经理们对员工的态度和能力的评估负有主要责任。一般情况下，员工的态度和能力有三个层次：能力高、符合要求、能力低。关于态度和能力的定义，我们一般采用描述的方式。例如，能力高的描述性定义：员工能够胜任更高级别的工作，通常具备高水平的工作技能，具备下一个更高级别工作所需要的执行能力和管理能力，具有创新与承担更大责任的意愿，主观上渴望获得机会，迎接挑战。具有全局意识，能对公司的发展大计提出自己的看法和实施方案。不仅本人态度诚恳、工作积极，而且能带动和影响周围的人积极向上，形成强大的团队战斗力。

针对处在图4-2九宫图不同方格中的员工，我们可以根据企业需要采取不同的培训与职业生涯发展策略，同时采取相应的薪资福利激励政策。针对处于方格1中的员工必须尽快晋升到更高级的岗位，并赋予更大的责任和权力，提供更具竞争力的薪资福利待遇。处于方格2中的员工，符合现任岗位的业绩要求且工作能力高，职业发展的重点在于针对其能力高的优势，给予更具挑战性的工作，或通过轮岗和培训来实现工作的多样性；提供具有一定竞争力的薪资福利待遇，鼓励其展现更好的绩效。处于方格3中的员工，现任岗位业绩高，培训和锻炼的重点应放在往上一层级所需的核心能力和塑造良好心态；提供具有一定竞争力的薪资福利待遇，以激发其展现更多潜能。建议为方格2和方格3中的员工安排合适的导师，提供未来职业生涯发展上的建议与咨询，指导他们全面完整地做好自我职业生涯的规划，促使其下一步职业生涯发展往方格1移动。处于方格4中的员工，现任岗位业绩高，应着重持续提升核心能力，转换心态，以应对未来的发展机会。方格5中的员工，现任岗位业绩与能力均符合组织要求，职业发展的重点将依据个人能力发展趋势来决定，同时应加强培训。方格4和方格5中的员工，下一步职业生涯发展往方格3移动。方格6中的员工，工作能力高，但面对新岗位更高的绩效要求仍在调整适应或重新设定目标，最好有针对性地进行培训，以尽快提高绩效，下一步职业生涯发展往方格2移动。针对大多数绩效或能力处于中等的员工来说，企业一般不愿意加薪；由于大部分公司中绩效或能力中等的员工数量较多，通常会根据组织需要，依据岗位的重要性和贡献度等来决定是否安排导师或教练进行现有工作的辅导或咨询。方格7中的员工，能力基本符合要求，组织应与其共同制定工作目标，并要求其在既定时间内提高工作绩效；也可以根据企业需要，有针对性地进行培训或者内部转岗。方格8中的员工，部分达到该层级的绩效要求，但有些部分明显未达标，主要是因为其尚未具备此新岗位所需的技能，或长期以来能力未得到提升；该岗位的直接上级应适当加以引导和鼓励，提供培训和转岗的机会。对处于方格7与方格8中的员工，企业肯定不愿意加薪；提升现有工作绩效对于他们来说是最迫切的，应为他们安排一个教练来给予指导，帮助他们在既定的时间内有效提升核心能力或绩效。至于方格9中的员工，未达到现有岗位的绩效要求，若不是意愿和能力上的问题，应重点指导其改善并提升绩效；如果确实是意愿或能力上的问题，应该及早降级、转调其他合适的岗位或解除劳动合同。

4.2.3 KPI指标的设计和提取示例

1）十字对焦、职责修正

KPI指标的提取，可以用“十字对焦、职责修正”一句话概括（如图4-3所示），但在具体的操作过程中，要做到在各层面都从纵向战略目标分解、横向结合业务流程“十”字提取，也不是一件容易的事情。

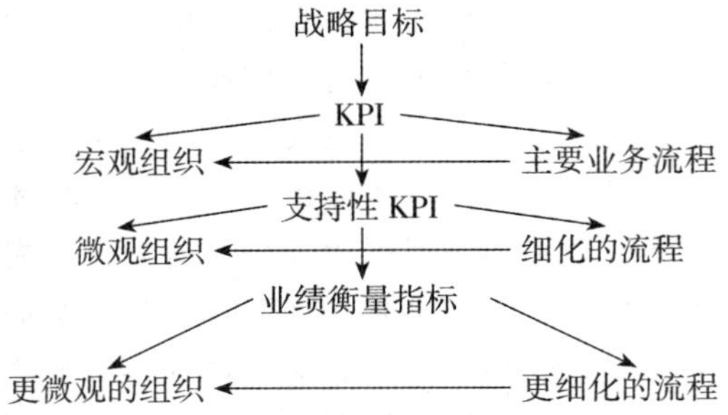

图4-3 KPI指标提取总示意图

2）确认各支持性业务流程目标

在确认对各战略子目标的支持性业务流程后，需要进一步确认各业务流程在支持战略子目标达成的前提下流程本身的总目标，并运用九宫图的方式进一步确认流程总目标在不同维度上的详细分解内容（见表4-1）。

表4-1 **确认流程目标示例**

流程总目标：低成本快速满足客户对产品质量和服务的要求		组织目标要求（客户满意度高）			
		产品性能指标合格品	服务质量满意率	工艺质量合格率	准时齐套发货率
		产品设计质量	工作服务质量	生产成本	产品交付质量
客户要求	质量好	产品设计好	安装能力强	质量管理严格	发货准确
	价格低	引进成熟技术			
	服务好		提供安装服务		
	交货周期短			生产周期短	发货及时

3）确认各业务流程与各职能部门的联系

本环节通过九宫图的方式建立流程与工作职能之间的关联，从而在更微观的部门层面建立流程、职能与指标之间的关联，为组织总体战略目标和部门绩效指标建立联系。例如，对于新产品开发流程来讲，包括新产品概念选择、新产品概念测试、新产品建议开发等前期工作（见表4-2）。对于以上每一项前期工作来讲，各职能部门所承担的流程中的角色是不同的。比如，对于“新产品概念选择”，市场部负责市场论证，销售部负责销售数据收集，研究部负责可行性研究，开发部负责技术力量评估等。明确了流程中的各项工作与各部门职能的关系之后，就可以把考核指标与业务流程联系起来，进而达成支持性子目标；最终通过微观的绩效考核指标，尤其是关键绩效指标，实现组织的总体战略目标。

表4-2　　**确认业务流程与职能部门联系示例**

<table>
<tr><td rowspan="2">流程：新产品开发</td><td colspan="5">各职能所承担的流程中的角色</td></tr>
<tr><td>市场部</td><td>销售部</td><td>财务部</td><td>研究部</td><td>开发部</td></tr>
<tr><td>新产品概念选择</td><td>市场论证</td><td>销售数据收集</td><td>—</td><td>可行性研究</td><td>技术力量评估</td></tr>
<tr><td>新产品概念测试</td><td>—</td><td>市场测试</td><td>—</td><td>—</td><td>技术测试</td></tr>
<tr><td>新产品建议开发</td><td>—</td><td>—</td><td>费用预算</td><td>组织预研</td><td>—</td></tr>
</table>

4）部门级KPI指标的提取

在本环节中，可以通过上述环节建立起来的业务流程、部门职责之间的联系，提取部门级的KPI指标（见表4-3）。KPI的考核指标是动态的。KPI考核指标的设立是根据部门实际情况、管理水平而不断变化的。KPI的考核指标是关键性的。KPI指标的关键性，有利于考核者在考核过程中掌握关键的考核指标，有利于考核的操作；员工对工作的关键绩效指标的掌握，也有利于员工在工作中更好地把握自己的行为。

表4-3　　**部门级KPI指标提取示例**

<table>
<tr><td colspan="2" rowspan="2"></td><td colspan="3">关键绩效指标（KPI）维度</td><td>指标</td></tr>
<tr><td>部门</td><td>测量主体</td><td>测量对象</td><td>测量结果</td></tr>
<tr><td rowspan="4">绩效变量维度</td><td>时间</td><td>效率管理部</td><td>新产品（开发）</td><td>上市时间</td><td>新产品上市时间</td></tr>
<tr><td>成本</td><td>投资部门</td><td>生产过程</td><td>成本降低</td><td>生产成本率</td></tr>
<tr><td>质量</td><td>顾客管理部</td><td>产品与服务</td><td>满足程度</td><td>客户满意率</td></tr>
<tr><td>数量</td><td>能力管理部</td><td>销售过程</td><td>收入总额</td><td>销售收入</td></tr>
</table>

5）目标、流程、职能、职位目标的统一

根据部门KPI、业务流程及确定的各岗位职责，建立组织目标、流程、职能与岗位的统一，明确岗位职责与组织目标的紧密联系（见表4-4）。

表4-4　　**KPI进一步分解到岗位示例**

<table>
<tr><td colspan="2" rowspan="2">流程：新产品开发流程</td><td colspan="2" rowspan="2">市场部部门职责</td><td colspan="4">部门内岗位职责</td></tr>
<tr><td colspan="2">岗位一</td><td colspan="2">岗位二</td></tr>
<tr><td>流程步骤</td><td>指标</td><td>产出</td><td>指标</td><td>产出</td><td>指标</td><td>产出</td><td>指标</td></tr>
<tr><td rowspan="4">发现客户问题，确认客户需求</td><td rowspan="4">发现商业机会</td><td rowspan="4">市场分析与客户调研，制定市场策略</td><td>市场占有率</td><td>市场与客户研究成果</td><td>市场占有率增长率</td><td>制定出市场策略，指导市场运作</td><td>市场占有率增长率</td></tr>
<tr><td rowspan="3"></td><td>销售预测准确率</td><td rowspan="3"></td><td>销售预测准确率</td><td>销售预测准确率</td></tr>
<tr><td>市场开拓投入率降低率</td><td>客户接受成功率提高率</td><td>销售毛利率增长率</td></tr>
<tr><td>公司市场领先周期</td><td>领先对手提前期</td><td>销售收入月度增长幅度</td></tr>
</table>

4.3 各个层面上具体的KPI

4.3.1 企业级KPI的建立

企业级KPI是关系企业命运和发展方向的重大经营活动指标。应根据企业的战略，找到能够使企业实现组织目标或保持市场竞争力的关键成功领域。这些关键成功领域关系着企业的发展命脉。确定关键成功领域后需要对其进行解析，以获得关键绩效要素，这些要素可以明确解释达成该领域的关键措施以及如何保证在该领域持续地获得成功。对关键绩效要素进行进一步甄选后，便可确定关键绩效指标，即企业级KPI。这些被选中的关键绩效指标要具备常规性、重要性、相关性、可测性，即所要考核的工作项目或行为是经常发生的，并且关注重点经营活动及其结果。作为企业级KPI，必须与企业的发展、部门的职能相关联，利用明确的定义和计算方法，计算出指标的具体数值，以取得科学公正的数据。

选取关键绩效指标的出发点，不在于指标本身，而在于指标背后所代表的管理指向。当前中国企业的普遍特点是，管理基础尚不成熟，发展战略尚不清晰；在此阶段，应当从企业现实管理需要出发，区分不同的管理指向，选取相应的指标。我们发现，适用于中国企业的常规指标有如下三类：

1）发展性指标：基于企业战略发展的关键绩效指标

根据企业的战略规划，分析支撑企业战略的关键成功因素或结果领域，据此设计发展性的关键绩效指标。发展性指标的作用在于，以更为清晰和量化的标准，阐述企业的战略意图，指明企业经营的方向与重点。发展性指标与企业战略密切相关，而企业战略是一个动态发展和不断诠释的过程，因此，发展性指标的评价标准在于指标是否紧跟企业战略的变化，是否能有效支撑企业战略的实现。严谨的战略分析，及时的合理调整，是确保发展性指标效度的关键。

2）改善性指标：基于企业经营改善的关键绩效指标

中国的很多企业，在运营管理中存在一些“短板”，有很大的改善空间。这些短板虽与企业战略无直接关系，但如不及时提升，就会制约企业战略的实现。比如，某企业奉行“产品领先战略”，产品推向市场的速度很快，但由于技术支持和服务跟不上，导致客户抱怨和流失。因此，企业必须针对自身短板，有重点地加以改善。具体选取改善性指标时，可以从指标的波动性切入，通过与外部标杆企业数据进行对照分析，发现那些波动性大、差距也大的指标。

3）监控性指标：基于企业经营保障的关键绩效指标

监控性指标有安全指数、质量指数等。其最大的特点是：只能保持，不能恶化。若加以“改善”，对企业运营起不到重要的推动作用；若发生“恶化”，则必定严重损害企业的运营。从本质上说，这类指标对现实工作牵引性不强，更像是一种“高压线”。通常采用扣分的方式，即维持现状属合格，出现“恶化”事件则扣分。

4.3.2 部门级KPI的确定

1）依据部门承担责任的不同建立KPI体系

依据部门承担责任的不同建立KPI体系，强调从部门承担责任的角度对企业目标进行分解（见表4-5）。企业目标的实现需要部门的支持，企业级KPI确定以后，只要找到KPI所对应的负责部门，部门级KPI就相应形成了。这时，部分企业级KPI可以直接被相应的某一个部门所承接，成为该部门的KPI。将企业的经营战略目标分解到各个部门，进而形成评价指标体系。这种方式要求各部门必须高度配合，突出部门工作应关注的焦点，有很强的战略牵引作用。

表4-5　**某公司依据部门承担责任的不同建立KPI体系实例**

部门	指标侧重	指标名称
市场	市场占有率指标	市场占有率、销售增长率、品牌认知度、销售目标达成率
	客户服务指标	投诉处理及时率、客户回访率、客户流失率、客户信息完整率
	经营安全指标	货款回收率、成品周转率、销售费用投入产出比
生产	成本指标	生产效率、原料损耗、设备利用率、设备生产率
	质量指标	成品一次合格率
	经营安全指标	原料周转率、备品周转率、在制品周转率
采购	成本指标	采购价格指数、原材料库存周转率
	质量指标	供应商交货一次合格率
人力资源	经营安全指标	员工流失率、人员需求达成率、培训计划完成率、培训覆盖率

2）依据职类职种的性质不同建立KPI体系

依据职类职种的性质不同建立KPI体系，是根据部门的工作性质不同进行区分，同时突出了对组织具体策略目标的响应（见表4-6），这种设置指标的方式会增加部门管理的难度。KPI指标只选择对公司价值有关键贡献的领域，并且在指标的考核方向上不能重复。不同的部门可根据职类职种的性质不同，来确定其具体的绩效指标和考核标准，体现部门的差异性。

表4-6　**某公司依据职类职种的性质不同建立KPI体系实例**

职类	职种	职种定义	指标名称
管理类	财务管理	负责资产的计划、管理、使用与评估工作，对企业财务系统的安全运营与管理效率承担责任	预算费用控制、支出审核失误率、资金利用率
	人力资源	依据战略要求保障人才供给、优化人才结构、提高员工整体素质，对人力资源开发系统的高效运营承担责任	员工流失率、人员需求达成率、培训计划完成率、核心关键人才流失率
营销采购类	营销支持	及时为营销活动提供支持与服务，对企业的产品与品牌的认知度、忠诚度、美誉度承担责任	市场占有率、品牌认知度、投诉处理率、客户档案完整率等
	营销	从事产品市场拓展与商务处理工作，及时满足客户需求，对产品的市场占有率及覆盖面承担责任	销售增长率、销售目标达成率、货款回收率、销售费用投入产出比、货款回收及时完成率等
	采购	保障原材料的有效供应，对原材料的质量及供应的及时率承担责任	采购任务达成率、采购价格指数、供应商一次交货合格率等
生产研发类	工艺技术	从事原料仓储、生产工艺的技术支持工作，保障生产工艺准确实施，保养生产线，对生产环节的高效运行承担责任	设计及时率、技术服务满意度、生产设备技术故障停台时数等
	研发	从事产品及相关技术等的研发与创新工作，对确立产品及技术在行业中的优势地位承担责任	设计损失率、第一次设计完成到投产修改次数、单项目及时完成率等

◆◆◆◆▬▶ 案例4-1

A企业研发系统KPI和营销系统KPI

A企业是一家生产并销售通信设备的民营高科技公司，其产品主要涉及通信网络中的交换网络、传输网络、无线及有线固定接入网络和数据通信网络及无线终端产品，致力于为世界各地通信运营商及专业网络拥有者提供硬件设备、软件、服务和解决方案。

2013年，为了提升企业的核心竞争力，持续取得竞争优势，A企业开始建立“公司级关键业绩指标体系”。企业的主要责任中心有：研发系统、营销系统、采购系统、生产系统等。以研发系统、营销系统为例，其KPI见表4-7：

表4-7　　A企业研发系统KPI和营销系统KPI

项目	指标	含义
研发系统KPI	1.新产品销售额比率增长率和老产品市场增长率	年度新产品订货额占全部销售订货额比率的增长率；老产品净增幅
	2.人均新产品毛利增长率	计划期内，新产品销售收入减去新产品销售成本后的毛利与研发系统员工平均人数比率的增长率
	3.老产品技术优化及物料成本降低额	计划期内，销售的老产品扣除可比采购成本升（降）因素后的物料成本降低额
	4.运行产品故障数下降率	计划期内，网上运行产品故障总数的下降率
营销系统KPI	1.销售额增长率	计划期内，分别按订货口径计算和按销售回款口径计算的销售额增长率
	2.出口收入占销售收入比率增长率	计划期内，出口收入占销售收入比率的增长率
	3.人均销售毛利增长率	计划期内，产品销售收入减产品销售成本后的毛利与营销系统平均员工人数比率的增长率
	4.销售费用降低率	计划期内，销售费用支出占销售收入比率的降低率
	5.合同错误率降低率	计划期内，发生错误的合同数占全部合同数比率的降低率

资料来源　财政部会计资格评价中心．高级会计实务［M］．北京：经济科学出版社，2018.引文经过节选、压缩和改编。

4.3.3　岗位KPI的确定

在构建企业级与部门级KPI的基础上，各部门的主管和相关人员可以一起再将部门KPI进一步细分为各岗位的KPI。

1）分析岗位任职资格，确定不同能力员工的评价标准

具体岗位KPI指标的确定必须要通过岗位任职资格分析，明确岗位所需人员的能力标准和行为规范，能力标准有效地界定了员工的能力水平，据此可确定评价不同能力员工的标准。通过能力标准还能够明确员工与岗位要求能力的匹配程度，使得绩效考核结果能够合理地运用于员工职位的调整。

2）列出员工的工作产出

员工的工作产出不仅和岗位规范有联系，还和企业的工作流程紧密相连。在部门KPI指标的基础之上，根据确定工作产出的三个原则（增值产出的原则、客户导向的原则（强调内部客户）、结果优先的原则），来确定部门内员工的工作产出。接下来我们将以行政部秘书一职的KPI设计过程，向大家介绍客户关系图在确定员工的工作产出中的运用。

通常可以将某个员工的工作产出提供的对象当成这个员工的客户，包括部门内部客户和部门外部客户，以及公司外部客户。客户关系图就是通过图示的方式表现一个员工对部门内外部、公司内外部客户的工作产出。如图4-4所示，我们可以看到行政部秘书为哪些内外部客户提供工作产出，以及为每个客户提供的工作产出分别是什么。在制定绩效指标时，就可以考虑内外部客户对这些工作产出的满意标准，并以这些标准来衡量员工的绩效。用客户关系图的方式来界定员工的工作产出，进而确定该项工作的KPI，这种做法的好处有：首先，能够用工作产出的方式将员工的绩效与企业内外其他个体和团队联系起来，增强每个员工的客户服务意识；其次，能够使我们更清晰地看到员工对企业的贡献；最后，通过这种直观的方式可以全面了解员工的工作产出，不容易产生大的遗漏。

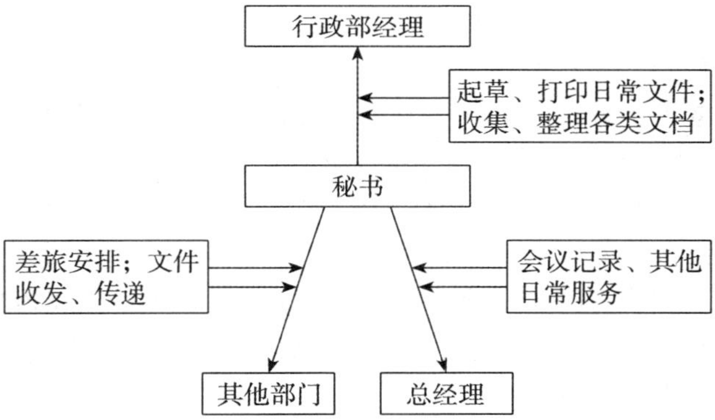

图4-4 行政部秘书的客户关系图

3）建立岗位KPI指标

在确定了员工的工作产出后，就可以遵循SMART原则来建立员工的KPI指标。还是以行政部秘书为例，其KPI指标为：起草日常文件的及时准确性；文档的完整性；会议记录的高效准确性；文件收发的及时准确性；部门领导的满意度。这些KPI指标详见表4-8。

表4-8 **某公司秘书的KPI指标**

指　标	秘书的KPI指标	权重系数
起草日常文件的及时准确性	每超过要求的一天扣50%，发现差错扣50%	30%
文档的完整性	每月检查一次，发现不按规范归档扣50%，文件丢失扣100%	10%
会议记录的高效准确性	每超过要求的一天扣50%，出现差错扣50%	20%
文件收发的及时准确性	每超过要求的一天扣50%	20%
部门领导的满意度	按照部门领导的评价给分	20%

4）设定各项绩效指标的评估权重

设定权重时，要根据员工的各项工作产出在工作目标中的“重要性”而不是花费时间的多少来设定。对于行政部秘书来说，起草报告文件可能并不是花费时间最多的工作，而日常的收发传真、接听电话、接待来客等花费的时间则更多，但从重要性来说，起草公文的重要程度更高，因此，对这项工作产出应设定较高的权重。

完成上述四个步骤，就可以得出一个岗位的KPI。

制定KPI要实事求是，特别是在制定岗位级KPI时要切合员工的想法，真正起到激励员工的目的。要做好沟通工作，进行多方调研，在全面了解员工愿望和能力后再制定；根据实际情况的变化，对不能有效激励员工的指标进行适当修改，把握好指标制定的灵活性。员工工作完成情况的考核主要是从岗位本身出发，通过具体岗位分析，将其具体分解为相应的工作模块，每一个工作模块的完成情况都由相应的指标来考核。当一个工作周期完成后，企业就可根据这些指标来对员工的绩效进行考核了。

拓展阅读4-1

KPI在中层管理人员绩效管理中的应用

1.严格遵守设立KPI体系的原则

据多年的工作经验和相关的调查研究发现，关键绩效指标体系的建立需要遵守战略导向原则、确定有效的关键因素原则、沟通原则、可操作原则以及可控制原则五项基本的原则。具体来说，KPI应根据企业的战略和业务计划来设立，而且其中涉及的关键因素需要与KPI一一对应，避免重复。在设计和执行的过程中，涉及的有关部门和KPI设计者要时时进行沟通，协调制定KPI，并且要做好反馈和考核工作，加强与会计核算部门之间的协作，确保会计核算与KPI体系的同步发展。此外，设计出的KPI体系要保证简单明了，容易操作，被考核者能够影响相关的指标，进而实现促进企业业绩改进的目的。

2.优化企业既有的流程和组织结构

优化企业既有的流程和组织结构，能够在为KPI的制定营造一个良好氛围的基础上促进KPI的高效施行。首先，要严格地分析和分解企业的战略目标，确定最重要的指标；其次，企业应该根据KPI的指标设计对企业的工作流程和组织结构进行优化，在适应KPI考核要求的基础上促进KPI应有价值的充分发挥；最后，企业要明确会计核算部门的责任和义务，保证会计核算工作的准确性、及时性、完整性和客观性，将核算结果（如收入规模、盈利情况等）及时反馈给管理层，为流程和组织结构优化的决策提供数据支持。

3.加强KPI设计人员和员工的沟通力度

在中层管理人员绩效管理中设立KPI体系，其根本目标就是提高中层管理人员的工作绩效，促进企业实现更好更快发展，所以，加强设计者和使用者之间的沟通力度显得尤为重要。在企业内部要形成一个良性沟通的氛围，共同实施绩效计划、绩效辅导、绩效评估与绩效反馈，从而形成一个不断循环、不断螺旋上升的绩效管理体系，进而使得企业和中层管理人员的绩效都得到稳步提升，实现双赢。

资料来源 艾莉. KPI在中层管理人员绩效管理中的应用解析［J］. 辽宁科技大学学报，2016(3). 引文经过节选、压缩和改编。

基础训练

1. 什么是关键绩效指标？

2. 关键绩效指标的功能有哪些？

3. 实际工作中应用关键绩效指标应注意哪些问题？

综合应用

□ 案例分析题

如何设定考核目标

M企业是一家勘察设计类企业，其业务部门是按照专业划分的，所承接的项目大都是综合性的，因此需要从各个部门抽调人员来组成项目小组共同工作。以前，该企业采取简单的指标分解方法：业务部门A分多少利润、业务部门B分多少利润，然后再由部门决定内部分配方案。年终发奖金也是采取这种二级结算方式。然而，各个部门、各个员工对最终的结果都不满意，大家都觉得分给自己的指标太多，很难将日常工作与考核指标联系起来。

在提供智力型服务的行业中，上述现象是普遍存在的。从理论上来说，企业绩效、部门绩效、个人绩效是自上而下的三个层次，在设定考核目标时只需要严格按照纵向分解思路就可以逐级分解了。但是在实际操作中，某些工作，其绩效结果并不一定会在员工的工作绩效中得到体现，而要从部门绩效中得到反映，那些部门“夹缝”中的工作和需要通过合作才能完成的工作更是如此。在此情况下，生搬硬套地采取自上而下分解目标的方式将部门目标分解到个人是难以成功的。

1. 在目标分解的时候，企业管理者难以做到“心中有数”

正是由于理论上的纵向分解目标存在诸多障碍，才使得在很多企业中每年设定考核目标的工作都成为一种上下级之间的“博弈”。对于企业管理者而言，通过绩效管理工具保证企业目标的实现，也就无从谈起了。

2. 在进行考核时，容易顾此失彼

如果只是针对员工个人的绩效结果进行考核，必然埋没其对部门或团队的贡献，长此以往，势必养成员工“个人英雄主义”的思想，而忽视对团队与部门绩效的责任感，相对削弱整个部门的凝聚力和战斗力，现代管理所提倡的员工之间的团队协调与配合也将受到极大的挑战。尤其是在个人绩效与部门绩效产生冲突的情况下，是先保组织目标还是先保个人目标，员工很难做出正确选择。

问题：M企业考核目标设定失败的原因是什么？有什么好的解决办法吗？

分析提示：M企业考核目标设定失败的原因主要是没有结合企业自身的特点展开考核目标设定。针对上述问题，我们认为可从以下方面着手协调部门绩效和个人绩效的关系。

在目标分解过程中，引入“矩阵化”理念，处理好横向平衡和纵向分解的关系。纵向的指标分解往往适用于传统的、金字塔结构的组织形态，而对于很多推行“以任务为导向”的新型企业而言，更多的是要处理好平行部门与岗位之间的协调关系。

M企业的绩效考核问题具有一定的普遍性。问题的核心在于指标分解过程中，无论是从企业分解到业务部门，还是从部门分解到个人，都只是采取了硬性的、自上而下分解的方式，而这种方式与该企业的业务与流程特点是不匹配的。我们可以引入项目考核与部门考核两个概念，也就是考虑不同员工在部门中与项目中扮演不同的角色、承担不同的责任，进而考核不同的指标、采取不同的薪酬政策，真正体现“矩阵化”企业的考核特点。

□ 实践训练题

（一）某公司IT部门的关键目标如下：

（1）加强绩效和成本管理；

（2）提高主要投资项目的回报率；

（3）提高响应速度；

（4）增加质量、创新和风险管理；

（5）适当集成和标准化业务流程；

（6）开发新客户，满足现有客户需求；

（7）增强IT交付能力；

（8）在预算范围内及时满足客户的需求和期望；

（9）不违反法律、法规、行业标准和合同条款；

（10）清楚承担的风险，这种风险应与组织的整体风险一致；

（11）进行IT治理成熟度标杆比较；

（12）创建传递服务的新渠道。

请根据该公司的关键目标设计IT部门员工的KPI指标。

（二）表4-9至表4-15是国内一个知名酒店的KPI指标量表，请结合以下相关指标分析酒店岗位的KPI指标要点，对所在地某酒店实施调研，并制定一份所调研酒店的某岗位KPI指标体系。

表4-9 （ ）月份餐饮部总监绩效考核指标量表

被考核人姓名		职位		部门	
考核人姓名		职位		部门	

序号	KPI指标	权重	指标定义/公式	目标值	得分
1	餐饮营业收入	15%	当月餐饮营业总收入达到 万元		
2	餐饮毛利	15%	当月餐饮营业总收入−餐饮营业总支出		
3	餐饮毛利率	15%	餐饮毛利÷营业额×100%		
4	菜品出新率	10%	新品数÷菜品总数×100%		
5	客人有效投诉数	10%	当月客人对餐饮有效投诉数量		

续表

序号	KPI指标	权重	指标定义/公式	目标值	得分
6	本部门员工流失率	10%	本月离职人数÷本月部门人员总数×100%		
7	常态工作完成率	10%	实际完成常态工作项数÷计划常态工作项数×100% A.重要紧急工作项数×2.0 B.重要不紧急工作项数×1.5 C.紧急不重要工作项数×1.2 D.一般工作项数×1.0 按加权平均计算常态工作完成率		
8	专项工作完成率	15%	实际完成专项工作项数÷计划专项工作项数×100% 具体计算方法同上		
本次考核总得分					

被考核人	考核人	总经理
签字： 日期：	签字： 日期：	签字： 日期：

表4-10　　（　）月份人力资源部经理绩效考核指标量表

被考核人姓名		职位		部门	
考核人姓名		职位		部门	

序号	KPI指标	权重	指标定义/公式	目标值	得分
1	酒店营业收入	15%	酒店当月营业收入达到　　万元		
2	酒店毛利	15%	酒店当月营业总收入−当月营业总支出		
3	成本费用率	15%	成本费用额÷营业收入×100%		
4	招聘完成率	10%	招聘入职人数÷缺编总人数×100%		
5	培训合格率	10%	培训合格人数÷参加培训人员总数×100%		
6	员工流失率	10%	本月离职人数÷酒店人员总数×100%		
7	常态工作完成率	10%	实际完成常态工作项数÷计划常态工作项数×100% A.重要紧急工作项数×2.0 B.重要不紧急工作项数×1.5 C.紧急不重要工作项数×1.2 D.一般工作项数×1.0 按加权平均计算常态工作完成率		
8	专项工作完成率	15%	实际完成专项工作项数÷计划专项工作项数×100% 具体计算方法同上		
本次考核总得分					

被考核人	考核人	总经理
签字： 日期：	签字： 日期：	签字： 日期：

表4-11　（　）月份销售部总监绩效考核指标量表

被考核人姓名		职位		部门	
考核人姓名		职位		部门	

序号	KPI指标	权重	指标定义/公式	目标值	得分
1	酒店营业收入	15%	酒店当月营业收入达到　　万元		
2	酒店毛利	15%	酒店当月营业总收入−当月营业总支出		
3	成本费用率	15%	成本费用额÷营业收入×100%		
4	新客户开发数	10%	达成实际消费的新客户数		
5	客人有效投诉数	10%	当月客人对酒店有效投诉数量		
6	本部员工流失率	10%	本月离职人数÷本月部门人员总数×100%		
7	常态工作完成率	10%	实际完成常态工作项数÷计划常态工作项数×100% A.重要紧急工作项数×2.0 B.重要不紧急工作项数×1.5 C.紧急不重要工作项数×1.2 D.一般工作项数×1.0 按加权平均计算常态工作完成率		
8	专项工作完成率	15%	实际完成专项工作项数÷计划专项工作项数×100% 具体计算方法同上		
本次考核总得分					

被考核人	考核人	总经理
签字： 日期：	签字： 日期：	签字： 日期：

表4-12　（　）月份行政总厨绩效考核指标量表

被考核人姓名		职位		部门	
考核人姓名		职位		部门	

序号	KPI指标	权重	指标定义/公式	目标值	得分
1	餐饮营业收入	15%	当月餐饮营业收入达到　　万元		
2	餐饮毛利	15%	当月餐饮营业收入−当月餐饮营业支出		
3	餐饮毛利率	15%	餐饮毛利÷营业额×100%		
4	菜品出新率	10%	新品数÷菜品总数×100%		
5	餐具破损率	10%	当月破损餐具成本÷当月营业收入×100%		
6	卫生清洁达标率	10%	$\frac{\text{当期检查中存在卫生死角的次数}}{\text{对客房卫生检查的总次数}} \times 100\%$		
7	常态工作完成率	10%	实际完成常态工作项数÷计划常态工作项数×100% A.重要紧急工作项数×2.0 B.重要不紧急工作项数×1.5 C.紧急不重要工作项数×1.2 D.一般工作项数×1.0 按加权平均计算常态工作完成率		
8	专项工作完成率	15%	实际完成专项工作项数÷计划专项工作项数×100% 具体计算方法同上		
本次考核总得分					

被考核人	考核人	总经理
签字： 日期：	签字： 日期：	签字： 日期：

表4-13　　（　）月份中厨师长绩效考核指标量表

被考核人姓名		职位		部门	
考核人姓名		职位		部门	

序号	KPI指标	权重	指标定义/公式	目标值	得分
1	餐饮营业收入	15%	当月餐饮营业收入达到　　万元		
2	餐饮毛利	15%	当月餐饮营业收入-当月餐饮营业支出		
3	餐饮毛利率	15%	餐饮毛利÷营业额×100%		
4	菜品出新率	10%	新品数÷菜品总数×100%		
5	餐具破损率	10%	当月破损餐具成本÷当月营业收入×100%		
6	卫生清洁达标率	10%	$\frac{\text{当期检查中存在卫生死角的次数}}{\text{对客房卫生检查的总次数}} \times 100\%$		
7	常态工作完成率	10%	实际完成常态工作项数÷计划常态工作项数×100% A.重要紧急工作项数×2.0 B.重要不紧急工作项数×1.5 C.紧急不重要工作项数×1.2 D.一般工作项数×1.0 按加权平均计算常态工作完成率		
8	专项工作完成率	15%	实际完成专项工作项数÷计划专项工作项数×100% 具体计算方法同上		
本次考核总得分					

被考核人	考核人	总经理
签字： 日期：	签字： 日期：	签字： 日期：

表4-14　　（　）月份保安部经理绩效考核指标量表

被考核人姓名		职位		部门	
考核人姓名		职位		部门	

序号	KPI指标	权重	指标定义/公式	目标值	得分
1	酒店营业收入	15%	酒店当月营业收入达到　　万元		
2	酒店毛利	15%	酒店当月营业总收入-当月营业总支出		
3	消防安全设施设备完好率	15%	完好的消防设施设备÷消防设施设备总数×100%		
4	安全事故发生次数	10%	当月实际发生安全事故次数		
5	军体训练达标率	10%	考核达标的人数÷参加训练的总人数×100%		
6	员工流失率	10%	本月离职人数÷本月部门人员总数×100%		
7	常态工作完成率	10%	实际完成常态工作项数÷计划常态工作项数×100% A.重要紧急工作项数×2.0 B.重要不紧急工作项数×1.5 C.紧急不重要工作项数×1.2 D.一般工作项数×1.0 按加权平均计算常态工作完成率		
8	专项工作完成率	15%	实际完成专项工作项数÷计划专项工作项数×100% 具体计算方法同上		
本次考核总得分					

被考核人	考核人	总经理
签字： 日期：	签字： 日期：	签字： 日期：

表4-15 （ ）月份采购部经理绩效考核指标量表

被考核人姓名		职位		部门		
考核人姓名		职位		部门		
序号	KPI指标	权重	指标定义/公式		目标值	得分
1	酒店营业收入	15%	酒店当月营业收入达到　　万元			
2	酒店毛利	15%	酒店当月营业总收入–当月营业总支出			
3	成本费用率	15%	成本费用额÷营业收入×100%			
4	市场询价完成率	10%	实际询价次数÷计划询价次数×100%			
5	采购物资合格率	10%	（采购物资总数–采购物资不良品数）÷ 采购物资总数×100%			
6	采购及时率	10%	采购到货数量÷当月下达的采购订单的数量×100%			
7	常态工作完成率	10%	实际完成常态工作项数÷计划常态工作项数×100% A.重要紧急工作项数×2.0 B.重要不紧急工作项数×1.5 C.紧急不重要工作项数×1.2 D.一般工作项数×1.0 按加权平均计算常态工作完成率			
8	专项工作完成率	15%	实际完成专项工作项数÷计划专项工作项数×100% 具体计算方法同上			
本次考核总得分						

被考核人	考核人	总经理
签字： 日期：	签字： 日期：	签字： 日期：

第5章 品质导向型考评方法

学习目标

知识目标：

了解品质导向型考评方法的含义；明确品质导向型考评方法的种类；熟知品质导向型考评方法的实施；掌握品质导向型考评方法的优缺点。

能力目标：

能够掌握考评指标的设计技巧。

素养目标：

深刻领会社会主义核心价值观在品质导向型考评中的应用。

案例研讨

JAT公司的年度绩效考核

临近年终，JAT公司决定进行一次大规模的年度绩效考核。由于公司的绩效管理体系还不健全，加上去年年底的绩效考核实施得很不理想，为了避免出现考核失控的现象，刘总和其他几个副总商量后，决定今年只对公司管理人员及组长以上的主管进行考核。副总由董事会考核，一线工人暂不纳入考核范围。

人力资源部经过一周准备，出台了考核方案，在提交公司经理级会议讨论具体方案的操作时，大家都没什么异议。临近结束时，销售部陈经理提出了一个建议，他认为绩效管理要进行强制分布。他的理由是："去年也做了考核，但由于没有实行强制分布，考核结果出现了集中现象，结果大家只好吃大锅饭，效果很不理想。我与自己的客户探讨他们公司内部的管理时，他们就提到考核中强制比例分布问题。我也做过研究，发现这样可以很好地避免大锅饭现象。"此言一出，一石激起千层浪。有人问陈经理强制分布是怎么回事，也有人问其他公司是怎样搞的。会议室一下子热闹了起来。

刘总示意大家安静下来，让人力资源部经理李文说说是怎么回事。李文站立起来，环顾一下众人说："所谓强制分布就是在绩效考核中对所有被考核人员按一定规律进行比例分布，避免考核结果出现趋中现象。在国外，这种方法已广泛应用，但在国内还不多见。通用电气公司（GE）就曾经用过，并且证明这种方法非常有效。当然，这种做法有利有弊，好处是陈经理刚才说的可以避免大锅饭现象，但弊端也是很明显的，就是可能挫伤员工的工作积极性。在设计绩效考核方案时，我也想过要用强制分布，但这个问题太敏感，再加上今年的绩效考核准备得也不是很充分，既然陈经理提出来了，大家不妨讨论一下吧！”

话音刚落，会议室炸开了锅，反对声此起彼伏。财务部经理首先开始发言：“我们部的员工表现都非常优秀，硬要把他们分出个谁好谁差，比较难办，而且这样很容易挫伤他们的积极性。”

公关部的林经理也接着说：“大家都知道，我们部上半年刚成立，目前只有3名员工，怎么对他们进行强制分布啊？”

会议室里争吵声不断，最终的举手表决也是一半对一半。

这一案例表明：只有采用一定的考评方法对员工的绩效结果进行考评，才能取得客观的绩效考评结果，好的绩效考评方法可以保证绩效考评结果合理有效。如何选取适合企业特点与人员特点的绩效考评方法在此时显得尤为重要。

品质导向型考评方法主要是在对员工工作中表现出来的品质进行比较的基础上对员工进行排序或分级，得出一个员工品质相对优劣的评价结果。品质导向型考评方法的考评内容以考评员工在工作中表现出来的品质为主，着眼于“员工这个人怎么样？”由于品质导向型考评方法的考评需要使用如忠诚度、可靠性、积极性、主动性、创造性、有自信、协助精神等定性的形容词，所以很难准确掌握，并且操作性与考评效度较差。品质导向型考评方法适合对员工的工作能力、工作态度、工作价值观、组织协调能力、创新能力及人际沟通能力等方面的考评。品质导向型考评方法的种类主要有简单排列法 、选择排列法 、成对比较法、强制分布法、图尺度考评法、书面报告法和团队评价法。

5.1 简单排列法

5.1.1 简单排列法的含义

简单排列法又称排列法、简单排序法。简单排列法是品质导向型考评方法中一种比较简单易行的、综合比较的考评方法。简单排列法是由考评者根据考评范围内员工工作的整体表现把员工按照优劣顺序依次排列名次，从最优员工一直排到最劣员工。为了提高其准确度，可以将员工工作的整体表现进行适当分解，根据各个考评指标分项，按照绩效的优良顺序对员工进行排列，再求出总平均的次序数，作为员工绩效考评的结果。例如，各类体育竞赛的奖牌榜和销售排行榜就是采用了简单排列法。

5.1.2 简单排列法的实施

简单排列法是一种相对比较的方法，其实施过程是将考评范围内员工按照某个考评指标上的表现从绩效最好的员工依次到绩效最差的员工进行排列，就是将被考评者的工作业绩与其他员工进行比较，将所有的被考评者排出一定的顺序来评价员工工作绩效。简单排列法必须有排列的指标，其重点就是选择排列员工的考评指标，这个考评指标的选择会像指挥棒一样指挥被考评者的工作行为和工作的努力方向。例如，销售部门的销售员一般会被考评销售利润这个指标，根据这一考评指标进行销售员绩效的简单排列，用以衡量销售部门的销售员的工作绩效，哪个销售员完成销售利润最多，排序名次就最靠前，就是第一名，哪个销售员完成销售利润最少，就排在最后一名。表5-1是一个简单排列法的考评结果表。

表5-1　某公司销售部门销售员销售利润指标简单排列考评结果表

部门：销售部门　员工总数：10人　排序说明：1为最好，10为最差

姓名	排序
员工A	6
员工B	5
员工C	10（最差）
员工D	8
员工E	3
员工F	1（最好）
员工G	2
员工H	7
员工I	4
员工J	9

5.1.3　简单排列法的优缺点

1）简单排列法的优点

第一，简单排列法操作简单，目标明确，易于理解和执行。

第二，简单排列法花费时间少，能使考评者在一定的范围内组织考评并将被考评员工进行排列，从而减少考评过程中出现的过宽或趋中效应等误差。

第三，简单排列法进行了一定范围员工之间的对比，可以将考评结果作为薪酬变动、奖金发放或一般性人事变动等人力资源管理决策的依据。

2）简单排列法的缺点

第一，运用简单排列法进行绩效考评时，往往难以体现公平的原则。例如，对于销售部门的销售员的绩效考评仅仅有一个销售利润指标肯定是不够的，因为已经在公司工作五年的销售员会有一些老客户和渠道，而新加入公司的销售员则可能没有这样的客户和渠道，用同一标准去排列员工绩效显然是不合理的。

第二，运用简单排列法进行绩效考评时，主要是在员工间进行主观比较，不是用员工的工作表现、工作结果与客观的工作标准相比较，因此具有一定的局限性，不能用于比较不同部门的不同岗位员工，员工取得的业绩相近时也很难进行排列，也不能使员工得到关于自己优势和劣势的反馈。

第三，运用简单排列法进行绩效考评时，有时被考评员工的工作表现差不多，难分好坏，这就给考评工作带来困难。简单排列法的考评结果很大程度上取决于考评者对员工的看法，所以，有时候一些考评者的主观想法会影响考评结果。鉴于此，很少有企业单独采用这种方法考评员工的绩效。

拓展阅读5-1

简单排列法的完善

简单排列法在绩效考评发展的过程中逐渐得到了完善，在用简单排列法进行绩效考评时，可以选择两个以上的绩效考评指标，然后在不同的考评指标之间进行权重的分配。例如，考评销售部门的销售员除了销售利润指标外，还可以选择一个开发新顾客数量的考评指标，销售利润考评指标权重可以占70%，开发新顾客数量的考评指标权重占30%。这样，所有销售员的绩效考评会趋于公平合理。

5.2 选择排列法

5.2.1 选择排列法的含义

选择排列法又称交替排列法、交错排列法，是简单排列法的进一步发展，要优于简单排列法。选择排列法利用的是考评者容易发现极端、不容易发现中间的心理，让考评者根据绩效考评指标在所有需要评价的员工中首先挑选出最好的员工，然后挑选出最差的员工，将他们分别列为第一名和最后一名。接着在余下的员工中挑选出最好的员工作为整个序列的第二名，挑选出最差的员工作为整个序列的倒数第二名。依此类推，直到将所有的员工排列完毕，就可以得到对所有员工的一个完整排序。一般来说，根据某些绩效考评指标将被考评员工从绩效最好的人到绩效最差的人进行排序，要比绝对地对他们的绩效进行考核容易得多，因此，选择排列法也是一种运用得非常普遍的工作绩效评价方法。

选择排列法是较为有效的一种绩效考评方法，不仅可以用于上级考评员工，还可用于员工的自我考评、同级考评和下级考评等方面。

5.2.2 选择排列法的实施

前面已经介绍了选择排列法的实施步骤，需要说明的是，所选用的绩效考评指标可以是整体绩效指标，也可以是某项特定的绩效考评指标或体现绩效某个方面的因素。

假设，对某企业销售部的10名销售员进行绩效考评（根据某一个指定的绩效考评指标，比如销售量），选择排列法的实施进程如下：

（1）把销售部的10名销售员的名单排序。

（2）找出最优的员工，排序号为1（从10名员工中）。

（3）再找出最差的员工，排序号为10（从剩下的9名员工中）。

（4）再找出最优的员工，排序号为2（从剩下的8名员工中）。

（5）再找出最差的员工，排序号为9（从剩下的7名员工中）。

以此类推，可以得到最终的排列顺序。

5.2.3 选择排列法的优缺点

1）选择排列法的优点

第一，选择排列法比较易于识别工作绩效好和工作绩效差的员工。

第二，选择排列法如果按照绩效考评指标细分进行绩效考评排列，可以清晰地看到某个员工在某些方面的优势和不足，有利于绩效反馈面谈和绩效改进的实施。

第三，选择排列法适合人数较少的组织或团队，如某个工作小组或项目小组。

2）选择排列法的缺点

第一，如果需要绩效考评的员工人数较多，被考评员工超过20人时，选择排列法的考评工作会比较烦琐（尤其是当需要进一步细分绩效考评指标的时候）。

第二，选择排列法的严格的名次界定会给被考评员工造成不好的印象，最好和最差比较容易确定，但被考评员工的中间名次是比较模糊和难以确定的，不容易让被考评员工接受。

5.3 成对比较法

5.3.1 成对比较法的含义

成对比较法也称配对比较法、两两比较法。成对比较法是指在某个绩效考评指标上，把考评范围内的每一名被考评员工与其他所有被考评员工配成对进行比较，来判断哪名被考评员工在这个绩效考评指标上“更好”，记录这名员工得到“更好”的次数，根据被考评员工得到“更好”的次数多少来给员工排列绩效名次。与简单排列法类似，成对比较法也是一种相对的定性评价方法。

5.3.2 成对比较法的实施

成对比较法是将被考评范围内的员工两两配对进行比较，最后通过计算、比较得分的高低来确定排名。成对比较法实施的具体步骤如下：

首先，列出一张成对比较法的绩效考评表格，其中要标明所有被考评员工的姓名以及绩效考评指标（见表5-2，对某部门的5位员工进行工作绩效考评）。

其次，将被考评的每一位员工按照某个绩效考评指标（如工作态度、工作能力、工作结果等）与所有其他被考评员工进行两两比较，按照从最好到最差的顺序对被考评员工进行排序，而不是把各被考评员工笼统地罗列出来，用“+”（好）和“-”（差）标明哪个员工的绩效好一些、哪个员工的绩效差一些。

再次，根据下一个绩效考评指标进行两两比较，得出这个绩效考评指标下被考评员工的排列次序，依此类推。

最后，汇总整理，得到被考评员工所有绩效考评指标的平均排列数值，以及最终考评的排列结果。

5.3.3 成对比较法的优缺点

1）成对比较法的优点

第一，成对比较法通过对所有被考评员工进行两两比较而得出绩效次序，得到的绩效考评结果更加可靠和有效。

第二，应用成对比较法时，能够发现每个员工在哪些方面比较优秀，哪些方面存在明显的缺点和不足。成对比较法在人力资源管理中还经常被用于工作岗位的评估：选取几个重要的绩效考评指标，比如岗位的重要性、岗位的影响程度和岗位的风险等，分别

表5-2 **成对比较法的绩效考评表示例**

绩效考评指标	被考评员工	A	B	C	D	E
工作态度	A		−	−	−	−
	B	+		+	+	+
	C	+	−		+	−
	D	+	−	−		−
	E	+	−	+	+	
工作能力	A		−	+	+	−
	B	+		+	+	+
	C	−	−		−	−
	D	−	−	+		−
	E	+	−	+	+	
工作结果	A		−	−	−	−
	B	+		+	+	−
	C	+	−		+	−
	D	+	−	−		−
	E	+	+	+	+	
“+”的数量（个数）		10	1	8	9	2
被考评员工排序		1	5	3	2	4

对工作岗位进行两两配对比较，评估其对企业的价值，并作为确定薪酬的依据。

2）成对比较法的缺点

第一，成对比较法和简单排列法相似，成对比较法仅适合被考评员工人数较少的情况，而且在操作实施时比较麻烦。一旦被考评的员工人数过多，如被考评员工多于5人，成对比较法的实施过程就会比较复杂。成对比较法的两两成对比较次数是［n（n−1）］/2（其中，n是被考评员工的人数），5名被考评员工的两两成对比较需要10次，10名被考评员工就要比较45次，如果要考评50名员工就要比较1 225次。而且，成对比较法只能评比出被考评员工的名次，不能反映出被考评员工之间的差距有多大，也不能反映出被考评员工的工作能力和工作品质的特点。在被考评员工范围不大、数目不多的情况下可以采用成对比较法，如果员工的数目过多，不但费时费力，其绩效考评质量也将受到制约和影响。

第二，成对比较法仍然是人与人之间的相互比较，如果只比较其中的一项绩效考评指标，则具有极大的片面性，而且由于很大程度上考评结果取决于考评者对被考评员工的看法，很可能带有考评者的倾向性，因此，这一方法也很少在企业的绩效考评中单独使用。但是，成对比较法使得简单排列法的工作绩效考评方法变得更为有效。

第三，成对比较法和简单排列法有一个共同的缺点，就是在简单排列中每一个被考评员工的位置都是唯一的。在绩效考评中要明确评价出员工绩效的优劣，但在实际的考评中不容易做到，一些被考评员工工作绩效表现差不多，难以评价绩效的好坏，这给绩效考评带来了困难。

互动课堂 5-1

考评者的选择

在绩效考评的各种方法中，除了结果导向型绩效考评方法是以工作结果作为绩效考评依据的方法外，品质导向型考评方法和行为导向型考评方法都需要由考评者为被考评员工的工作态度和工作行为打分，这就涉及考评者选择的问题。一般来说，绩效考评过程中的考评者，有时比绩效考评制度和程序本身还要重要，特别是在组织的绩效考评制度并不完善的情况下。

思考：组织在绩效考评过程中，考评者的选择范围是怎样的？

答：在绩效考评的过程中，考评者的选择范围可以是上级管理者、自我、同事、下级和客户等。

5.4 强制分布法

5.4.1 强制分布法的含义

强制分布法也称强迫分配法、硬性分布法。强制分布法是假设被考评员工的工作绩效整体呈正态分布，那么按照“两头小、中间大”的正态分布的规律，员工工作绩效的好、中、差的分布存在一定的比例关系，绩效考评结果在中间的员工应该最多，而绩效考评好的和差的是少数。强制分布法就是先确定好各绩效等级在被考评员工总数中所占的百分比，然后按照每个被考评员工绩效的优劣程度，把被考评的所有员工按照绩效的高低强制分布列入其中的一定的等级。从最优到最差的具体绩效等级百分比可根据需要确定。强制分布法的一个典型应用就是GE的“活力曲线”。GE按照业绩以及潜力，将员工分成ABC三类，三类的比例为：A类20%；B类70%；C类10%。对A类员工，GE采用的是“奖励奖励再奖励”的方法，提高工资、股票期权以及职务晋升。对于B类员工，根据情况确认其贡献，提高工资。但是对于C类员工，不仅没有奖励，还要从企业中淘汰出去。例如，具体绩效等级若划分成优、良、劣三等，则分别占总数的30%、40%和30%；若分成优、良、中、差、劣五个等级，则每个绩效等级分别设置为10%、20%、40%、20%、10%，也可以是5%、20%、50%、20%、5%等百分比，有时，在每一个绩效等级上的分布百分比并不一定要求必须是对称的。

拓展阅读5-2

强制分布法的核心思想

强制分布法是一种把被考评员工按照小组进行相互比较的方法。强制分布法的核心思想是，通过对考核结果的修正和调整来实现考核结果满足预先设定的等级分布。有越来越多的公司采取这种方法进行员工绩效考评。严格来讲，强制分布法是一种绩效考评结果调整的办法，适用于任何绩效考评方法得出的考评结果的调整。也就是说，只有当绩效考评结果本身分布不合理时，才需要通过强制分布法来进行调整和修正。

5.4.2 强制分布法的实施

强制分布法的理论依据是数理统计中的正态分布概念，其内容、目的与GE的“活力曲线”差不多，只是分布比例不同。该概念认为被考评的员工的工作业绩遵从正态分布，比如可以将所有被考评员工分为绩效优秀的、绩效良好的、绩效一般的、绩效合格的和绩效不合格的五种情况。强制分布法的实施，要提前确定准备按照一种什么样的绩效分布比例将被考评员工分布到每一个工作绩效等级上去。例如，可以按照表5-3中的比例原则来确定被考评员工的工作绩效分布情况。

表5-3 **员工绩效强制分布比例表**

绩效考评结果	比例
绩效优秀的	10%
绩效良好的	20%
绩效一般的	40%
绩效合格的	20%
绩效不合格的	10%

强制分布法实际上也是一种将被考评员工进行相互比较的排序方法，但强制分布法是对被考评员工按照考评小组进行绩效考评排序，而不是按照被考评员工个人进行排序。需要评价者将工作小组中的成员分配到一种类似于一个正态分布的有限比例的类型中去。例如，把最好的10%的员工放在最高等级的小组中，较好的20%的员工放在次一级的小组中，次之的40%放在中间等级的小组中，再次之的20%放在倒数第二级的小组中，余下的10%放在最低等级的小组中；也可以按照业绩突出的占20%、中等的占70%、业绩不佳者占10%进行强制分布。依据设定的标准，任何一个被考评的小组在经过一段时间后都会自动产生分化，并且分化的结果就会符合统计学中正态分布的规律，就像将同一考分的学生安排在一个班级中学习，经过一段时间的学习后，这些学生的学习成绩就会产生分化，会有成绩优秀的学生，也会有成绩不好的学生。在企业中的部门也是一样，同一职位的被考评员工或小组经过一段时间的工作后，也会产生工作绩效的分化，会有绩效优秀的和绩效不合格的情形出现。

5.4.3　强制分布法的优缺点

1）强制分布法的优点

第一，强制分布法的绩效考评等级分布清晰、考评方法操作简便。

第二，强制分布比例表容易设计和使用，具有一定的合理性。

第三，强制分布法可以有效避免过分严厉误差、趋中误差或过分宽容的误差，可以克服被考评员工工作绩效不分优劣的平均主义。

第四，运用强制分布法进行绩效考评常常与被考评员工的奖惩联系到一块，对绩效优秀的员工进行奖励，对绩效“不合格”的员工进行处罚，正负激励方法的同时运用，给被考评员工以强烈的刺激，促进工作绩效的提升和改进。

2）强制分布法的缺点

第一，运用强制分布法进行绩效考评时，如果被考评员工的绩效水平事实上不遵从所设定的正态分布规律，那么按照正态分布规律对被考评员工进行强制分布就会不合理，而且容易引起被考评员工的不满。所以，强制分布法是基于这样一个有争议的前提，即所有部门或小组中都有同样优秀、一般、较差表现的员工分布，如果一个部门或小组全部是优秀的员工，则考评者可能难以决定应该把哪个员工放在较低等级的绩效分布中。

第二，强制分布法会使考评者根据分布比例的要求而非被考评员工的实际绩效表现来考评员工绩效，可能会有失公平。

第三，强制分布法对于一些人数比较少的部门或企业，难以区分出结果。

第四，强制分布法只能把员工分为有限的几种类别，难以具体比较员工差别，也不能在诊断工作问题时提供准确可靠的员工绩效信息。

在绩效考评实践中，运用强制分布法的企业通过对设定的分布形式进行一定程度的变通，使员工业绩水平的分布形式呈现出某种偏态分布。当员工的能力分布呈现出偏态时，强制分布法就不适合进行绩效考评了。当被考评的员工人数比较多，而且考评者多于1人时，强制分布法可能比较有效。

案例5-1

GE公司鉴别人才的“活力曲线”

在《财富》杂志公布的2006年“全美最受景仰企业”名单中，GE公司位居第一，这是其10余年来第六次入围。被誉为“20世纪最佳经理人”的GE前CEO韦尔奇指出，GE的使命不外乎发掘与培养优秀人才，没有一项比得上我对培养人才的执着，我希望让员工成为GE的核心竞争力。

1.活力曲线：鉴别出人才的差异

在培育人才的过程中，制度扮演了非常重要的角色。通过不断的摸索，GE找到了名为“活力曲线”的理想评估方式，通过差异化原则，鉴别出哪些员工是部门内表现最优秀的前20%、哪些是不可或缺的中间70%，以及哪些是垫底的10%，由此区分出A、B、C三类员工。

表现优异的A类员工，不但调薪幅度是B级员工的2~3倍，还能获得高额的股票期权；表现不及格的C类员工，则得不到任何奖励，通常还得离开公司；至于为数最多的B类员工，其调薪幅度也必须足以表彰他们的贡献，其中有60%~70%的人能得到股票期权。活力曲线是一套以加薪、授予股票期权或晋升等激励为后盾的绩效考评制度，但剔除底端10%的员工，则往往被视为残忍、冷酷的行为。然而韦尔奇认为，“把人留在一个无法帮助他茁壮成长的地方，才是真正无情的假仁慈”。

这套汰弱留强的制度，不见得十分精确，遗珠之憾在所难免，但是可以为组织建立起整齐划一的劲旅，而这正是塑造一个伟大组织的方式。通过年复一年的动态过程，没人能够安然无忧，所有主管都必须持续证明自己的能力。

通过绩效考评制度，GE发现A类员工多半具备所谓的“领导力4E”：高度的干劲（energy）、激励（energize）他人士气的能力、制定艰难决策的胆识（edge），以及贯彻执行（execute）、达成承诺的能力。而这4个E的共同点则是P，即passion（热情）。

2.人力资源循环：对精英人才追踪管理

威尔逊说：“对员工的全神贯注，正是GE的管理特色。”为协助员工了解组织的游戏规则，公司必须建立一套结构与思考逻辑，其中心就是GE的“人力资源循环”：每年4月在每个部门召开历时一天的人事检讨会议；6月进行两小时的视频会议，追踪人事检讨会议的后续进度；11月再举办第二次人事检讨会议，确认各单位均已贯彻执行所达成的协议。

人事检讨会议旨在探讨员工的职业生涯、晋升机会、活力曲线及个人长短处。在人事检讨卷宗里，包含每位主管的简历和照片。照片旁是一个九宫格。根据经理人的“潜力”与“绩效”，在其中一个格子里勾选确认。照片下方则是经理人的优缺点摘要，除了正面评语之外，至少必须列出一项有待加强的短处。通常在会议上，花费最多时间讨论的，就是那些需要提升的领域，以及探讨特定经理人是否仍有成长的机会。

针对高潜力经理人，GE公司安排了“导师专案”，让每一个人都有一位来自管理高层的导师。导师的职责是让这些经理人晋升为A类员工。而这项培育人才的任务，也被列入管理高层绩效评估的项目里。换言之，管理高层除了自身是A级领导者之外，同时也必须是一流的导师。

成功的领导人无不把人才培养当成自己的主要职责，不但会亲自投入时间和精力，也期望公司的管理高层和第一线主管都能从善如流。

5.5 图尺度考评法

5.5.1 图尺度考评法的含义

图尺度考评法也称为图解式考评法、图表尺度考评法、图表评定法或因素考评法等，是最简单和运用最普遍的工作绩效考评方法之一。因为图尺度考评法有时也会用于对工作绩效结果的考评，所以，有些教材也将图尺度考评法归类到结果导向型考评方法中，这主要取决于图尺度考评量表中的绩效考评指标是品质性指标还是结果性指标。图尺度考评法是使用一张图尺度考评量表对被考评员工的绩效进行考评的。图尺度考评量表罗列出了考评员工工作绩效的考评指标，如工作质量、工作数量和工作知识等，还罗列出了跨越范围比较大的工作绩效等级，如从“不令人满意”“需要改进”“好”“很好”，一直到“杰出”。

5.5.2　图尺度考评法的实施

在利用图尺度考评法对被考评员工的工作绩效进行考评时，首先，要设计一张图尺度考评量表（见表5-4）。图尺度考评量表向考评者展示了一系列被认为是被考评员工成功工作绩效所必需的个人特征指标，如诚信度、忠诚度、价值观、合作性、适应性、领导能力、人际沟通能力、执行能力、判断力等，每一特征绩效指标都有一个5分或7分的绩效考评等级。图尺度考评量表上的考评分数用数字或描述性的词或短语加以规定，用以表示员工不同的工作绩效水平。图尺度考评量表的中间分数通常被锚定为“平均”、“适度”、“好”、“满意”或“达标”。其次，每名被考评员工根据工作绩效考评指标逐项考评，针对被考评员工的实际绩效水平从每项绩效考评指标的考评尺度中找出一个最能符合被考评员工绩效情况的分数。最后，将每名被考评员工在所有工作绩效考评指标上得到的分数进行汇总，即得到被考评员工总的工作绩效考评结果。

表5-4　**图尺度考评量表示例**

工作绩效考评指标	考评尺度	考评事实依据或评语
（1）质量：所完成的工作的精确度、彻底性和可接受性	O□　100～90 V□　90～80 G□　80～70 I□　70～60 U□　60以下	□ ______ ______ ______ 分数
（2）生产率：在某一特定的时间段内所生产的产品数量和效率	O□　100～90 V□　90～80 G□　80～70 I□　70～60 U□　60以下	□ ______ ______ ______ 分数
（3）工作知识：实践经验和技术能力以及在工作中所运用的信息	O□　100～90 V□　90～80 G□　80～70 I□　70～60 U□　60以下	□ ______ ______ ______ 分数
（4）可信度：某一员工在完成任务和听从指挥方面的可信程度	O□　100～90 V□　90～80 G□　80～70 I□　70～60 U□　60以下	□ ______ ______ ______ 分数

续表

工作绩效考评指标	考评尺度	考评事实依据或评语
（5）勤勉性：员工上下班的准时程度、遵守规定的工间休息/用餐时间的情况以及总体的出勤率	O□ 100 ~ 90 V□ 90 ~ 80 G□ 80 ~ 70 I □ 70 ~ 60 U□ 60以下	分数
（6）独立性：完成工作时不需要监督和或需要很少的监督的程度	O□ 100 ~ 90 V□ 90 ~ 80 G□ 80 ~ 70 I □ 70 ~ 60 U□ 60以下	分数

备注：

O——杰出。在所有各方面的绩效度十分突出，并且明显比其他人的绩效优异得多。

V——很好。工作绩效的大多数方面明显超出职位的要求。工作绩效是高质量的，并且在考评期间一贯如此。

G——好。这是一种称职的和可信赖的工作绩效水平，达到了工作绩效标准的要求。

I——需要改进。在绩效的某一方面存在缺陷，需要进行改进。

U——不令人满意。工作绩效水平总体来说无法让人接受，必须立即加以改进。绩效评价等级在这一水平上的员工不能增加工资。

互动课堂5-2

图尺度考评法不同形式的区别

目前，很多企业在运用图尺度考评法进行员工绩效考评时，不仅包括对一般性工作绩效指标（如工作数量和工作质量等）的考评，还将被考评员工的工作职责进一步分解，将其作为绩效考评的指标。在运用图尺度考评法进行绩效考评时，每个绩效考评特征都以某种考评尺度表示，考评者依据这一尺度对被考评员工拥有的特征进行绩效考评。

思考：图尺度考评法有多种形式，这些形式的区别是什么？

答：图尺度考评法多种形式的区别在于：第一，被考评员工的特征；第二，考评尺度定义的程度；第三，每个标准定义的明确程度。当考评尺度和考评标准被明确定义后，主观偏见产生的可能性将会大幅度降低。

5.5.3　图尺度考评法的优缺点

1）图尺度考评法的优点

第一，图尺度考评法操作比较简单。

第二，图尺度考评法能提供足够的空间让考评者评价员工的绩效，考评的准确性较高。

第三，图尺度考评法应用普遍，是绩效考评中常用的一种考评方法。

2）图尺度考评法的缺点

第一，在运用图尺度考评法进行绩效考评时，受考评者的主观性影响较大。

第二，图尺度考评量表的绩效考评等级之间的区分没有明确的标准。

第三，图尺度考评法不适用于从事工作内容简单、重复性强且非常稳定岗位员工的绩效考评。

5.6　书面报告法

5.6.1　书面报告法的含义

书面报告法是一种由考评者通过书面报告对被考评员工的工作业绩、实际表现、优缺点、绩效发展等进行描述，然后提出绩效改进建议的定性评价方法。

5.6.2　书面报告法的实施

与其他绩效考评方法要求考评者填写一个既定的绩效考评量表不同，书面报告法要求考评者以报告的形式认真描述被考评员工的工作绩效，并列举被考评员工的优点和不足，然后对其绩效改进提出合理建议。书面报告法经常与其他绩效考评方法一起使用，因为它可以提供一些其他绩效考评方法所不能提供的绩效信息。书面报告法适用于小企业或小型的工作组织，其主要作用是激发员工的潜能，让员工的工作表现更出色。

5.6.3　书面报告法的优缺点

1）书面报告法的优点

第一，书面报告法能减少考核者的偏见和晕轮效应，不使用绩效考评量表，减少了过分严格的误差、趋中误差或过分宽容的误差。

第二，书面报告法使考评者有机会指出被考评员工的绩效情况。当被要求指出被考评员工在知识、技能和优缺点方面的情况时，书面报告法就显示了其优势。

第三，书面报告法实施简单、快捷，适合人数不多、对管理要求不高的企业。

2）书面报告法的缺点

第一，用书面报告法进行绩效考评，其成效如何不仅取决于员工的实际工作绩效水平，也与考评者的主观意见、写作技巧和表达风格有直接的关系。

第二，书面报告法多适用于管理人员的自我考评，被考评员工的人数不能太多。

第三，书面报告法最大的局限在于：对被考评员工的所有绩效情况进行绩效描述太费时，并且没有通用的绩效考评标准；不同员工的绩效结果无法与其绩效的改进和提升相挂钩。

第四，书面报告法过于主观，并有可能无法重点描述与绩效考评相关的其他方面。

5.7 团体评价法

5.7.1 团体评价法的含义

为了弥补其他绩效考评方法的不足，同时也将员工的个人绩效与团体绩效结合起来，可以使用团体评价法弥补其他绩效考评方法的缺陷。团体评价法是在考评团队整体绩效的基础上考评员工绩效的方法。由于部门的绩效考评结果是公开的，因此团体评价法能够促进部门之间的良性竞争。

5.7.2 团体评价法的实施

团体评价法的实施步骤如下：

第一步，运用团体评价法进行绩效考评时，先要确定各个绩效考评等级的奖金分配的点数，各个绩效考评等级之间的点数差别应该具有充分的绩效激励效果。

第二步，让每个员工根据绩效考评的指标和标准，对其他被考评员工进行评分。

第三步，每个被考评员工对称地去掉最高分和最低分，求出其绩效考评得分的平均分。

第四步，将部门中所有员工的绩效考评得到的平均分加总，再除以部门的员工人数，计算出部门所有员工的绩效考评平均分。

第五步，用每位员工的绩效考评平均分除以部门的平均分，就可以得到一个标准化的绩效考评得分。绩效考评得分为1及其附近的员工应该得到中等的评价，那些绩效考评得分明显大于1的员工应该得到高一些等级的评价，而绩效考评得分明显低于1的员工就应该得到低一些等级的评价。在某些组织中，为了强化管理者的权威，可以将员工团体评价结果与管理者的评价结果的加权平均值作为员工最终的考评结果。但是需要注意的是，管理者的权重不宜过大，各个评价等级之间的数值界限可以由管理者根据过去员工业绩考评结果的离散程度来确定。这种计算绩效考评得分的方法可以合理地确定被考评员工业绩评价结果的分布形式。

第六步，根据每位员工的评价等级所对应的奖金分配的点数，计算部门的奖金总点数，然后结合可以分配的奖金总额，计算每个奖金点数对应的金额，并得出每位员工应该得到的奖金数额。其中，各个部门的奖金分配总额是根据各个部门的主要管理者进行相互绩效考评的结果来确定的。

5.7.3 团体评价法的优缺点

1）团体评价法的优点

第一，团体评价法比较易于识别工作绩效好和工作绩效差的员工。

第二，团体评价法可以促进部门之间的良性竞争，有利于绩效改进措施的实施。

第三，团体评价法可以鼓励每位员工客观准确地评价自己的同事，那些对同事的评价排列次序与最终结果的排列次序最接近的若干名员工可以得到提升评价等级等形式的奖励。

2）团体评价法的缺点

第一，在运用团体评价法进行绩效考评时，员工的考评结果在绩效考评的当期如果没有严格保密或奖金的发放没有采取秘密给付的方式，就容易影响员工的情绪。

第二，团体评价法容易引起有些部门之间的恶性竞争。

从以上介绍的几种品质导向型考评方法可以看出，品质导向型考评方法的优点是成本低、实用，绩效考评所花费的时间和精力比较少；同时，品质导向型考评方法有效地消除了某些绩效考评误差，如避免了过分严厉误差、趋中误差或过分宽容的误差。当然，品质导向型考评方法也有一些缺点。首先，因为绩效考评的评分标准是模糊或不实在的，所以，绩效考评评分的准确性和公平性就可能不可靠。其次，品质导向型考评方法没有具体说明被考评员工必须做什么才能得到好的评价，因而，它不能充分地指导或监控员工的绩效表现。最后，企业用品质导向型考评方法不能公平地对来自不同部门的员工的绩效进行比较，例如，销售部门排在第六名的员工可能比生产部门的第一名做得更好。

基础训练

1. 品质导向型考评方法有哪些？
2. 简单排列法的实施步骤是什么？
3. 选择排列法的实施步骤是什么？
4. 成对比较法的实施步骤是什么？
5. 强制分布法的实施步骤是什么？
6. 图尺度考评法的实施步骤是什么？

综合应用

□ 案例分析题

案例1

某公司绩效管理中存在的问题

某著名的跨国公司，在世界66个国家拥有233 000名员工和340多个办事机构，其经营范围覆盖电子、机械、航空、通信、商业、化学、金融和汽车等领域。该公司在中国各地投资兴建了几十家生产和销售公司，由于各个公司运营时间都不长，内部管理制度建设还不完善，因此在绩效考核中采用了设计和实施相对都比较简单的强制分布评价方法。生产人员和管理人员都是每个年度进行一次绩效考核，考核的结果对员工的奖金分配和日后的晋升都有重要的影响。这家公司的最高管理层很快就发现这种绩效考核方法存在很多的问题，但是又无法确定问题产生的原因，于是他们请了北京一家咨询公司对企业的员工绩效考核系统进行诊断和改进。

咨询公司的调查人员在实验性的调查中发现，该企业在中国的各个分公司都要求在员工的绩效考核中将员工划分为五个等级，其中，A代表最高水平，E则代表最低水平。按照规定，每次绩效考核中要保证员工总体的4%~5%得到A等评价，20%的员工得到B等评价，4%~5%的员工得到D等或E等评价，余下的大多数员工得到C等评价。员工绩效考核的依据是工作态度占30%，绩效占40%~50%，遵纪守法和其他方面的权重占20%~30%。

被调查的员工认为在绩效评价过程中存在“轮流坐庄”的现象，评价过程受到员工与负责评价工作的主管的个人关系的影响，使得评价结果与员工的工作绩效之间联系不够紧密。因此，对他们来说，绩效考核虽然有一定的激励作用，但是不太强烈。而且，评价的对象强调员工个人，而不考虑各个部门之间绩效的差别。因此在一个整体绩效一般的部门工作，即使工作能力一般的员工也可以得到比较高的评价（A或者B），而在一个整体绩效好的部门，即使员工工作非常努力，也很难得到A或者B。员工还指出，他们认为绩效考核是一个非常重要的问题，这不仅是因为考核结果将影响到自己的奖金数量，更主要的是员工需要得到一个对自己工作成绩客观公正的评价。员工认为绩效评价的标准比较模糊、不明确。在销售公司中，销售人员抱怨说：自己的销售绩效不理想，在很多情况下都是由于市场不景气、自己所负责销售的产品在市场上缺乏竞争力造成的，这些难题都是无法通过个人努力解决的，但是，在评价中却被评为C甚至D，所以自己觉得这种绩效考核方法很不合理。

问题：请针对该案例并结合自己所学理论知识，说明该公司绩效考评存在什么问题及如何对绩效考评方案进行修改。

案例2

绩效考核强制分布，为何难行？

情景1：M公司是一家中型制造企业。半年之前，总经理决定在公司推行绩效考核体系。在咨询顾问的帮助下，人力资源部制订了详细的实施方案，但是在推行这套方案时却遇到了很大阻力，尤其是方案中的“强制分布原则”遭到各部门的质疑。企划部张经理首先找到人力资源部，与HR主管大闹了一场。原来企划部只有3名员工，并且都是张经理从全公司挑选出来的“精英”，现在人力资源部制订的方案竟然要把3名下属的综合绩效强制分布出三个等级，张经理怎能不急？虽然最终迫于公司总经理的压力，绩效考核必须推行，但是企划部原来兄弟般的工作氛围已荡然无存，一个月之内，张经理的3名下属跳槽走了2人。

情景2：Z公司是一家集产销研于一体的大型公司。年初时，公司决定实施绩效考核。绩效考核方法规定，按照得分，90~100分为优秀，75~90分为良好，60~75分为合格，60分以下为不合格。同时，根据GE“活力曲线”思想，考核方案规定各部门优秀比例为20%，良好比例为35%，合格比例为35%，不合格比例为10%。一段时间过后，人力资源部发现：考核做了几次，优秀比例没有低于30%的，良好比例在50%以上，剩下的都是合格，不合格的情况只有在人员离职时才会偶尔出现。更令人力资源部郁闷的是，虽然向各部门强调了结果要遵循强制分布，但各部门的答复是：我是按照你们给的分数定的结果呀，要调等级的话你们自己动手吧。

问题：绩效考核强制分布难行的原因是什么？作为HR，如果让你实行绩效考核强制分布，你会如何做？

分析提示：强制分布法之所以在部门内比较难执行，大多数情况下与部门领导人有关。大家试想，一个部门领导人与下属员工朝夕相处，又要带领大家冲业绩，久而久之就产生了类似家人般的深厚感情。这时候你如果让该部门领导人强行把手下员工分为ABC三个等级，很难做到，因为强制分布法既得罪员工又让部门领导人左右为难。但是强制分布法有助于C级员工因为害怕被淘汰而努力向B级员工看齐；B级员工努力成为A级员工，从而得到晋升；A级员工为了不被B级员工超越而努力保持现有业绩，如此一来，企业的整体绩效将得到较大提升。绩效强制分布与部门经理们是否有足够的绩效压力也有关，试想如果部门经理的绩效压力大，不用人力资源部门推行，他自己就会想办法去激发团队的潜力了。

□ 实践训练题

请大家按照以下场景进行模拟操作：

场景：某家生产和销售碳酸饮料的企业准备对技术部的10名技术员进行年度绩效考评。

操作：如果你是这家企业的绩效主管，请你选用品质导向型考评方法中的一种考评方法进行技术部员工的绩效考评，设计具体的绩效考评过程和绩效考评表。

第6章 行为导向型考评方法

学习目标

知识目标：

了解行为导向型考评方法的含义；明确行为导向型考评方法的种类；熟知行为导向型考评方法的实施；掌握行为导向型考评方法的优缺点。

能力目标：

能够掌握关键事件法的设计技巧。

素养目标：

树立重品德、重才干、重担当、重实绩的人才导向观。

案例研讨

关键事件法应用于高校学生管理的必要性和可行性

1.关键事件法应用于高校学生管理的必要性

（1）管理对象的价值迷失引发传统管理规则的合法性受到挑战。随着高校逐年扩招，大部分的大学已经从“精英教育”转为“大众教育”，使大学生丧失宠儿的地位。一方面是由于20世纪六七十年代出生的父辈自身未受过比较好的教育而执着于让自己的孩子圆梦；另一方面是随着市场经济的发展，高学历劳动力的收入水平普遍较蓝领工人高很多，所以越来越多的学生开始挤上高考的“独木桥”。高等教育适应市场需求，不断扩招降分，甚至分化出一本、二本、三本，事实上无论从学苗还是从教育资源角度看，现在的大部分大学生和20世纪80年代的大学生的综合素质相比是有很大差距的。一届多过一届的大学毕业生进入市场，就业情况并不乐观。从刚入学时的兴奋，变为失落，再到迷茫，进而出现了越来越多的大学生行为偏差现象，这就要求我们在学生管理过程中需要用更多的时间去论证制度或规则的合理性，而不是单纯强调违规的后果。

（2）移动信息技术发展及依法治国理念对管理的公平透明性提出了更高要求。社会大环境对大学生的影响是非常巨大的，现代信息技术对管理公平透明性的要求越来越高。现在学生抄成绩单都用手机拍照，很少用纸笔抄写，进而避免了抄写带来的误差。而原始文件的上传意味着每一位学生都可以掌握第一手信息资料并进行分析和解读，管理者的信息优势在逐渐丧失。民主法治理念的推广和普及，让大学生具备了较强的权利主体意识，管理者不可以随意使用批评语言，更不能有人身攻击的行为。

（3）家风家教的普遍缺失。当代大学生从出生以来几乎就只有一个使命——考大学，能好好学习文化课的孩子就是好孩子，家庭的、社会的一切压力都由家长代为承担，尤其多数是独生子女，自我、脆弱是我国当代大学生的真实内心写照。家风家教几乎从未被提及或重视。这样成长起来的孩子的社会化过程很艰辛，风险成本也很高。一旦社会化失败，轻则自暴自弃，重则轻生自残。对这样的学生的管理要非常小心谨慎，不容有失。关键事件法可以在对学生常规管理进行系统记录的同时附加补充具体事件，对学生进行行为偏差矫正提出可行性建议。

2.关键事件法应用于高校学生管理的可行性

（1）加减分制可以给出概括性评价和索引。学生管理手册中关于行为规则的加减分规定是各高校学生管理中普遍应用的，加减分的标准由学生手册规定，标准统一且明确，经过学校官方确认即具有权威性。加减分针对的行为其实就是考量大学生行为规范性的关键事件。以加减分为概括性评价索引，就相当于给出关键事件法的关键事件列表。

（2）根据加减分索引记录关键事件具有可操作性。由于加减分规范的行为是提炼了的学生关键行为列表，是两极化的行为总结，正常情况下学生重复这两个极端的行为的概率并不是很高，对于管理幅度很大的管理者而言，与加减分关键事件的相关行为也只会涉及少数人群，可操作性很强。

资料来源 霍文静. 关键事件法在高校学生考评管理中的应用［J］. 经营管理者，2015（5）. 引文经过节选、压缩和改编。

这一案例表明：关键事件法等行为导向型的考评方法可以应用到各种组织部门的绩效考评管理工作中。

行为导向型考评方法是指根据客观绩效考评指标和标准对被考评员工的工作行为进行绩效考评的方法。大多数行为导向型考评方法实质上是对被考评员工的行为按照绩效考评标准给出一个量化的评分或程度判断，然后再对其各个方面的得分进行汇总，得到一个员工绩效考评的综合考评结果。行为导向型考评方法相信行为最终必然导致结果，只要控制行为就能够控制结果，而且大多数企业的员工行为标准或规范都会带上企业的烙印。

行为导向型考评方法有一个重要的缺陷，即对员工的绩效考评可能不够准确并带有主观性。因此，要提高绩效考评的准确性，就应该遵循一种工作范围和尺度来对被考评员工的工作行为进行绩效考评。通过行为导向型考评方法，考评者可以比较容易地评判被考评员工工作绩效。行为导向型考评方法是建立在工作中的行为标准或规范，强调在完成工作目标过程中的行为必须符合这种标准或规范，通过对员工行为与企业行为标准或规范的比较和评估，推断出员工的工作业绩。行为导向型考评方法的具体方法有关键事件法、行为锚定等级评价法、行为观察法、加权选择量表法和强迫选择法等。

6.1 关键事件法

6.1.1 关键事件法的含义

关键事件法（critical incident method）也称重要事件法。关键事件法考评员工在完成工作任务过程中有效或无效的工作行为导致的不同工作结果——成功或失败。员工这些有效或无效的工作行为被称为“关键事件”，这些“关键事件”通常描述了被考评员工的工作行为以及工作行为发生的具体情境。这样，在评定一个员工的工作行为时，就可以利用关键事件作为衡量的尺度。关键事件对事不对人，让事实说话，考评者不仅要注重对关键事件本身的评价，还要考虑关键事件的情境。

拓展阅读6-1

关键事件法的要点与原则

关键事件法是由弗拉根和伯恩两个美国学者创立的，包含了三个要点：第一，观察；第二，书面记录员工所做的事情；第三，有关工作成败的关键性事实。关键事件法的主要原则是认定员工与职务有关的行为，并选择其中最重要、最关键的部分来评定其结果。在某些工作领域内，员工在完成工作任务过程中，有效的工作行为收获了成功，无效的工作行为导致了失败。考评者要记录和观察这些关键事件，因为它们通常描述了员工的行为以及工作行为发生的具体背景。这样一来，在评定一个员工的工作行为时，就可以利用关键事件作为考评的指标和衡量的尺度。

6.1.2 关键事件法的实施

关键事件法是管理者观察、书面记录被考评员工有关工作成败的关键事件，考评者通过这些关键事件考评员工绩效的方法。在运用关键事件法的时候，管理者将每一位下属员工在工作活动中所表现出来的非同寻常的好的行为或不好的工作行为记录下来，然后在每6个月左右的时间里，考评者和被考评员工进行面谈，根据管理者观察、书面记录被考评员工有关工作成败的关键事件来讨论被考评员工的工作绩效。

关键事件法要求保存好的和不好的关键工作行为的书面记录。当这些关键行为对部门的效益产生无论是积极的还是消极的重大影响时，管理者都要把这些关键事件记录下来，并把这些记录的关键事件提供给考评者用于员工业绩考评。这些事件可以被用来向被考评员工提供明确的反馈，让其清楚地知道自己哪些方面做得好，哪些方面做得不好，但是，关键事件法要确保对被考评员工的绩效进行考察时，所依据的是员工在整个年度的表现而不是最近一段时间的表现。

记录关键事件的方法主要是STAR法。这是由四个英文单词的第一个字母表示的一种方法；由于STAR是星星的意思，所以又叫“星星法”。星星就像一个十字形，分成四个角，记录事件时也要从四个方面来描述：

S是situation——情境，被考评员工的关键事情发生时的情境是怎么样的。

T是target——目标，被考评员工为什么要做这件事。

A是action——行动，被考评员工当时采取什么行动。

R是result——结果，被考评员工采取这个行动获得了什么样的结果。

关键事件法对事不对人，考评者不仅要注重对关键事件本身的评价，还要考虑关键事件的情境，可以用来向员工提供明确的信息，使他们知道自己在哪些方面做得比较好，而在哪些方面做得不好。例如，一名销售部的销售员，有利的重要事件的记录是"以最快的速度和热诚的方式反映顾客的不满"，而不利的重要事件的记录是"当销售完成之后，对顾客的销售反映置之不理，甚至有欺骗行为"。关键事件法考评的内容是被考评员工的工作行为，而不是员工的品质和个性特征，如忠诚度、亲和力、果断性和依赖性等。

在绩效考评的过程中，关键事件法一般不会单独使用，因为采用该方法记录的只是一些好的或不好的关键事件，并没有贯穿被考评员工的整个工作过程。关键事件法只是为以后的绩效考评提供有力依据，故常常被作为其他绩效考评方法的一种补充。由于关键事件法强调的是选择具有代表最好或最差行为表现的典型和关键性活动事例作为考评的内容和标准，因此，绩效考评的关键事件选定了，其具体的绩效考评方法也就确定了。

6.1.3 关键事件法的优缺点

1）关键事件法的优点

第一，关键事件法具有较大的时间跨度，可以贯穿绩效考评期的始终，与年度、季度计划密切结合在一起。本方法可以有效弥补其他方法的不足，为其他考评方法提供补充。

第二，关键事件法有理有据，时间、地点、人物都有记录。关键事件为考评者提供了客观的事实依据；考评的内容不是员工的短期表现，而是一年内的整体表现；以事实为根据，保存了动态的关键事件记录，可以全面了解下属是如何消除不好的工作绩效、如何改进和提高员工的绩效的。

第三，关键事件法在认定员工特殊的良好表现和劣等表现时是十分有效的，而且对于制定改善不良绩效的规划也是十分方便的。不过，在对员工进行比较或在做出与之相关的薪资提升决策时，它可能不会有太大的用处。

第四，关键事件法成本比较低。关键事件法不需要花钱，管理者要做的只是花时间将被考评员工的关键事件记录下来，其成本非常低。

第五，关键事件法能够及时反馈员工绩效，提高员工的工作绩效。一般来说，员工离职最大的原因，就是平常干得好没有人及时认可，干得不好也没有人及时批评。

第六，关键事件法研究的焦点集中在被考评员工工作行为上，因为行为是可观察的、可测量的，通过这种工作分析可以确定行为的任何可能的利益和作用。

第七，关键事件记录中记载了被考评员工如何消除不良绩效的具体事例。并且，关键事件法可以通过强调那些能够支持组织战略的关键事件而与组织的战略紧密联系起来。

2）关键事件法的缺点

第一，对关键事件能做定性分析，不能做定量分析，不能具体区分员工工作行为的重要性，很难使用关键事件法在员工之间进行比较。

第二，关键事件法最大的缺陷是管理者常漏记关键事件。很多时候，管理者都是一开始仔细地记下被考评员工的每一件关键事件，时间一长，管理者就会失去记录的兴趣，直到绩效考评期快结束时再去补充绩效记录，这样一来，关键事件法的近期效应的偏差就比较大。

第三，被考评员工会觉得管理者编造事实来支持其主观想法，即使管理者做了全面的记录，员工也会因管理者总记着几个月前的差错而感到不满意。

第四，关键事件法费时，需要花大量的时间去搜集那些关键事件，并加以概括和分类。

第五，关键事件法定义的是显著的对工作绩效有效或无效的事件，这就遗漏了被考评员工的平均绩效水平。而对工作来说，最重要的一点就是要描述“平均”的工作绩效。利用关键事件法，对中等绩效的员工就难以涉及。而且，对于什么是关键事件，管理者的看法并非一致。

第六，关键事件法可能使员工过分关注他们的管理者到底记录了些什么，并因此而恐惧管理者的绩效记录。

第七，许多管理者可能拒绝每天或每周对员工的关键绩效行为进行记录，并且，要对不同员工进行比较通常也是有难度的，因为每一个关键事件对于员工来说都是特定的。用这种方法进行的考评有可能贯穿整个绩效考评阶段，而不仅仅集中在最后几周或几个月里。然而，如果一名管理者要对许多被考评员工进行考评，则记录这些关键绩效行为所需要的时间可能会过多。

6.2 行为锚定等级评价法

6.2.1 行为锚定等级评价法的含义

行为锚定等级评价法（behaviorally anchored rating scale，BARS）也称行为定位法、行为决定性等级量表法或行为定位等级法。行为锚定等级评价法是关键事件法的进一步拓展。它将关键事件法和等级评价的方法有效地结合在一起，通过一张行为锚定等级评价量表将某一职务工作可能发生的各种典型行为进行评分度量，对员工工作中的实际绩效行为进行考评。

行为锚定等级评价法是由美国学者史密斯（P.C.Smith）和肯德尔（L.Kendall）于20世纪60年代提出来的。行为锚定等级评价法实质上是把关键事件法与评级量表结合起来，兼具两种绩效考评方法的优点。它将关键事件和等级评价有效地结合在一起，通过一张行为锚定等级评价量表将各种水平的绩效加以量化，用反映不同绩效水平的具体工作行为的例子来描述每一个工作绩效特征。在同一个绩效维度中存在一系列的行为，每种行为分别表示这一维度中的一种特定绩效水平，将绩效水平按等级量化，可以使考评的结果更加科学、公平和有效。

6.2.2 行为锚定等级评价法的实施

行为锚定等级评价法是通过行为锚定等级评价量表（见表6-1），搜集大量代表被考评员工工作绩效的好的和不好的关键事件，然后再将其划分为不同的绩效维度来组织实施的。那些能够清晰地代表被考评员工某一时期绩效情况的关键事件，将会作为指导被考评员工的行为事例。考评者的任务就是根据每一个绩效维度来分别考察被考评员工的工作绩效，然后以行为锚定为指导来确定在每一绩效维度中哪些关键事件是与员工的实际情况最为相符的，这一评价就成为员工在这一绩效维度上的得分。

表6-1　**客户服务行为锚定等级评价量表**

△7 · 把握长远盈利观点，与客户达成伙伴关系
△6 · 关注顾客潜在需求，起到专业参谋作用
△5 · 为顾客而行动，提供超值服务
△4 · 个人承担责任，能够亲自负责
△3 · 与客户保持紧密而清晰的沟通
△2 · 能够跟进客户回应，有问必答
△1 · 被动的客户回应，拖延和含糊回答

行为锚定等级评价法的具体实施通常有五个步骤：

第一步，进行被考评员工的工作分析，获取员工工作绩效的关键事件。首先，要求对工作较为了解的人，通常是工作任职者及其管理者对一些代表好的绩效和不好绩效的关键事件进行简洁明确的描述。例如，把所有的销售员集合到一起，请销售部经理和其他部门的相关专家一同应用头脑风暴的方法讨论销售员应如何处理客户关系，销售员应该做些什么工作。无论是优秀的绩效行为还是差的绩效行为，都要全面地讨论。

第二步，建立绩效评价的等级。一般分为5～9级，将关键事件归并为若干个绩效指标，并给出明确的定义和描述。

第三步，由另一组考评者对关键事件重新加以分配，把它们归入最合适的绩效因素和绩效指标中，确定关键事件的最终位置，并确定绩效考评指标体系。

第四步，对关键事件进行评定，审查绩效考评指标等级划分的合理性。第二组人会被要求对关键事件中所描述的行为进行评定，一般采用7点或9点等级尺度评定法，把这些关键事件中所描述的行为由优到劣、由好到不好进行排列，并判断它们能否有效地代表某一工作绩效指标所要求的绩效水平。

第五步，建立最终的行为锚定等级评价法的评价体系。对于每一个工作绩效指标来说，都将会有一组关键事件（通常每组中有6～7个关键事件）作为行为锚定等级评价法中的行为定位。

行为锚定等级评价法实际上是由一些特定关键事件加以描述的绩效行为来对工作绩效进行评价的，这种描述非常有助于明确界定好的绩效和不好的绩效。

互动课堂 6 -1

行为锚定等级评价量表中绩效考评指标的确定

行为锚定等级评价量表的设计是运用行为锚定等级评价法进行绩效考评的基础，所以，设计一张合理的行为锚定等级评价量表非常关键。例如，为一家大型超市的收银员设计一张行为锚定等级评价量表，需要搜集大量的关键事件，再将这些关键事件归纳成一些工作绩效考评指标。

思考：考评大型超市收银员的工作绩效指标有哪些？

答：考评大型超市收银员的工作绩效指标主要有人际沟通能力、接待能力、包装能力、收银能力和观察能力等。

6.2.3 行为锚定等级评价法的优缺点

1）行为锚定等级评价法的优点

第一，对员工绩效的考量更加精确。由于参与本方法设计的人员众多，对本岗位熟悉，专业技术性强，所以精确度更高。

第二，绩效考评标准更加明确。评价量表上的等级尺度是与行为表现的具体文字描述一一对应的，或者说通过行为表述锚定评定等级，使考评标准更加明确。

第三，具有良好的反馈功能。评价量表上的行为描述可以为反馈提供更多必要的信息。

第四，具有良好的连贯性和较高的信度。本方法是使用同样的量表对同一个对象进行不同时间段的考评，能够明显提高考评的连贯性和可靠性。

第五，考评的维度清晰，各绩效要素的相对独立性强，有利于综合评价判断。

2）行为锚定等级评价法的缺点

第一，设计和实施的费用高，比其他考评方法费时费力。

第二，对于那些工作行为与结果的联系不太明确的工作，管理者容易着眼于对结果的评定而非依据锚定事件进行考评。

6.3 行为观察法

6.3.1 行为观察法的含义

行为观察法（behavior observation scale，BOS）也称行为观察量表评价法、行为观察量表法和行为观察评价法。行为观察法是在关键事件法的基础上发展起来的，与行为锚定等级评价法比较相似，但是行为观察量表与行为锚定等级评价量表的结构不同。行为观察法提出某一工作的高绩效所要求的一系列行为，同行为锚定等级评价法一样，考评者会搜集关键事件并按照绩效维度分类。两种方法之间的最大区别在于：行为观察量表中的每种行为都是由考评者加以评定的。

行为观察法不是确认被考评员工的工作行为处于何种绩效水平上，而是确认被考评员工的某些工作行为发生的频率或次数。行为观察法要求考评者根据被考评员工的某一工作行为发生频率或次数的多少来对被考评员工打分。例如可以进行如下评分："观察到某一工作行为从不发生"评为1分、"观察到某一工作行为偶尔发生"评为2分、"观察到某一工作行为有时发生"评为3分、"观察到某一工作行为经常发生"评为4分、"观察到某一工作行为总是发生"评为5分。行为观察法既可以将不同工作行为的评定分数相加得到一个总分数，也可以按照工作行为对工作绩效的重要程度赋予工作行为不同的权重，经过加权后再相加得到绩效考评的总分。绩效考评总分可以作为不同被考评员工之间进行比较的依据。使用行为观察法考评员工绩效时需要注意，不能选取发生频率过高或过低的工作行为作为绩效考评的指标。

6.3.2　行为观察法的实施

在使用行为观察法考评员工绩效时，考评者通过指出被考评员工某些工作行为发生的频率或次数来考评工作绩效。表6-2是行为观察量表的一个示例，通过将被考评员工在每一个工作行为上的得分相加得到总评分，高分意味着被考评员工经常出现合乎期望的行为。

表6-2　行为观察量表

各分值含义及判断标准：	
5表示"总是"	95%～100%都能观察到这一行为
4表示"经常"	85%～94%都能观察到这一行为
3表示"基本上"	75%～84%都能观察到这一行为
2表示"有时"	65%～74%都能观察到这一行为
1表示"偶尔"	0～64%都能观察到这一行为
判断行为：	
克服对变革的阻力	
（1）向下级详细地介绍变革的内容（　　　）	
（2）解释变革为什么是必须进行的（　　　）	
（3）讨论变革为什么会影响员工（　　　）	
（4）倾听员工的意见（　　　）	
（5）要求员工积极配合参与变革的工作（　　　）	
（6）如果需要，经常召开会议听取员工的意见（　　　）	
判断标准：	
6～10分：未达到标准	
11～15分：勉强达到标准	
16～20分：完全达到标准	
21～25分：出色达到标准	
26～30分：极优秀	

行为观察法的具体实施步骤通常有七个：

第一步，运用关键事件法对被考评员工的工作进行工作分析。对于既了解被考评员工工作的性质、目的，又能经常观察到被考评员工工作的相关人员，包括被考评员工的直接上级、直接下属、有直接工作关系的同事和服务的客户等，通过工作访谈法了解这些相关人员所观察到的被考评员工工作的实际情况。工作访谈法可以单独进行，也可以由集体小组进行。工作分析人员要求这些相关人员描述被考评员工工作行为中有效和无效的事件，一般至少要求30人进行大约300个事件的描述。工作分析人员需要运用工作访谈技术，引导被访谈人员对被考评员工工作行为中的有效和无效事件进行正确描述。例如，“服务态度不好”应该被具体描述为“让客户等待过久”、“与客户发生争吵”、“对客户的反馈不及时”和“把顾客的食物或饮料弄洒了而没有向顾客道歉”等。

第二步，把被考评员工工作中有效和无效的关键事件按照工作行为项目进行归类。

第三步，把被考评员工类似的工作行为项目归类成行为观察量表标准，见表6-3。通常情况下，在这一步骤中，被考评员工类似的工作行为项目被归为3~10个行为观察量表标准。

表6-3 **行为观察量表标准（员工在工作中的动机）**

等级	行为观察量表标准
7	该员工以极高的热情对待组织的工作，自觉地投入组织工作
6	当组织发生危机时，可以依靠该员工
5	该员工在领导不在的情况下，能自觉工作
4	该员工能达到工作的基本要求
3	当工作负担过重时，员工就会借口生病而缺勤
2	工作中出现问题时，员工并不关心组织，因而不向上汇报
1	员工有意放慢工作速度，怠工

第四步，评价同一关键事件的内部判断一致性。同一关键事件的内部判断一致性，是指组织的员工管理部门考察不同员工对同一关键事件的评价是否一致。具体做法是把事件随机呈现给另一些与被考评员工工作相关的人员，比较其按上述步骤所确定的3~8个行为观察量表标准是否把被考评员工工作中的关键事件做了相同的归类。

第五步，评价内容效果。在把被考评员工工作中的关键事件进行归类集中时，大约会有10%的事件没有归入工作行为项目中。这时，还应再考虑这些事件是否描述了没有列出的工作行为项目，或是否可以列入已列出的工作行为项目中。

第六步，在行为观察量表中删掉出现频率或次数过少和过多的工作项目。行为观察量表的工作行为项目中，有些虽然能够描述有效或无效的关键事件，但是无论对绩效好的还是绩效差的员工，这些工作行为都是经常出现或是很少出现的，所以，应该去掉那些不具有鉴别功能的工作行为项目。

第七步，确定行为观察量表的信度及各个行为观察量表标准的相对重要程度。

6.3.3 行为观察法的优缺点

1）行为观察法的优点

第一，行为观察量表在评价与指导员工行为方面比较有效。行为观察法具体指出了被考评员工需要做什么才能得到高绩效评分。管理者也可以有效地使用行为观察量表去监控员工行为，并就具体行为给出及时的反馈，这样，员工就知道什么样的工作行为是正确的，哪些工作行为是需要加以改进的。

第二，行为观察法克服了关键事件法不能量化、不可比以及不能区分被考评员工工作行为重要性的缺点。

第三，与传统考评量表相比，行为观察量表是通过被考评员工亲自参加的工作分析建立的，因此，在使用行为观察量表时考评标准比较明确。行为观察量表中对工作的描述可以用作对新员工或应聘者的工作介绍，这种工作介绍可以帮助新员工或应聘者对所要做的工作进行客观的了解，从而降低组织的人员变动率和员工的不满意度。

第四，行为观察量表有效地定义了工作的标准，为人才选拔和预测提供了客观的依据。

第五，行为观察量表的各个行为标准和总分对每个员工来说都可以用作绩效反馈的行为目标，行为观察量表的建立过程是科学的和可信的。

2）行为观察法的缺点

第一，运用行为观察法评价员工绩效时，编制一份行为观察量表比较费时费力。

第二，行为观察法完全从行为发生的频率或次数考评员工的绩效，可能会使考评者和被考评员工双方忽略工作的意义、工作的本质内容和行为过程的结果。

第三，行为观察法依赖于考评者对有效及无效行为的感知及回忆，因此，员工管理部门的偏见会对评价结果产生一定的影响。

第四，行为观察法由于量表过长，当被考评员工较多时，使用起来非常不方便。

6.4 加权选择量表法

6.4.1 加权选择量表法的含义

加权选择量表法又叫加权总计评分量表法，它是行为量表法的另一种表现形式。加权选择量表的具体形式是用一系列形容性或描述性的语句，说明被考评员工各种具体工作行为和工作表现，并将这些形容性或描述性的语句分别列在加权选择量表中，作为考评者考评被考评员工工作绩效的依据。

6.4.2 加权选择量表法的实施

加权选择量表法是将说明被考评员工工作行为和工作表现的形容性或描述性的语句分别统计后列到加权选择量表中，由考评者评定被考评员工是否符合所列项目及语句，对每一个考评指标要进行多等级的评定赋值，被考评员工的工作行为和工作表现越好，等级分值越高（见表6-4）。在考评者给被考评员工的工作绩效进行打分时，如果考评者认为被考评员工的工作行为和工作表现符合加权选择量表中所列出的项目，就做上记号，如打“√”；如果考评者认为被考评员工的工作行为和工作表现不符合加权选择量表中所列出的项目，也做上记号，如打“×”。

表6-4 **加权选择量表实例**

如果该员工有下列行为描述的情况时打“√”，否则打“×”	考评结果
1.布置工作任务时，经常与下级进行详细的讨论	□
2.识人能力差，不能用人所长	□
3.在进行重要的决策时，尽可能地征求下属的意见	□
4.不但对工作承担责任，也能放手让下属独立地进行工作	□
5.经常深入员工，观察他们，并适时地予以表扬	□
6.对下级进行空头许诺	□
7.能耐心倾听别人提出的批评，或下级的意见和建议	□
8.在做出重大决策之前，不愿意听取其他人的意见	□
9.为保住自己的面子，不考虑下级会有何感受	□
10.明明是自己的失误，错怪了下属，也不向下属道歉	□

加权选择量表法的具体设计方法有三个步骤：

第一步，通过工作调查和分析，收集被考评员工岗位好的或不好的工作行为和工作表现的信息，并用简洁的形容性或描述性的语句对这些工作行为和工作表现进行描述。

第二步，对每一个工作行为和表现项目进行多个等级（通常是5～9个等级）的评判，合并相同种类的工作行为和表现的项目，去掉缺少一致性和代表性的工作行为和表现项目。

第三步，计算出各个保留的工作项目评判分的加权平均数，将其作为该项目等级分值，示例见表6-5。

表6-5 **某公司对面包店经理考评时使用的加权量表**

考评项目	等级分值	考评结果
他偶尔买一些竞争对手的产品	6.8	□
在开列烘烤订单的时候，他从来不与销售领班商量	1.4	□
他加入了一个地方的行业协会	5.9	□
他常常无故指责员工	0.9	□
商店的橱窗陈列总是显得比较合理	3.1	□
他偶尔组织店里的销售人员进行销售技能考试	6.7	□

续表

考评项目	等级分值	考评结果
在他的店里，烘烤工作要持续到凌晨或者更晚	8.7	□
他总是抱怨他的员工，但是并不采取补救措施	4.5	□
他已经组织实施了一次以上的面包配方升级计划	5.6	□
他店里的某种产品有时会出现异乎寻常的积压	3.5	□
他喜欢与顾客建立私人关系	4.4	□
他不知道如何计算生产成本	0.5	□
他在经营中目光短浅	3.5	□
他的产品总是高质量的	8.5	□
他对员工的期望值过高	3.3	□
他的周和月的工作报告有时是不准确的	4.3	□
他对产品的订货问题经常考虑不够	1.5	□
员工喜欢与他一起工作	7.5	□
他不能对其他人行使充分的职责	2.8	□
他对大部分产品都有准确的成本核算	7.5	□
他宁愿仅仅是一个面包师	0.8	□
他的店堂的清洁程度属于中等	4.4	□
当店中设备出现一些故障时，他不积极主动地修理	1.8	□
为保证产品的质量，他定期要对所有的产品进行抽样检验	8.5	□

6.4.3　加权选择量表法的优缺点

1）加权选择量表法的优点

第一，考评员工绩效时，使用加权选择量表容易打分。

第二，加权选择量表法的评分核算简单。

第三，使用加权选择量表法考评员工绩效便于绩效的反馈。

2）加权选择量表法的缺点

第一，适用范围较小。

第二，采用加权选择量表法时，需要根据被考评员工具体岗位的工作内容设计不同内容的加权选择量表，较为烦琐。

6.5 强迫选择法

6.5.1 强迫选择法的含义

强迫选择法是一种比较复杂的评定方法，它要求考评者从强迫选择法的量表中区分出成功与不成功的表现。强迫选择法的量表由10～20个组构成，每组又由4个绩效行为描述项目组成，在4个绩效行为描述中，要求考评者分别选择一个最能描述和一个最不能描述被考评员工工作绩效行为表现的项目。每一组中的绩效行为描述项目都是经过专家精心设计的，保证每组中的两个绩效行为项目描述涉及优点，另两个绩效行为项目描述涉及不足。在每两个相同性质的绩效行为项目描述中，仅有一个描述能够区别绩效的高低，另一个描述则不能区别绩效的高低。

6.5.2 强迫选择法的实施

强迫选择法的实施是由员工绩效考评专家为绩效考评准备绩效行为描述项目，由员工绩效考评部门评价其项目的可行性，确定哪些项目所描述的行为是有效的，哪些项目所描述的行为是无效的，然后由考评者考评员工的绩效。考评者将每个分类之中绩效行为描述项目的数字相加，汇总为一个有效的绩效考评结果。

在强迫选择法的绩效考评过程中，考评者必须在一系列对员工的绩效行为描述中进行选择，即考评者从每一组陈述中做出选择。其中，每一组绩效行为描述项目都分别表述绩效行为的优秀与不足，考评者从每组绩效行为描述项目中选出一种而不需要知道哪一种陈述更准确地表示成功的工作行为。表6-6和表6-7是这种强迫选择法的量表的例子。当4个绩效行为描述项目组合在一起时，考评者需要经过分析才能确定哪种绩效行为描述适用于被考评员工。

表6-6　　强迫选择法量表示例（1）

在下列绩效行为描述项目中，你认为最能描述该被考评员工工作行为绩效的，在A栏中打“√”，对最不能描述的，在B栏中打“×”

项目	A	B
当员工工作好时表扬员工	□	□
对下级的建议不予重视	□	□
在压力面前能保持沉着镇静	□	□
对下级进行空头许诺	□	□
对影响员工的事情不让其知道	□	□
每星期有几天提前上班	□	□
当自己犯错误时，也不向员工道歉	□	□
能够用人所长	□	□

表6-7 强迫选择法量表示例（2）

1		选 择
A	不能预见困难	A
B	可以很快地领悟解释的内容	B
C	浪费时间的情况很少	C
D	容易交谈	D
2		选 择
A	在团体行动中是领导者	A
B	在不重要的事情上浪费时间	B
C	任何时候都保持冷静和沉默	C
D	努力工作者	D

6.5.3 强迫选择法的优缺点

1）强迫选择法的优点

第一，使用强迫选择法进行绩效考评时操作简单。评估者只需根据自己的观察和了解，在设计好的强迫选择量表中据实打“√”或打“×”即可，非常易于操作。

第二，强迫选择法进行绩效考评时考评者的主观偏好受到控制，避免了过分严厉误差、趋中误差或过分宽容的误差。强迫选择法用来描述被考评员工的语句中并不直接包含明显的好的或不好的内容，考评者被要求选出强迫选择法量表中那些最能描述与最不能描述员工真实工作绩效的选项。因为考评者不知道各强迫选择法量表中选择项目的分值，也不知道被考评员工的工作绩效考评结果到底是优秀、一般或者不合格，所以其不会受到外在环境的影响。绩效考评结果不受考评者的主观偏好或偏见的影响，保证了绩效考评的合理性和客观性。

2）强迫选择法的缺点

第一，使用强迫选择法进行绩效考评时，被考评员工无法在绩效考评中产生自我激励。被考评员工不知道强迫选择量表中各个绩效行为项目描述的差异，甚至不清楚绩效考评的基本指向，所以，被考评员工就无法对自己的工作绩效提供自我改进的反馈，不能达到绩效管理的主要目的，即引导被考评员工改进工作绩效。

第二，使用强迫选择法进行绩效考评时，考评者难以把握绩效考评的结果。考评者不清楚各选择绩效行为项目描述的分值，甚至不知道每组的4个绩效行为项目描述中哪两个对员工有利；无法把握表中的绩效行为项目描述对员工的影响，可能会造成考评者对被考评员工做出有违本意的绩效考评结论。

第三，强迫选择法最主要的缺点在于建立和维持这种强迫选择法科学性的成本过高，这已使许多考评者放弃采用这种方法进行绩效考评。

拓展阅读6-2

联想独具特色的绩效考核

了解联想的人都知道，部门内员工强制排序，即把员工分成A、B、C三等，虽然这种分级在不同团队之间是保密的，但拿到C等甚至B等的员工都会很紧张。这时候，人力资源工作者必须很努力地向C等员工说明这样分级的目的是更有效地利用资源，团队会根据他所处的级别给予相匹配的资源和有针对性的帮助、指导等。

一般情况下，联想的季度考核成绩主要影响薪资浮动，而年度考核则与调岗或辞退、培训与个人发展、薪资等级调整、红包、股权、升迁、评优等相结合。

既然实行了绩效管理，联想就一定要让绩效成绩和员工紧密相关。联想的企业文化中有一条就是要求员工“踏踏实实工作，正正当当拿钱”，反映到具体的管理措施中，就是“用人不唯学历重能力，不唯资历重业绩，一切凭业绩说话”。

在人才的选拔和任用上，联想也有一套规范的手段和流程。不是以某个人的主观判断来决定人员的录用和选择，而是在对素质、能力综合评价的基础上，把合适的人放在合适的位置上。

基础训练

1.行为导向型考评方法有哪些？
2.关键事件法的实施步骤是什么？
3.行为锚定等级评价法的实施步骤是什么？
4.行为观察法的实施步骤是什么？
5.加权选择量表法的实施步骤是什么？
6.强迫选择法的实施步骤是什么？

综合应用

□ 案例分析题

安妮是某公司的物流主管，负责办理清关手续，然后按照客户的要求将货物运到指定地点。这家公司规模很小，共有20位员工，只有安妮一个人负责这项工作。刚进行完一月份考评，安妮在二月份就遇到了一件事情：她80多岁的祖母，在半夜里病逝了。她由祖母从小养大，祖母的病逝使她很悲伤。为料理后事，她心力交瘁，也病倒了。很凑巧，第二天，一个大客户有一批货从美国运来，并要求清关后在当天18：00之前准时运到。安妮怎么做呢？她把家里的丧事放到一边，第二天早上准时出现在办公室，部门经理和同事都发现她的精神状态不好，一问才知道家里出了事。但是，这个小女孩什么话也没说，按要求办完清关手续，在17：00她就把这批货发出去了，及时运到了客户那里。公司规定18：00下班，她17：00提前回去处理祖母的丧事了。

这是一个关键性事件。如果她的部门经理没有发现，没有记录下来，或者人力资源部也没有发现，那么在其他员工的眼里，她17：00就走了，会被认定为早退。但是，如果部门经理善于观察，发现了这件事情，问清楚是怎么回事，就不会产生误解。如果她的祖母没有去世，那么帮助客户快速办理业务是一个物流主管正常的工作，是不会被记录下来的。而在这一天，她置个人的事情于不顾，首先考虑公司的利益，为了不让客户受损失，克服了种种困难出现在办公室里，提前完成了任务，这是要加分的一件事情，应当把这件事情记录下来。

当时的情景S：安妮的祖母前一天晚上病逝了。

当时的目标T：第二天把一批货完整、准时地运到客户那里。

当时的行动A：她置家里的事于不顾，准时出现在办公室，提前1个小时把货发出去了。

当时的结果R：客户及时收到了货，没有损害公司的信誉。

STAR是最典型的关键事件法，可以记录光彩的事情，也可以记录不光彩的事情，同样要运用情境、目标、行为和结果这四个要素。

问题：模仿安妮的关键事件记录对学校的舍务老师的工作进行关键事件法的运用。

□ 实践训练题

场景：某家房地产企业准备对销售部的10名销售员进行年度绩效考评。

操作：如果你是这家企业的绩效主管，请你选用行为导向型考评方法中的一种考评方法进行销售部员工的绩效考评，设计具体的绩效考评过程和绩效考评表。

第7章 结果导向型考评方法

学习目标

知识目标：

明确结果导向型考评方法的含义；了解结果导向型考评方法的种类；熟知结果导向型考评方法的实施；掌握结果导向型考评方法的优缺点。

能力目标：

能够掌握目标考评法的设计技巧。

素养目标：

联系实际，深刻领会党的二十大报告中提出的“完善能源消耗总量和强度调控，重点控制化石能源消费，逐步转向碳排放总量和强度双控”的城市结果导向型考评。

案例研讨

美国公务员的绩效管理

美国联邦政府从1993年至21世纪初先后进行了两次重大的公务员制度改革，着手对公务员实施目标管理评价法。在1993—2000年的“重塑联邦政府”运动期间，推出了被称为“重塑人力资源管理”的公务员制度改革。“重塑人力资源管理”既要解决传统公务员制度中存在的种种问题，也是为了实现制度变革的需要，即形成一种“既以功绩制和公正为基础，又能够适应目前的管理需要和面向未来的公务员制度”。该项改革确立了四项指导原则：由过程或程序导向转变为结果导向，赋予联邦政府各行政机构以及管理者对结果负责的职责，结果又与本机构的使命及目标相联系；由集中管理转变为授权管理，按照放权或授权原则，联邦政府公务员管理机构通过向各行政机构授权，使“行政机构和管理者拥有他们自己的人力资源管理的实施制度”；由刚性规则管理转变为弹性管理，即在简化规则的基础上使联邦政府行政机构及管理者在适用人事规则时具有适度的弹性或灵活性；由服从性管理转变为激励性管理，以体现组织使命及目标的成果作为评判人力资源管理价值的准则，驱使被管理者主动追求贡献于组织使命及目标的工作成果。可见，目标管理评价法是管理者与下级公务员之间双向互动的管理过程，它是由公务员和管理者共同协商制定个人的绩效目标，个人的绩效目标依据政府的战略目标及所在的部门绩效目标来确定，并与政府战略目标及部门目标尽可能保持一致。

这一案例表明：目标管理法（management by objective，MBO）是一种常用的结果导向型考评方法，它能使对员工的绩效考评落到实处，在实施过程中也需要注意一些问题。

结果导向型考评方法强调考评员工的绩效结果，即考评员工的工作成绩和结果。许多组织是以员工的工作结果而不是特征或工作行为表现来对员工进行绩效考评的。结果导向型考评方法中的每一个绩效考评标准都直接与员工的工作结果是否对组织有利相联系。例如，对销售员的绩效考评以销售量为基础，对部门经理的绩效考评以部门利润增长量为基础；对生产线员工的绩效考评以生产量、废品率或次品率为基础。结果导向型考评方法可以直接将员工个人绩效目标与企业绩效目标相结合。用于考评员工工作绩效的结果导向型考评方法有多种，具体方法有目标管理法、绩效标准法、直接指标法、成绩记录法和生产能力衡量法等。

7.1 目标管理法

7.1.1 目标管理法的含义

美国管理学家彼得·德鲁克在其1954年出版的《管理的实践》一书中率先提出了目标管理和自我控制的主张，认为组织的目的和任务必须转化为目标。组织如果没有总目标及与总目标相一致的分目标来指导职工的生产和管理活动，则组织规模越大、人员越多，发生内耗和浪费的可能性越大。简言之，目标管理是让组织的管理人员和员工亲自参加工作目标的制定，在工作中实行“自我控制”，并努力完成工作目标的一种管理制度。目标管理法体现了现代管理的哲学思想，把是否达到了由员工和管理者共同制定的绩效目标作为绩效考评依据。

绩效是人们所做出的、同组织目标相关的、可观测的、具有可评价要素的行为，以及这些行为的产出或结果。将绩效界定为“结果+过程”是很有意义的，这一观点在目前所获得的认同度最高，因为使结果的产生最直接的动因就是行为，而结果又是评估行为有效性的一种方法，出于这样的逻辑关系，行为和结果的统一体即为绩效。

目标管理法用可以观察和可以衡量的工作结果作为考评员工工作绩效的标准，以制定的目标作为对员工考核的依据，从而使员工个人的努力目标与组织目标保持一致，减少管理者将精力放到与组织目标无关的工作上的可能性。

7.1.2 目标管理法的实施

实施目标管理法这种考评方法的过程就是管理者与被考评员工签订一个“合同”，双方约定在某一个具体的时间达到某一个特定的绩效目标，员工的绩效水平就是根据这一绩效目标的实现程度来考评。管理者与被考评员工讨论确定的个人绩效目标可以是产量、合格率、返修率、销售量、销售额和销售利润等，然后以这些绩效考评目标作为对员工考评的依据。

目标管理法的实施过程是一个绩效考评的循环系统（如图7-1所示），目标管理法从确定组织的绩效目标开始，经过绩效考评循环最终又回到组织绩效目标的确定。这一目标管理考评系统可以充当绩效目标的确定系统。

目标管理法的实施程序如下：

第一步，确定企业共同目标和企业绩效的衡量标准。由高层管理者确定企业的总体绩效目标，明确企业整体的发展方向，提出企业发展的中长期的战略目标以及短期的工

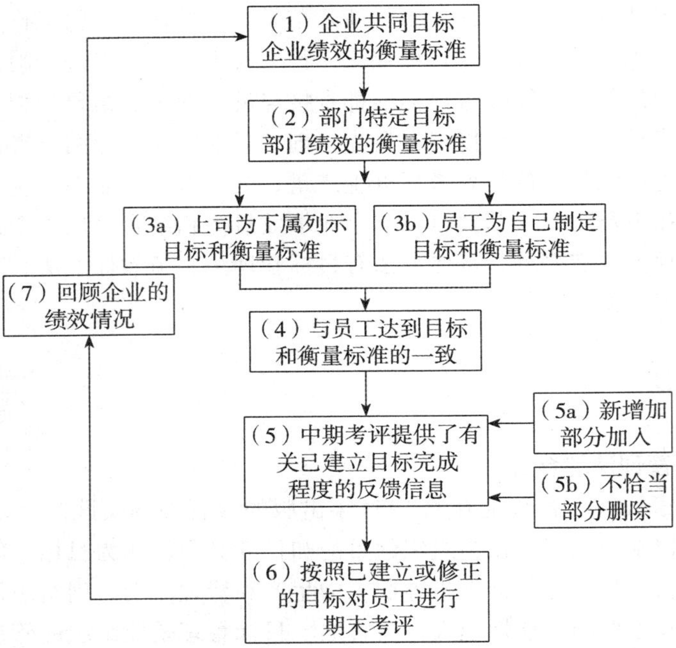

图7-1　目标管理法的实施程序

作目标。

第二步，根据企业共同目标和企业绩效分解确定部门目标和部门绩效的衡量标准。

在企业的总体绩效目标确定的情况下，进行目标的逐级分解，最终把目标分解为各个部门的绩效目标，再确定部门绩效的衡量标准。

第三步，以部门目标分解为基础，管理者和员工一起讨论确定员工的个人绩效目标和衡量标准，这个步骤体现了目标管理法最主要的特征，就是由员工参与确定个人绩效目标的过程。把每个部门目标分解为部门内每名员工个人的绩效目标，作为对员工进行绩效考评的依据。制定绩效考评目标时，应注意绩效目标的具体性和客观性，绩效目标的数量不宜过多；绩效目标应做到可量化和可测量，且长期目标与短期目标并存；设立绩效目标的同时，还应确定达到目标的具体实施程序和时间表。

第四步，员工制定目标后与上司进行讨论和修改，并最终使管理者和员工就绩效目标和衡量标准达成一致，员工在参与制定个人绩效目标时，还必须确定实现个人绩效目标的具体步骤。

第五步，对被考评员工进行中期考评，管理者观察和控制员工完成个人绩效目标的进展，根据绩效目标完成程度指导员工的工作行为，并可在必要时修正员工的个人绩效目标。

第六步，在一个绩效考评周期结束时（一般来说，目标管理法可以以半年或一年为一个绩效考评周期），安排时间对绩效目标进行分析和评估。按照已建立或修正的绩效目标对员工进行期末绩效考评，就是被考评员工用其所能得到的实际绩效数据对其所完成的工作进行自我考评，然后由管理者和员工一起对员工的自我考评进行检查。

第七步，回顾企业的绩效情况和员工个人绩效目标与企业共同目标之间的联系，同时开始下一个绩效考评周期的企业共同目标和绩效衡量标准的确定。

为考评员工的绩效，可以将员工的工作成绩与目标相比较来计算差异，这种差异可以用百分比计算，从而显示出实现的目标（等于100%）、超过的目标（大于100%）和未达到的目标（小于100%），将之与员工的各种奖励和绩效差异建立起联系。目标管理法并不局限于在年度绩效考评中应用，企业可结合自己的实际情况实施不定期的绩效考评，使员工的注意力集中在组织新的共同目标上，并引导员工的工作行为和表现。

互动课堂7-1

目标管理法在实施过程中应注意的事项

在实施目标管理法的过程中经常会遇到各种问题，必须加以重视。

第一，使用目标管理法进行绩效考评时存在着短期行为。与其他的绩效考评方法一样，绩效目标是一个指挥棒，指挥着员工的行为。例如，企业管理就像一个球队比赛，球队老板考评球队教练的主要依据是球队的成绩。为了在本赛季取得最佳成绩，球队教练会想尽一切办法，比如用一些成熟的球员，这样就不用花太多的时间去培养年轻球员，有助于本赛季目标的达成，但从长远来看，这样做必然牺牲了球队的长远利益。

解决目标管理法存在的短期行为问题有两个办法：一是可以适当延长绩效考评周期，将长短期绩效考评结合起来；二是把绩效考评的各个目标组合得更为合理，兼顾长期目标和短期目标。

第二，使用目标管理法进行绩效考评时存在着不可控因素。例如，公司在经营过程中会遇到不可控因素，如2020年新冠肺炎疫情暴发后，我国小微企业就遇到了巨大挑战。目标管理法中最核心的一个环节在于绩效目标的确定，绩效目标是决定目标管理法能否成功的关键。影响员工目标确定的不可控因素主要有：员工所从事岗位的工作职责、公司整体目标的要求和市场或者外部环境的变化。

员工所从事岗位的工作职责比较容易确定，关键在于市场环境的变化。任何市场预测都只是一种判断，都会与实际情况存在误差，而目标管理法需要严格按照绩效目标对照结果去考评，这时是否修改绩效目标就会成为一个问题。在完成工作目标的过程中，不可控制的因素是存在的，要想比较好地解决这一问题，可以在制定绩效目标的同时，要求制订达到这些绩效目标的行动计划。这样可能考虑得更为周全一些，使不可控因素的负面影响最小。

第三，日常员工的工作绩效反馈和绩效辅导必不可少。虽然目标管理法最终关注的是工作结果，但是缺少了工作绩效反馈和绩效辅导，肯定得不到预想的结果。

第四，管理者和员工要明确在达成绩效目标过程中需要哪些资源、可能会遇到哪些障碍，事先考虑得到这些资源是否现实、克服这些障碍是否现实等，目的是要把绩效目标落到实处。

销售员的销售目标呢？如果不考虑销售员之间的工作经验差异，给予同样的绩效目标就是不公平的。目标管理法必须很好地解决这些问题。

思考：这些注意事项带给你什么样的启发？结合新冠肺炎疫情暴发后我国小微企业遇到的巨大挑战，谈谈目标管理法应用时应注意的事项。

7.1.3 目标管理法的优缺点

1）目标管理法的优点

作为一种绩效考评方法，目标管理法得到了广泛的应用，因为目标管理法主要具有以下几个优点：

第一，由于目标管理法的考评指标直接反映员工的工作内容，绩效结果易于观察和衡量，所以目标管理法很少出现考评误差。

第二，目标管理法适合向被考评员工提供绩效建议、反馈和辅导。目标管理法能使员工个人的绩效目标与组织的绩效目标保持一致，能够减少员工将时间放到与组织绩效目标无关的工作上的可能性。研究表明，目标管理法具有较高的有效性。目标管理法通过观察和辅导员工的工作行为而提高工作绩效，也就是说，目标管理法作为一种有效的绩效反馈工具，使员工知道其被期望的工作结果是什么，从而把时间和精力放到最大限度实现绩效目标的行为中去。有研究进一步指出，当绩效目标具体并且具有挑战性时，被考评员工得到目标完成情况的反馈以及当其因完成目标而得到奖励时，员工表现得最好。

第三，由于目标管理法的实施过程有被考评员工的共同参与，所以被考评员工的工作积极性能得到提高，可以增强员工的责任心和事业心。

第四，目标管理法结合了绩效考评方法中行为考评和结果考评两个方面的优点，因为目标管理法在关注绩效结果的同时，也关注了达到结果的过程。

第五，从公平的角度来看，目标管理法较为公平，因为绩效考评目标是按相对客观的条件来确定的，因而目标管理法可以在一定程度上克服绩效考评过程中的偏见。

第六，目标管理法相当实用且实施费用不高，绩效目标的确定不需要像开发行为锚定等级评价法或行为观察量表法那样费事。

第七，运用目标管理法进行绩效考评能使员工和管理者之间的沟通变得更顺畅。

2）目标管理法的缺点

第一，目标管理法没有在不同部门的不同员工之间设立统一的绩效目标，因此，难以对不同部门间的员工工作绩效做出横向比较，不能为被考评员工以后的晋升选拔提供依据。

第二，尽管目标管理法使被考评员工的注意力集中在绩效目标上，但目标管理法没有具体指出达到绩效目标所要求的行为。

第三，目标管理法倾向于短期目标，就是在每年年度绩效考评时能加以测量的年度绩效目标，员工可能会为了达到短期目标而牺牲长期目标。

第四，目标管理法经常不能被管理者和员工接纳。管理者不喜欢目标管理法所要求的大量书面工作，管理者也担心员工参加绩效目标确定而削弱了自己的权力，有这样想法的管理者就无法准确地实施目标管理法的程序。而且，员工也通常不喜欢个人绩效目标带来的绩效压力和由此产生的紧迫感。

管理大师德鲁克倡导的目标管理在实践中得到了广泛的应用，特别是在绩效考评方面，目标管理使经营哲学从“工作本位”转向了“员工本位”。但是，对于目标管理法，一些管理者存在着以下几个误区，不同程度地影响了目标管理法的实施效果。

第一个误区，误认为目标管理法是万能的。目标管理法作为结果导向型考评方法，绩效信息包括了人、财、物和时间等许多工作内容。员工先要填写目标管理表，目标管理表就像一张完整的工作计划表，又像一张资源控制图，指导着员工向绩效目标迈进。等到绩效目标完成后，目标管理表又像一份回顾功过的工作总结。然而，目标管理法并不是解决一切管理问题的方法。有些管理者认为，既然目标管理表中明确了员工的工作目标和工作职责，只要员工履行好自己的职责，完成自己的工作目标，组织的工作流程自然会流畅起来，权责问题就会解决了。目标管理法最大的特点是侧重工作绩效目标，而不是工作方法和工作过程。目标管理法的实质是通过有挑战性和明确的目标，激发出员工的主观能动性和积极性。若把目标管理当成一个管理系统，用其处理组织工作流程中的所有问题，则是不现实的。

第二个误区，误认为目标管理法就是量化员工的工作内容。有些管理者认为，目标管理法只是将员工的工作内容量化。目标管理法只适用于决策权力较弱、不可控影响因素少的员工，对于组织的研发人员或存在较多不可控影响因素的工作，管理效果就不好了。斯内尔提出的三种人员配置模型，可以说明这个道理，人员配置模型有人-事匹配型、战略实施型和战略形成型。第一种情形以任务为导向，只通过传统的工作分析与目标任务描述就可以实现；第二种情形以目标为导向，这时目标是已知的，但实现方法可以由员工灵活掌握；第三种情形以使命为导向，这时环境高度不确定，只有清晰的使命，却无具体的目标。可见，目标管理法可以针对不同员工确定不同的工作绩效目标。一味追求量化员工的工作内容，不是目标管理的全部意义。

第三个误区，误认为目标管理法是监督工具。有些员工认为目标管理法不仅是绩效考评的方法，而且是一个绩效监督工具。正因为如此，被考评员工在填写工作绩效目标时会把容易完成的工作目标确定为主要绩效目标。更为不利的是，为了体现业绩，被考评员工用短期见效的绩效目标取代意义重大但长期才可见效的绩效目标。目标管理的初衷是帮助员工提高工作效率从而提高员工的工作满意度，而不是增加员工的负担进而让员工产生压迫感。员工可以通过目标管理法实现同事间工作的协调，减少工作资源的浪费，尤其是工作时间资源。因此，作为管理者一定要把好绩效目标的“权重关”，把工作内容按照重要性和紧急性划分为四象限；既重要又紧急、重要但不紧急、紧急但不重要、既不重要又不紧急。目标管理法强调“自我控制”“自我突破”，但并非放弃组织管理，只不过用双向沟通代替了单向沟通，能够更有效地保证组织绩效目标的实现。

7.2 绩效标准法

7.2.1 绩效标准法的含义

绩效标准法与目标管理法在绩效考评时基本相似。绩效标准法是采用更加直接的工作绩效考评指标进行绩效考评，通常适用于非管理岗位员工的绩效考评。运用绩效标准法进行绩效考评时，所采用的绩效考评指标要明确、可衡量、具体和合理，要有数量、质量、时间和空间方面的约束限制，在绩效管理中要规定完成绩效目标的先后顺序，保证被考评员工的绩效目标与组织的绩效目标保持一致。

7.2.2 绩效标准法的实施

在实施绩效标准法时，要先将被考评员工工作岗位的核心工作职责作为绩效考评指标，针对绩效考评指标确定绩效考评标准。确定绩效考评标准需要先确定员工在工作岗位上的平均产出，然后确定被考评员工的工作绩效标准，作为绩效考评的客观基础；同时，让被考评员工理解这些绩效考评标准与衡量方法，再根据被考评员工的工作结果对照绩效考评标准进行评价。

互动课堂 7-2

绩效标准法中绩效标准的特点

在实施绩效标准法考评员工的绩效时，需要依照绩效考评标准对被考评员工的工作绩效逐一进行考评，然后按照每一个绩效考评标准的重要性所确定的权重数，进行被考评员工的绩效考评分数的汇总。

思考：绩效标准法中绩效标准的特点是什么？

答：与目标管理法在绩效考评中的运用相比，绩效标准法具有更多的考评标准，而且在绩效标准法实施的过程中，绩效考评标准更加明确、详细和具体。

7.2.3 绩效标准法的优缺点

1）绩效标准法的优点

第一，由于被考评员工的多样性，所以，员工的个人品质存在着显著差异，有时员工某个方面好的绩效和另一方面差的绩效有共生性，采用绩效标准法可以避免这类问题，能对被考评员工进行全面的考评。

第二，绩效标准法为被考评员工提供了明确的工作努力方向，对员工具有更加明确的导向和激励作用。

2）绩效标准法的缺点

第一，绩效标准法的缺点是需要运用较多的人力、物力和财力。

第二，绩效标准法需要付出较高的绩效考评管理成本。

7.3　直接指标法

7.3.1　直接指标法的含义

直接指标法是在考评员工的工作绩效时，采用可衡量和可监控的绩效考评指标构成若干个绩效考评要素，将这些绩效考评要素作为对被考评员工的工作绩效进行绩效考评的核心根据。

7.3.2　直接指标法的实施

在实施直接指标法考评生产和销售等非管理岗位员工的工作绩效时，可以考评其工作数量和工作质量等绩效考评要素。考评员工工作数量的绩效考评指标主要包括产量、工时利用率、生产利润、销售量、销售额、销售利润等；考评员工工作质量的绩效考评指标主要包括合格率、不合格品返修率、废品率、产品包装缺损率、客户满意度、客户不满意度、客户投诉率等。而考评管理岗位员工的工作绩效时，可以使用出勤率、员工满意度、员工流动率等绩效考评指标。

7.3.3　直接指标法的优缺点

1）直接指标法的优点

第一，直接指标法在绩效考评的实施过程中简单易行。

第二，直接指标法在绩效考评时能节省人力、物力和绩效考评的管理成本。

2）直接指标法的缺点

第一，直接指标法对组织的基础管理能力要求较高。

第二，直接指标法需要统计组织的各种原始工作绩效的记录，特别是一线工作员工的工作统计记录，增加了一定的管理费用。

7.4　成绩记录法

7.4.1　成绩记录法的含义

成绩记录法是新开发出来的一种绩效考评方法，比较适合于各类组织中从事科研和教学工作的员工。例如，成绩记录法可以运用到对学校教师、工程技术人员等员工的绩效考评。这是因为，此类员工每天的工作内容不尽相同，所以无法用完全固定的绩效考评指标对这类员工进行绩效考评。

7.4.2　成绩记录法的实施

成绩记录法的实施步骤：首先，由被考评员工根据自己的工作情况，把自己与工作职责有关的工作成绩写在一张成绩记录表上；然后，由被考评员工的上级管理者来验证这张成绩记录表上被考评员工工作成绩的真实性和准确性；最后，由外部的绩效考评专家根据这些成绩记录表上的工作成绩，考评被考评员工的工作绩效的高低。

7.4.3　成绩记录法的优缺点

1）成绩记录法的优点

第一，成绩记录法中记录的工作成绩明确，易于理解和执行。

第二，成绩记录法有很强的适用性和有效性。

第三，成绩记录法易于识别工作成绩好的和工作成绩差的员工。

2）成绩记录法的缺点

第一，因为成绩记录法需要从外部请来绩效考评专家参与绩效考评，因此，人力和物力的消耗较高。

第二，因为成绩记录法需要被考评员工自我考评、上级管理者考评和绩效考评专家考评，绩效考评的时间较长。

7.5 生产能力衡量法

7.5.1 生产能力衡量法的含义

生产能力衡量法是一种对生产能力进行衡量以及向组织的所有员工提供反馈信息的方法。生产能力衡量法的主要目标是激励组织的所有员工向着更高的生产水平努力。

7.5.2 生产能力衡量法的实施

生产能力衡量法的实施主要包括以下几个步骤：

第一步，组织员工共同确定希望达到的产出、规模及目标。组织的生产能力通常取决于其能够在何种程度上达到这些产出、规模及目标。

第二步，界定出能够代表组织这些产出、规模及目标的绩效考评指标。这些绩效考评指标是用来考评组织实现这些产出、规模及目标的程度。

第三步，确定所有绩效考评指标的总量以及同这一总量有关系的各种总体绩效水平。

第四步，建立一套绩效反馈系统，向所有员工和工作群体提供关于在每一个绩效考评指标上所得到的特定绩效水平的信息。

第五步，总体生产能力分数可以通过将每一个绩效考评指标上的有效得分进行汇总计算得到。

7.5.3 生产能力衡量法的优缺点

1）生产能力衡量法的优点

第一，生产能力衡量法在提高组织的生产能力方面很有效。

第二，生产能力衡量法能够建立一种有效的绩效反馈评价系统。

2）生产能力衡量法的缺点

第一，由于生产能力衡量法属于一种相对较新的绩效管理技术，因此，它只是在很少的一些场合中被采用，而且运用生产能力衡量法比较耗时。

第二，运用生产能力衡量法考评员工绩效时，可能被员工所不能控制的某些外部因素所影响。例如，销售员工所负责地区的市场环境比较差或生产员工不能得到充足的原材料供给等因素，这些因素都将影响员工绩效结果。因此，要求员工对那些不能控制的外部因素所影响的绩效结果承担责任是不合理的。

第三，生产能力衡量法由于注重结果，会引起员工的短期行为而忽视长期结果。例如，生产员工可能为了减少维修成本而使生产机器受损。此外，任何一个需要与别人合作的岗位都不可能仅仅以生产能力作为绩效考评标准。例如，团队能力、适应能力、创新能力和人际关系能力等因素，都可能对被考评员工的工作绩效产生重要的影响，如果这些因素是重要的工作绩效考评内容，那就应该把这些因素增加到绩效考评指标中。

在品质型的绩效考评方法中，常常使用员工的个人品质作为绩效考评的标准；同时，考评者的作用类似于法官的作用。运用目标管理法，绩效考评过程的关注点便从被考评员工的工作态度和行为转移到工作结果上，考评者的角色也从法官转变成为员工绩效改进的辅导者。此外，员工也从消极的绩效考评旁观者转换成了积极的绩效考评参与者。支持结果导向型考评方法的绩效管理专家认为结果导向型考评方法更客观，也更容易为员工所接受。例如，依据销售量和生产量等工作结果进行绩效考评可以避免主观判断，从而减少了产生主观偏见的可能性。结果导向型考评方法促使员工对其工作结果负责，使员工在选择完成工作任务的方法时比较谨慎。

基础训练

1.结果导向型考评方法有哪些？

2.目标管理法的含义和实施步骤是什么？

3.目标管理法的优、缺点有哪些？

4.绩效标准法的实施步骤是什么？

5.直接标准法的实施步骤是什么？

6.成绩记录法的实施步骤是什么？

7.生产能力衡量法的含义和实施步骤是什么？

综合应用

□ 案例分析题

案例1

王永成功塑造高绩效的工作团队

王永于5年前进入一家生产日用消费品的中外合资企业工作，并在生产管理部担任负责人。生产管理部共有4位员工，他们是进入公司1年的B先生与C小姐，进入公司3年的D先生与E小姐。在进入此部门两个星期后，王永了解到B先生做事有条理，交给他做的事总能按计划完成，但是B先生在工作中主动性不够。C小姐活泼开朗，经常会在工作中提出一些新点子，但是做事欠缺条理性。D先生从公司刚成立就已在此部门工作，经验丰富，而且工作积极主动。E小姐与D先生同为公司资深员工，工作经验丰富，且在公司人缘很好，在公司各个部门都有好朋友。

4年前公司ERP系统成功上线后，经过业务流程重组，王永负责的生产管理部主要有以下五项工作职责：

(1) 制订生产计划。(2) 制订产能计划。(3) 安排日常生产排程。(4) 制订采购计划。(5) 制订分销资源计划。

王永利用业务流程重组的机会，将手下4位员工的工作职责进行了重新划分，经验丰富的D先生被安排负责制订生产计划与产能计划，经验同样丰富的E小姐负责制订分销资源计划。B先生负责安排日常生产排程，C小姐负责制订采购计划。由于部门内所有人在公司上马ERP项目的时候都接受了完整的系统培训，又都有相关工作经验，所以大家很快就熟悉并胜任了各自的工作。

本部门工作的完成情况要与其他部门配合，所有的工作都需要与人沟通才能完成，所以，王永在部门内一直强调沟通的重要性。

王永在部门中一直提倡创新观念，他本人就一直提出各种各样新的观点和想法来帮助大家更好地完成工作。通常，D先生会帮助王永将他的设想落实，如制定操作程序等，B先生和C小姐也经常会对这些设想提些建议，而E小姐小心谨慎，她会考虑新设想对各方面的影响。由于王永的倡导，部门内逐步达成了一些共识，如“鼓励提出不同意见”“不能提出改进意见，就不要反对别人的观点”“不提出改进意见，就完全按别人意见做”等。

经过这几年的发展，生产管理部门内已形成一个工作绩效高、学习能力强、工作满意度高、内部凝聚力强的团队，成员都以在这个团队中工作为荣。

问题：王永塑造高绩效团队的成功经验是什么？

案例2

某公司是一家小型公司。创业初期，公司把降低成本、提高销售额定为经营总目标。由于业务繁忙，公司没有时间制定一套正式的、完整的绩效考评制度，只是由以前公司老总王某兼任人力资源总监，采取了一些补救措施。如：他会不定期地对工作业绩好的员工提出表扬，并予以物质奖励；对态度不积极的员工提出批评；一旦员工的销售业绩连续下滑，他会找员工谈心，查缺陷，补不足，鼓励员工积极进取。

这几年公司的发展非常迅速，已经由最初的十几个人发展到现在的上百人。随着规模不断扩大，管理人员和销售人员数量的增加，问题也出现了：员工的流失率一直居高不下，而且士气也不高。王某不得不考虑，是否该建立绩效考评的正式制度，以及如何对管理人员实施考评等问题。

问题：请你对该公司的绩效管理做出分析，为销售人员和管理人员设计一套行之有效的绩效考评方案，并说明该设计的基本依据。

□ 实践训练题

表7-1是某电商企业的运营绩效考核表，考核项目由能力、业绩、态度和加分项构成。

表7-1 **运营绩效考核表**

考核项目	考核指标		评分标准	主管评分
能力（30分）	1	月度运营计划执行情况	9分	
	2	策划能力（工作计划性处理，并安排完成工作的先后次序）	7分	
	3	组织能力（能有效地分配资源及妥善组织各项工作）	7分	
	4	控制能力（主动承担更多的责任，尽责完成指派的工作）	7分	

续表

考核项目	考核指标		评分标准	主管评分
业绩（50分）	5	月度销售指标完成率80%（实际销售额/计划销售额）	15分	
	6	退货率低于3%	6分	
	7	宝贝标题与页面SEO优化	6分	
	8	站内活动申报成功数	6分	
	9	站外活动申报成功数	6分	
	10	营销活动策划成功数	6分	
	11	宝贝违规与降权的处理	5分	
态度（20分）	12	纪律性（遵守公司各项政策，少迟到、早退、事假等）	4分	
	13	执行力（按时提交工作报表，保质保量完成工作）	4分	
	14	服从性（遵守上级指示，及时向上级汇报工作）	3分	
	15	责任心（主动承担更多的责任，尽责完成指派的工作）	3分	
	16	进取性（主动学习，态度积极，能接受新工作及事物）	3分	
	17	团队精神（积极主动与同事或部门合作，共同完成工作）	3分	
加分	18	提出有益于对公司运作或团队发展的合理化建议	10分	
标准总分值：			110分	

请大家按照以下情境进行模拟操作。

场景：某家电商企业准备对员工进行绩效考评。

操作：如果你是这家企业的绩效主管，请你设计一个具体的绩效考评方案。

第三篇
操作流程篇

绩效管理工作是一项逻辑性非常强的工作。绩效管理在企业实践操作中主要有以下四个流程：绩效计划、绩效实施、绩效反馈、绩效考核结果的运用。学生通过操作流程篇的学习，可以很好地把握绩效管理工作的操作流程，为将来做好绩效管理工作奠定基础。

【内容架构】

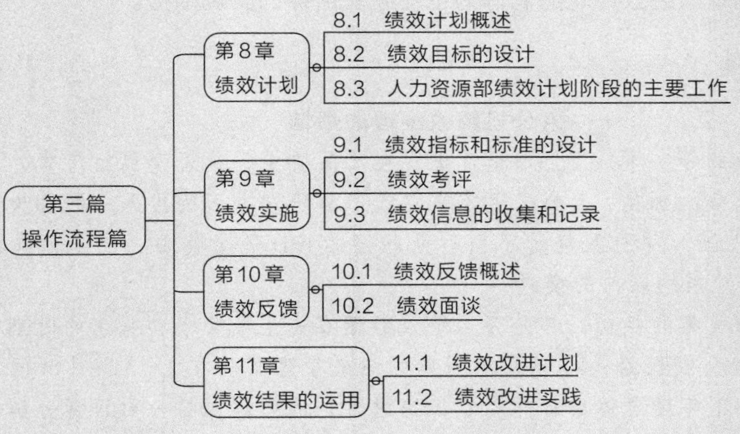

第8章 绩效计划

学习目标

知识目标：

了解绩效计划的含义、内容、特征、作用；理解绩效计划准备阶段的要点；掌握绩效目标的来源、类型、衡量标准；明确绩效目标的设定方法和程序。

能力目标：

能够掌握绩效计划制订要点。

素养目标：

能够通过组织绩效计划的制订为企业经营目标的实现服务。

案例研讨

A公司绩效经理的烦恼

作为家电行业的领头羊，A公司非常重视在产品质量、销售（包括广告）和生产方面的投入。随着竞争的加剧，A公司近年来在新产品研发方面的投入不断加大，组建了一定规模的研发队伍，并引入经过不同行业验证的IPD研发模式。但是，在绩效管理上，A公司还是继续采纳以前的模式……

每年的年底和次年的年初，都是公司绩效经理石先生最紧张和头疼的时期，总经理将绩效管理工作完全授权给人力资源部下属的绩效管理科。在2～3个月时间内，石先生要根据总经理对下年度总体目标的指示，经过自己的理解，将公司目标分解为市场体系、研发体系、生产体系、财经体系等分目标，并要和这些体系的主管副总、各个职能部门经理分别进行一对一沟通，达成一致，最后总经理拍板决定。在各大主要体系的绩效目标制定过程中，市场、生产和财经体系相对容易，而研发体系是最难的。研发体系涉及的很多内容很难量化，如何设定目标？很多部门对石先生提出的指标有异议，甚至以人力资源部门不懂业务为由拒绝接受。

这几年石先生花了不少时间来了解各个部门的业务，包括产品和技术、IPD研发管理体系、市场营销、供应链等业务知识，但还是被各个部门主管认为是外行。绩效目标的达成率影响部门的考评，并直接和各个部门的工资、奖金挂钩，所以各个副总和部门经理对选取什么指标以及目标值设定都非常重视，都从自己部门的角度出发对指标的合理性进行“可行性研究”，尽量避免设定过高的绩效目标导致本部门最终的绩效考核分数不高。

还好，绩效目标终于定下来。对于这份自己都不太满意的计划，各个副总、部门经理总算没有意见。总经理公务缠身，没有太多时间参与绩效计划的制订，在各副总和各部门经理都达成一致情况下，他大笔一挥签字同意，由人力资源部门下达给各部门执行。各个部门再根据同样的方法往下传递。每到季度考核和年度考核时间，石先生的工作是采集各种绩效数据，计算出各个系统和部门的绩效考核结果，同目标进行对比打分。通常情况下，各个部门都能完成目标，相应地，每年的工资和奖金都稳步增长。一切都表明，绩效管理制度似乎还不错，指标完成率在90%～110%之间，并且每年的计划准确率都在提高。但是公司总体目标却总是达不到，总经理非常不满意。一些目标，比如技术积累、新产品竞争力、竞争地位等“软性目标”，反倒感觉和竞争对手的差距越来越大。之所以产生以上问题，主要原因在于以下八个方面：

1.公司总体绩效目标不明确。

2.总经理和各级业务/部门主管没有将绩效管理工作当成最重要的日常工作之一。

3.总经理不适当授权，导致缺少上下级之间的目标充分沟通环节。

4.各部门绩效目标的制定没有以公司目标为导向。绩效管理的最终目的是要达成公司目标，各个部门绩效计划应当以公司目标为出发点，并和各个部门的日常经营活动相结合。

5.绩效管理部门工作重点和职责错位。在A公司的绩效管理实践中，人力资源部门成了绩效管理的主角，并在一定程度上承担了监督和控制的职能。

6.跨部门绩效指标无法落实到具体部门。在绩效计划制订过程中，石先生和各个部门是单独沟通的，他没有足够的权威召集跨部门会议以协调解决部门之间的冲突。各个部门在寻求部门利益最大化过程中，忽略了公司目标。

7.A公司在组织上强调“部门负责制”，各部门均拥有强大的行政管理体系，导致绩效计划在各个部门有各自不同的贯彻方式。

8.绩效考核依赖绩效计划，而考核结果和薪酬直接挂钩，导致各部门从自身利益角度出发倾向于制定对自己有利的目标。

从以上案例我们发现：绩效计划的制订是绩效管理的首要环节，也是绩效管理的核心，这个环节的工作质量决定了整个公司的绩效管理工作是否围绕公司目标进行。这个环节如果没有做好，后面的绩效实施、绩效反馈和结果应用三个环节就会失去方向，最终会导致整个绩效管理工作的失败。

8.1　绩效计划概述

8.1.1　绩效计划的含义

制订绩效计划是企业实施绩效管理的重要工作内容，通常的绩效管理工作包括计划绩效、监控绩效、评价绩效和反馈绩效四个部分。计划绩效，也就是制订绩效考核计划，是绩效管理工作的起点，为企业开展考核工作提供操作指南和基本依据。没有一套规范、严谨的绩效考核计划为基础，企业的绩效考核工作将处于盲目和混乱的状态，无法发挥绩效管理对企业经营发展的控制和引导作用，最终也会导致考核工作流于形式。因此，对于任何要实施绩效管理的企业来说，制订绩效考核计划，是实施考核工作的前置条件，必须引起重视。

“凡事预则立，不预则废。”绩效计划作为绩效管理的第一个环节和起点，在绩效管理过程中起至关重要的作用。从静态的角度看，绩效计划是一份关于工作目标和标准的契约；从动态的角度看，绩效计划是一个确定组织对员工的绩效期望并得到员工认可的过程。绩效计划必须清楚地说明管理者期望员工实现的工作结果以及为实现该结果管理者期望员工表现出来的技能和行为。在绩效计划阶段，管理者和员工应该经过充分的讨论和沟通，就员工在绩效周期内应该做什么、为什么做、需要做到什么程度、何时应做完、员工的决策权限等问题进行协商，促进相互理解并达成协议。绩效计划将个人目标、部门目标和组织目标联结起来，使员工全面参与管理、明确自身职责和任务。从具体的表现形式看，绩效计划是用于指导员工行为的一份计划书。通过制订这样一份计划书，确定了员工的绩效目标，约定了员工的成功标准，员工可以了解本周期绩效的工作安排和目标，并了解将会遇到的障碍和可能的解决办法。

绩效计划的制订是一个自上而下的目标确定过程，从公司最高层开始，将绩效目标层层分解到各部门，最终落实到个人。绩效计划是绩效目标实施的指导，由于所处层次的不同，绩效计划可分为组织绩效计划、团队绩效计划、员工个人绩效计划。在不同层次上，绩效计划的表现形式各异，但都包含宗旨、目标、战略和策略、政策、程序、规划、预算等。

8.1.2 绩效计划的特征

与传统的计划过程以及管理活动的其他计划类型相比，绩效计划具有以下特征：

1）绩效计划的制订是管理者与员工之间双向沟通的过程

沟通贯穿于绩效计划制订的全过程。计划和目标制订过程如下：首先是由最高管理者制定组织总目标，之后依据组织结构层层分解，是一个自上而下的单向传递过程。而绩效计划的制订则强调通过互动式的沟通，使管理者和员工对绩效目标的制定及实现途径达成共识。这种沟通是双向沟通，管理者与员工之间的信息交流既自上向下传递，也自下向上传递，在这个过程中管理者与员工双方都负有责任。在制定各级目标时，要保证每个员工都有发言权，同时鼓励下级员工在上级目标的制定过程中积极参与。组织的预定目标自上而下层层分解，同时又自下而上层层承诺，各层次的目标从而得到相互支撑并最终实现。

为了实现预期的绩效目标，绩效计划的内容除了包含最终的个人绩效目标之外，还应该包含这样的内容：管理者与员工双方应该做出什么样的努力、进行怎样的技能开发、采用什么样的方式等。

（1）管理者应该向员工说明的五个主要事项

① 组织的整体目标是什么？

② 为完成组织的整体目标，员工所在部门的目标是什么？

③ 为达到组织整体目标及各个部门的目标，对员工的期望是什么？

④ 对员工的工作应该制定怎样的标准？

⑤ 应如何确定完成工作的期限？

（2）员工应该向管理者说明的四个主要事项

① 自己对工作目标及如何完成工作的认识。

② 自己对工作不理解的地方及困惑之处。

③ 自己对工作的打算和计划。

④ 在完成工作过程中可能遇到的各种问题及需要提供的支持与帮助。

2）绩效计划是关于工作目标和标准的契约

在绩效周期开始的时候，绩效计划是管理者和员工针对员工的工作目标和标准达成一致的契约。在员工的绩效契约中，至少应包含下述内容：

① 在本次绩效期间内员工所要达到的目标是什么？

② 达成目标的结果是怎样的？

③ 这次结果可以从哪些方面去衡量？采用什么样的评判标准？

④ 员工工作结果的信息从何处获得？

⑤ 员工各项工作目标的权重各是多少？

⑥ 管理者和员工计划如何对工作的进展情况进行沟通？如何防止出现偏差？

绩效契约往往是以绩效任务书的形式出现，人力资源管理者、各职能部门经理、员工个人要就包含上述内容的绩效任务书达成一致，并签字认可。这样，这个绩效计划就被视为在绩效管理周期内员工开展工作，以及管理者对员工绩效完成情况进行评价的依据，见表8-1。

表8-1 **某公司销售区域经理绩效目标计划表**

受约人： 职位：区域经理 直接主管：销售部经理

绩效项目	产出	完成期限	衡量标准	评估来源	权重
销售收入	销售额	年底	达到2 000万元	主管评估	30%
新客户开发	新增月收入5万元以上客户	按月评估	1～2户/月	主管评估	20%
应收账款	应收款余额	按月评估	月均300万元	财务评估	15%
客户满意度	客户满意程度	年底	100%满意	客户评估	10%
退货率	退货	年底	≤2%	主管评估	5%
区域管理	管理效果	年底	满意	下属评估	10%
大客户培养	月均销售20万元以上客户	年底	5个/年	主管评估	10%

绩效周期：2023年1月1日到2023年12月31日

受约人签字： 主管签字：

日期： 日期：

3）绩效计划的制订是全员参与的过程

全员参与的绩效计划是指，组织中的所有人都参与到绩效计划的制订过程之中，每个人都对绩效计划的最终达成做出贡献。

关于人们对某件事情的态度形成与改变问题，社会心理学家进行了大量的研究，结果表明，人们坚持某种态度的程度和改变这种态度的可能性主要取决于两个因素：一是他在形成这种态度时卷入的程度，即他是否参与态度形成的过程，参与程度深会使员工产生主人翁意识，增强对组织的责任感；二是他是否为此进行了公开表态，即是否做出了正式的承诺，承诺会敦促员工更好地完成绩效计划。

在绩效计划阶段，让员工参与绩效计划的制订，并且签订正规的个人绩效合同，实际上就是让员工对绩效计划中的内容做公开承诺。这样，员工就会更加倾向于遵守这些承诺，履行自己认可的绩效计划。

8.1.3 绩效计划的作用

1）绩效计划是绩效管理系统中最重要的环节，具有指向作用

绩效计划是绩效管理的起点，是进行绩效管理的基础，同时也是对绩效管理的全面的系统设计。绩效计划不但为管理者的管理活动提供了依据，更为重要的是，绩效计划确定了绩效管理的活动方向，帮助员工找准路线，认清目标。

2）绩效计划可保证员工和组织目标的顺利实现，具有可操作性

通过绩效计划，组织目标被层层分解，落实到每个部门和每个岗位，确保了员工的工作目标和组织目标协调一致，从而使整个绩效管理过程目标明确。通过绩效计划，管理者和员工进行双向沟通，员工绩效实施过程中可能存在的问题和碰到的困难已经较为清晰，双方就员工的绩效目标，实现目标的行为、方式、过程和手段，以及需要组织提供的资源和支持达成一致。整个绩效管理过程具有可操作性。

3）绩效计划具有弥补作用

绩效计划通过科学的预测，可以帮助管理者在需要的时候对计划做出必要的修正，采取一些补救的措施。

8.1.4 绩效计划的内容

绩效计划包括三方面内容：关键绩效指标、工作目标设定和能力发展计划。

1）关键绩效指标（KPI）

关键绩效指标是企业宏观战略目标决策经过层层分解产生的，是操作性的战术目标，是用来衡量评价对象工作绩效表现的具体量化指标，是对结果绩效的评价方式。

KPI作为一种构建绩效指标的方法，不仅发挥了评价和监督员工行为的作用，还强调了组织目标在绩效评价过程中的核心作用，通过企业战略目标和员工的个人行为目标的结合，成为企业战略实施的工具。

KPI虽然强调了战略的成功实施必须有一套紧密相关的关键绩效指标来保证，但KPI只提供了由上到下对战略目标层层分解到部门和个人绩效指标的思路，没能提供完整的对操作具有具体指导意义的指标框架体系。战略平衡计分卡（BSC）的考核方法很好地解决了这个问题。

战略平衡计分卡将传统的财务指标和非财务指标结合，从四个维度评价绩效，包括学习与成长、内部运营、客户价值、财务四部分。BSC揭示了这四个方面深层的内在逻辑关系：学习与成长解决企业长期生命力的问题，是提高企业内部战略管理素质与能力的基础；企业通过管理能力的提高为客户提供更大的价值；客户的满意使企业产生良好的财务效益。

运用战略平衡计分卡建立关键绩效指标的步骤：

① 确定组织发展战略。

② 从平衡计分卡的四方面分析成功关键因素。

③ 确定成功关键因素与各主要业务流程之间的关系。

④ 确定各主要业务流程的关键控制点，形成组织的绩效指标体系，根据组织的绩效指标体系，结合部门的业务流程分解出部门的绩效指标体系。

2）工作目标设定（GS）

绩效不仅包括结果绩效，还包括过程绩效。工作目标设定是指员工在评估期内应该完成的主要工作及其效果，是对工作职责范围内的一些相对长期性、过程性、辅助性和难以量化的关键工作任务完成情况，即对过程绩效的评估方法。

工作目标设定能弥补完全量化的关键绩效指标所不能反映的方面，可更加全面反映员工尤其是基层员工的表现。

工作目标设定的步骤如下：

① 了解公司战略。

② 了解部门绩效指标。

③ 职务分析、设定工作要项。

④ 对关键结果区域设置绩效指标。

KPI和GS结合，能够让主管领导清晰了解企业关键价值驱动活动，让各层各类人员明确认识职位使命、工作要点。

3）能力发展计划

这里的“能力”是指根据企业发展及个人需要完成的工作任务和职责的整体要求。个人需要发展的能力与知识可以通过个人的行为来表现，从而为实现岗位关键绩效指标与工作目标提供帮助。

能力可分为专业能力和基础能力：专业能力包括知识和技能；基础能力包括理解、判断、决断力、应用、规划、开发力、表达、交涉、协调力、指导、监督力等。

制订能力发展计划的意义如下：一是帮助企业制定员工发展的整体框架，有利于企业现有人力资源的整体优化。二是可以将企业对个人能力的要求落实到人，落实到行动上。三是可以作为评估员工表现与所需发展领域方面一种统一的管理方法，帮助个人了解需要发展什么样的专业与管理能力；明确在何时、采取何种行动来发展这些能力；明确如何判断个人已具有这些能力，以形成持续不断、协调一致的个人发展能力计划。

员工绩效计划样表见表8-2。

表8-2 **员工绩效计划样表**

姓名： 职位：客户服务部经理 评估人： 职位：总经理				
关键职责：制定本部门工作职责、业务流程及操作规范；指导下属组织收集、整理、汇总客户信息，并向销售及业务部门反馈，受理、解决下属无法处理的客户投诉问题。				
一、关键绩效指标（总权重60%）	权重	目标指标	挑战指标	执行结果（1.未完成指标；2.达到目标指标；3.达到挑战指标）
客户满意度	50%	90%	95%	
用户服务态度（每月投诉量）	30%	5次	1次	
新增用户量	10%	30%	45%	
客户离网量	10%	5%	1%	
关键绩效指标评分：				

二、工作目标（总权重40%）	权重	工作目标完成情况：（1.未完成指标；2.达到目标指标；3.达到挑战指标）
每月至少对下属进行一次指导，以提高客户满意度	50%	
每月组织收集客户信息	30%	
及时处理所有用户投诉，提高客户满意度	20%	
工作目标完成结果评分：		
绩效评价总分：		

三、能力发展计划

发展领域	预期计划	行动结果
客户信息分析能力	参加市场营销、客户心理类培训	熟练掌握信息分析技巧，提供更有价值的信息
计算机操作技巧	参加中级计算机培训	取得证书，熟练运用数据库进行客户信息分析

8.2 绩效目标的设计

在确定绩效计划阶段，企业的高层及部门主管们最重要的工作就是制定绩效目标，因为绩效目标制定得准确与否将关系到整个企业绩效管理的成败。我们将从以下几个方面来说明绩效目标的制定方法与技巧。

8.2.1 绩效目标的特点及重要性

1）绩效目标的特点

一般来讲，绩效目标应至少具备这样一个特点：增值性。这个增值性指的是绩效目标对组织目标是具有增值作用的，该增值作用是指绩效目标的管理可以产生“1+1>2”的产出效果以及对组织有贡献行为的鼓励作用。此时的绩效目标不仅是连接个体绩效与整体目标的桥梁，而且是组织内部进行绩效沟通的基石。

2）设定绩效目标的重要性

在绩效计划阶段，主管需要和员工一起制定可衡量的、注重行为和业绩表现的工作目标。只有共同协商才能制定出最合适的绩效目标。因此，设定绩效目标的重要性在于以下几点：

（1）管理者在与员工相互理解、相互接受的基础之上制定绩效目标；

（2）减少存在于管理者和员工之间对他（或她）被期望取得的绩效结果的误解；

（3）明确每个员工在完成对部门和组织有重要意义的工作时的角色；

（4）通过提供明确的绩效目标，帮助员工对工作进展进行自我监控并给予充分的支持。

8.2.2 绩效目标的来源和类型

1）绩效目标的来源

管理者在设定目标时，一般应根据上一级部门的目标并围绕本部门的目标，围绕本部门的业务重点、策略目标和KPI，制订本部门的工作目标计划，以保证部门朝着公司要求的总体目标发展。然后，管理者根据具体职位应负的责任或KPI，将部门目标层层分解到具体责任人。如果员工目标和组织目标不能直接联系起来，那么整个绩效管理过程的努力都是白费的。因此，绩效目标大致有以下四个主要来源（如图8-1所示）。

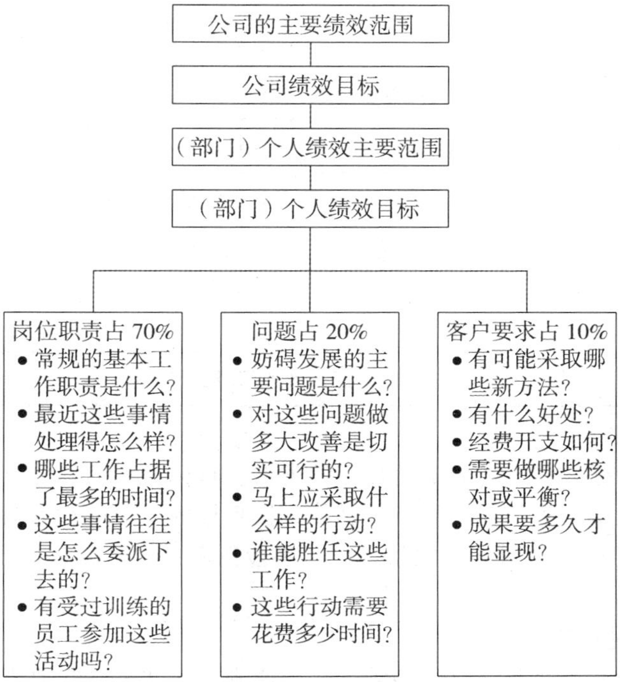

图8-1 绩效目标的来源

资料来源 杜映梅. 绩效管理［M］. 北京：中国发展出版社，2014.

（1）公司的战略目标或部门目标

在制定员工绩效目标时尤其要关注公司和部门的关键绩效目标，一定要以公司的战略目标为基础，否则就会出现以下情况：员工目标达成了，可是部门整体目标没有达成；部门目标达成了，公司的整体目标却没有达成。员工的绩效目标大多数宜直接来源于主管，也就是部门的绩效目标，只有以公司的战略目标为基础，才能保证每个员工都按照公司要求的方向去努力，公司的战略目标才能真正得以落实。

（2）岗位职责

岗位职责是描述一个岗位在组织中所扮演的角色，即这个岗位对组织有什么样的贡献和产出。岗位职责依附于岗位，相对比较稳定，除非该岗位本身从根本上发生变化。而绩效目标是对在一定条件下、一定时间范围内所实现的结果的描述，也就是说，绩效目标有一定的时间性和阶段性。在岗位职责比较明确的情况下，绩效目标的内容也会得到比较明确的界定。与岗位说明书相比，岗位工作目标的设定将使员工对岗位工作的预期变得更加清晰，同时也将工作任务落实到岗位和个人层面。

（3）工作改善和解决工作问题的要求

上一期绩效评估提出什么样的工作改善要求，工作中还存在什么样的问题需要在本期的绩效目标中加以解决，这些都会成为本期绩效目标的重要来源。

（4）内、外部客户的要求

市场每时每刻都在发生变化，公司要适应市场的需求，就要关注下一个流程的需要，就要关注客户的要求。组织的产出是通过生产流程完成的，而生产流程的目标和手段是由内、外部客户的需求驱动的，因此，在给员工设定绩效目标时，一定要兼顾内、外部客户的需求（见表8-3），只有这样，设定的目标才能实现“1+1≥2”的效果。

表8-3 **人力资源部涉及的内、外部客户**

涉及的内、外部客户	主要职责与内容
人力资源总监	协助人力资源总监处理日常事务，包括文件编辑、信函处理、客人接待、差旅安排
部门员工	协助人力资源部内部员工处理相关事务，包括文具领用、会议安排、问题咨询、5S管理
IT部门、财务部	协助公司IT部门、财务部门管理部门资产和信息文档，协助宣传IT、财务知识

2）绩效目标的类型

在设定绩效目标之前，应弄清楚目标的类型。目标类型的划分有许多种，可依据目标的性质、顺序、层次等角度来划分。例如，按目标的性质可划分为定量目标、定性目标；按目标达成的顺序可划分为成果目标、手段目标；按目标的层次可划分为总目标、次目标、个人目标。

8.2.3 绩效目标的设计原则

判定绩效目标是否有效，有很多种方式和原则，这些方式和原则反映的基本是一个思想，那就是要求标准必须是可衡量的或是可计算的。

在制定员工绩效目标时，管理者应遵循SMART原则。

1）绩效目标应该明确具体（specific）

所谓明确具体，是指绩效目标应该尽可能地具体化、明细化。由于员工的情况各不相同，绩效目标应该具体、明确地体现出管理者对每一名员工的绩效要求。只有将绩效目标要求尽可能表达得具体而明确，才能更好地激发员工为实现目标而努力，并引导员工全面实现管理者对他的绩效期望。例如，某客户经理的绩效目标为“三天内解决客户投诉”，而不应是“尽快解决客户投诉”。

2）绩效目标应该可衡量（measurable）

设定绩效目标旨在能够按照计划控制员工的行为，所以，目标只有能够衡量，才能有效反馈员工的行为。绩效可衡量，就是能够将员工的实际绩效表现与绩效目标相比较，即绩效目标应该提供一种可供比较的标准。例如，客户经理的绩效目标不应该是“提高客户满意度”，而应该是“24小时内答复投诉问题”。如果目标不具有可衡量性，我们将无法得知目标是否完成。绩效目标的可衡量性与绩效标准、绩效评价指标的可衡量性密切相关，这三者的可衡量性决定了绩效评价和反馈在绩效管理中的可能性。值得一提的是，可衡量并不意味着一定要绝对量化，可观察的行为也是可衡量的一种形式。

3）绩效目标应该具有行为导向（action-oriented）

绩效目标应该具有行为导向是指绩效目标应该能够引导员工的行为。也就是说，绩效目标不仅应该是一个可以衡量的最终结果，还应该包括在实现该绩效结果过程中对员工应有的行为约束。例如，不仅仅应该对营销经理提出“本月合同额实现……水平”这样的目标，还应该在目标中提出诸如“签订2份以上客户合同”等对行为进行引导的内容。

4）绩效目标应该切实可行（realistic）

针对员工个人的实际情况制定绩效目标，其目的就是要向员工提出切实可行的工作目标和方向，以激发员工更好地工作，从而实现管理者对他的期望。

绩效目标切实可行，不仅仅强调不应该制定不切实际的目标，还强调应该根据员工的工作潜力制定经过努力可以实现的、具有一定挑战性的目标。过高的目标容易使员工丧失信心，而目标过低又会导致员工难以发挥应有的水平，并且不利于员工发掘自身潜力。切实可行就是在这两者之间寻找一个最佳的平衡点，找到一个员工经过努力能够达到的、可行的绩效水平。

5）绩效目标应该受时间和资源限制（time and resource constrained）

绩效目标应带有时限要求和资源限制。例如，“在T时间内，投入不超过10 000元使M指标增长20%”，而不应是“短期内在合理投入的情况下使M指标增长20%”。这种时间和资源限制实际上是对目标实现方式的一种引导。当然，不论是时间还是资源的限制，都有一个程度的问题，应该根据管理者的要求和员工的工作能力等加以确定。

8.2.4 绩效目标的衡量标准

制定绩效衡量标准时，通常要区分两类标准：基本标准与卓越标准。

1）基本标准

基本标准就是合格标准，是指对某个被评价对象而言期望达到的一般水平。这种标准是每个被评价对象经过努力都能够达到的水平，而且，对某些职位来说，可以有限度地将基本标准描述出来。

基本标准的作用主要是用于判断被评价者的绩效是否能够满足基本要求。评价的结果主要用于一些非激励性的报酬决策，如基本工资、基本绩效工资等。

2）卓越标准

卓越标准，是指对被评价对象未做强制要求和期望但是经过努力可以达到的绩效水平。卓越标准的水平并不是每个被评价对象都可以达到，只有一小部分被评价对象经过努力才可以达到。卓越标准通常没有上限，它不像基本标准那样可以有限度地被描述出来。

由于卓越标准不是人人都能达到的，因此卓越标准主要是为了识别角色榜样。对卓越标准评价的结果可以决定一些激励性的待遇，比如额外的奖金、分红、职位晋升等。

通过设定卓越标准，可以让员工树立更高的努力方向和目标。卓越的目标本身就代表着组织所鼓励的行为。组织对做出这些所鼓励的行为的人，应给予相应的奖励。此外，在制定绩效标准的时候，务必要注意与员工进行充分沟通。在绩效循环中，绩效目标一定要由管理者和员工经过充分沟通，双方共同确定并完成。

基本标准和卓越标准的比较见表8-4。

表8-4 **基本标准和卓越标准的比较**

举例职位	基本标准	卓越标准
司机	•按时、准确、安全地将乘客载至目的地 •遵守交通规则 •随时保持车辆良好的性能与卫生状况 •不装载与目的地无关的乘客和货物	•在几种可选择的行车路线中选择最有效率的路线 •在紧急情况下能采取有效措施 •在旅途中播放乘客喜欢的音乐或在车内放置乘客喜欢的报刊以消除旅途的寂寞 •乘客选择率高
打字员	•速度不低于100字/分钟 •版式、字体等符合要求，无文字及标点符号的错误	•提供美观、节省纸张的排版方式 •主动纠正原文中的错别字
销售代表	•正确介绍产品或服务 •达成承诺的销售目标 •汇款及时 •不收取礼品或礼金	•对每位客户的偏好和个性做详细记录和分析 •为市场部门提供有效的客户需求分析 •维持长期稳定的客户群

8.2.5 绩效目标的设定方法

目标的设定方法一般分为传统式的目标设定和参与式的目标设定。

1）传统的目标分解法

传统的目标设定方法，目标由组织的最高管理者设定，然后分解成子目标落实到组织的各个层次上。这种方法更多地体现在自上而下向员工下达任务，体现出对员工的控制作用。其特点是：

① 单向的过程，从上往下，逐级设定。

② 对于上一级目标的理解很重要，根据上一级的目标来确定下一级目标是关键问题。也就是说，如何保证下一级的目标总和能够达成上一级的目标。

③ 事实上，这种方法在执行过程中很难操作，如果最高管理层完全用最高目标层层下压而企图完成总的目标量，那么结果可能是经过组织的层层过滤，最后落实到岗位的绩效指标就成为泛泛的目标语言描述，很难把这些目标转化为具体的执行过程的清晰描述，也就丧失了操作的基础。

2）员工参与目标设定方法

这种目标设定方法是由下级与上级经过沟通共同制定具体的绩效目标，并且定期检查完成目标的进展情况，是自上而下和自下而上反复的过程。管理者的目标一方面用来评估下属，另一方面用来激励下属。

在这种参与式的员工目标设定过程中，既要求设定目标，也要求明确完成这些目标的措施和手段。这种方法的特点在于，目标达成的程序是由上到下的。也就是说，首先公布总目标草案，经与各部门主管磋商并获同意后定案。其次，部门主管依据总目标设定自己部门的目标草案，经与各基层岗位商讨并获得支持达成承诺后部门目标定案。最后，各部门主管依据各部门的绩效目标定案，拟订部门内各岗位的个人目标草案，经与下属协商后定案。这种方法的特点如下：

① 目标成果逐级积累达成总目标。

② 目标不仅在上下级之间有“子母”性，其实在平行岗位之间也有关联性。这种关联性不仅体现在流程意义上，有时也体现在“目标一致”上。例如，销售部主管本期销售指标是500万元，那么落实到部门的5个销售代表，每人都要根据具体情况承担销售目标。这时，如果主管不把部门目标进行合理分配，或者没有和员工取得共识就定案，就很难让员工切实执行；即使有一个人完成了目标，部门也无法完成任务，就等于主管没有完成目标。因此，目标制定的过程一定是管理者和员工双方共同参与的过程。

总之，员工的绩效目标来源于员工的工作计划，但是无论员工个人的工作计划还是部门的工作计划，都应根据公司内部的经营状况、市场竞争状况、公司内部的财务状况进行不断调整，然后员工的绩效目标也要根据计划的调整进行相应的调整。试图用固定的指标去评估员工的绩效，是无法全面和公正地反映出员工的真实绩效水平的。

拓展阅读8-1

绩效目标与绩效指标的平衡关系

在设定绩效目标时应当注意各类绩效指标之间的平衡。常见的绩效指标有以下类型：

1. 结果绩效与行为绩效

结果绩效指的是员工在特定的条件下必须达到的阶段性成果，往往是可以用数字或时间等量化指标衡量的结果产出。行为绩效是指在员工完成任务成果过程中的行为表现必须达到的标准要求，即在实现结果产出过程中的行为是否遵守了公司相关价值观与规范方面的要求。很多跨国公司都在绩效目标中体现一定的价值观和行为要求，一方面可以引导员工的行为，另一方面也可以避免员工为了实现结果目标而不择手段。

2. 财务绩效与非财务绩效

财务绩效主要是从财务数据（定量）的角度来评价企业的绩效，一般以财务指标体系，如销售收入、净利润等作为绩效目标的主要部分。非财务绩效指标，一般包括客户关系、员工发展、业务创新、内部控制等指标，往往是取得财务绩效的动力和来源。在绩效目标设定的过程中应当注意两者的平衡，以使企业能够保持长期发展的竞争力。

3. 短期绩效与长期绩效

短期绩效主要以财务指标为主，体现组织目前的盈利能力，反映的是一种既定事实；但短期盈利能力不代表组织未来的竞争力，未来竞争力往往体现在对未来的投入即长期绩效目标上，如新产品研发、新市场开发、人才培养、业务转型等。如果在绩效目标中忽视对长期目标的关注，会导致员工急功近利，损失组织的未来利益。

4. 管理绩效与经营绩效

管理绩效指的是企业的内部效率，一般是企业高层为推进企业管理改善、提高内部运营效率而采取措施。为了推进这些措施，诸如资金集中管理、ERP使用情况等有必要列入绩效目标范围。经营绩效则是企业正常的经营目标，即外部业绩，通常用财务指标来衡量。一般来说，投资中心和利润中心更关注外部业绩，而成本中心则更关注内部效率。

8.3 人力资源部绩效计划阶段的主要工作

8.3.1 明确绩效管理的对象

1）绩效管理会涉及的五类人员

（1）考评者：涉及各层级管理人员（部门主管）、人力资源部专职人员。

（2）被考评者：涉及全体员工。

（3）被考评者的同事：涉及全体员工。

（4）被考评者的下级：涉及全体员工。

（5）企业外部人员：主要是客户、供应商等与企业有关联的外部人员。

在绩效管理的过程中，根据考评目的不同，有时需要由几个人共同对被考评者进行全面的考评，有时可能是部分人员分别对其进行考评。

2）五类人员参加考评工作所具备的优势

（1）上级考评

管理者（上级）是被考评者的上级主管，他对被考评者承担着直接的领导管理与监督责任，对下属人员是否完成了工作任务，是否达到了预定的绩效目标等实际情况比较熟悉，而且在思想上也没有更多的顾忌，能够较客观地进行考评。所以在绩效管理中，一般以上级主管的考评为主，其考评分数对被考评者的评价结果影响很大，占60%~70%。

（2）同级考评

同事通常与被考评者共同工作，相互协作、相互配合，被考评者的同事比上级能更清楚地了解被考评者，对其潜质、工作能力、工作态度和工作业绩了如指掌，但他们在参与考评时，常受人际关系状况的影响。在绩效管理中，同级的考评占有一定的份额，一般在10%左右，不会过大。

（3）下级考评

被考评者的下级与上述考评者不同，他作为被考评者的下属，对其工作作风、行为方式、实际成果有比较深入的了解，对其一言一行有亲身的感受，但他对被考评者又容易心存顾虑，致使考评的结果缺乏客观公正性，所以其评定结果在总体评价中一般控制在10%左右。

（4）自我考评

被考评者对自己的绩效进行自我考评，能充分调动被考评者的积极性，特别是对那些以“实现自我”为目标的人更显重要。但在绩效管理中，由于自我考评容易受到个人的多种因素的影响，使其有一定的局限性，所以其评定结果在总体评价中一般控制在10%左右。

案例8-1

米其林（Michelin）轮胎公司的“员工自我评估”计划

米其林轮胎公司曾实施过一项“员工自我评估”计划，作为对员工下放权力、促进团队合作、提升质量意识的手段。试验挑选了30名员工，要求他们完成一项评估表格，其间他们要针对工作效率、出勤率、质量、安全性、合作精神、责任感等多个项目进行自我评估。完成的评估表格将作为与试验员工所在部门的经理展开进一步讨论的基础。经理人员不必填表，他们能有更多的时间与下属进行交流。

（5）外部人员考评

外部人员即被考评者所在部门或小组以外人员，如直接服务的客户，他们虽能较客观公正地参与绩效考评，但可能不太了解被考评者的能力、行为和实际工作的情况，使其考评结果的准确性和可靠性大打折扣。在实际考评中，应当慎重采用外部人员考评形式。

8.3.2 培训考评者

考评者是保证绩效管理有效运行和工作质量的主体，在通常情况下，所有的考评者都应具备以下条件：作风正派，办事公道；有事业心和责任感；有主见，善于独立思考；坚持原则，大公无私；具有实际工作经验，熟悉被考评对象情况等。此外，参与管理的考评者的多少也会影响绩效考评的质量。

根据统计测量和数据分析的原理可知，考评者数量越多，个人的“偏见效应”就越小，考评所得到的数据就越接近客观值。然而，对企业来说，符合考评者的条件和要求，并熟悉被考评者的人数是有限的。因此，在绩效计划阶段，除了需要明确被考评者和考评者之外，还有一项重要的任务就是培训考评者。

按不同的培训对象和要求，绩效管理的技能培训可分为员工的培训、一般考评者的培训、中层干部的培训、考评者与被考评者的培训等。培训的内容一般应包括：

1）企业人力资源制度的讲解

人力资源部门对企业整个人力资源制度的结构和内容进行全面介绍。同时，还要站在企业目标和企业整体战略的角度上，对人力资源制度的运行情况以及未来的发展方向和模式做出阐述。让员工了解到考评制度是整个人力资源制度的基石，从而增强他们对员工考评工作的重视程度和对考评工作的责任感。

2）让考评者熟悉考评指标及标准

让考评者熟悉和了解在考评过程中将使用的各个绩效指标的真正含义。在培训时可以采用一些实例来进行说明，或进行模拟考评练习，以增强直观性。考评者如何理解绩效标准将在很大程度上影响他们对每个被考评者的考评结果。因此，使考评者对考评指标和标准有一个全面了解是实现绩效管理中的程序公平的前提条件。

3）针对考评者误区的培训

绩效考评中发生不准确的问题很多时候都是由考评者的主观错误引起的。因此，考评者培训中的一项重要内容就是通过培训告诉考评者在考评过程中可能会产生的考评误区，以防止这些误区的产生。

4）培训关于收集绩效信息的方法

为了使考评结果更有说服力，为绩效反馈提供充分的信息，对考评者进行这方面的培训也是培训的一个重要项目。一般可以采用讲座方式进行，还可以通过生动的录像来进行现场演示。事实上，根据不同岗位的不同工作性质，能够获取有关工作绩效信息的渠道各不相同，应根据被考评者的不同情况有针对性地进行培训。

5）绩效反馈沟通的培训

绩效反馈是一个考评者与被考评者之间的沟通过程。绩效反馈并不是一个简单的谈话，考评者应该通过这样一个沟通过程帮助被考评者更好地认识自身在工作中存在的问题。通过培训，管理者应该能够掌握绩效反馈面谈中运用的各种技巧。

在组织培训时，一般以短期的业余培训班为主，由绩效管理的专家或企业专职的绩效管理人员，按照事先确定的教学计划、教学大纲编写专门教案及实用教材，运用丰富多彩的授课方式组织教学与培训活动。

在以个体为对象（而不是以组织整体为中心）的绩效考评中，考评者的确定是由被考评者的工作岗位的性质和特点所决定的。在企业中，被考评者大致可以分为四大类：生产人员、管理人员、技术人员和市场营销人员。这四类人员所承担的工作任务的内容、作业环境和条件、劳动强度、工作责任和能力素质等具有明显的差别，在明确了这些人员的工作性质和特点之后，才能保证所设计的绩效考评体系具有针对性和可行性。

8.3.3 选择考评方法

在绩效考评的对象已确定的情况下，首先应当解决好采用什么方法进行绩效考评的问题。据不完全统计，自20世纪30年代以来，国外各个管理学派已经提出了20余种适合于企业不同类别岗位人员的考评方法，这些方法各具特色，具有不同的特点和适用范围。

在选择确定具体的绩效考评方法时，应当充分考虑以下四个重要的因素：

1）管理成本

在设计考评方法时，需要进行管理成本的分析，包括：考评方法的开发成本；执行前的预付成本，如绩效管理的培训成本，各种书面说明指导书的编写和印制的成本等；实施应用成本，如考评者定时观察的费用、进行评定回馈考评结果及改进绩效的成本。在管理成本之外，还存在着隐性成本的问题，如方法不得当，可能会引起员工的厌烦感和抵触情绪，乃至影响员工的士气，有时还可能诱发某种冲突或劳动争议，严重影响企业的正常生产经营活动。

2）工作实用性

任何一种考评方法，都必须体现实用性的原则要求，即考评方法应充分满足组织绩效管理的需要，能在实际考评中推广应用。如果一种方法需要耗费几年的时间才能设计出来，那么再好的考评工具也失去了实际的使用价值和意义。再如，一种考评方法虽然设计得“有理有据”，其考评的指标体系也十分完整，但是在实际应用时却发现有很多指标根本无法进行测量和评定，使这种方法的实用性受到很大限制，不得不进行全面的整合修改，甚至需要另起炉灶重新设计，这种方法就不具有实用性。总之，所设计的考评方法必须切实可行，便于贯彻实施。

3）岗位适用性

考评方法的适用性是指考评方法、工具与岗位人员的工作性质之间的对应性和匹配性，切实保证考评方法能够体现岗位的性质和特点。例如，行为锚定评价法和行为观察量表法，都要求考评者对下属员工的工作行为进行必要的观察，然后做出评估并打分。但实际上有很多岗位因自身特性不可能给考评者这种机会和条件，使考评者无法完成考评的全过程。一个典型的实例就是质量管理部经理不可能天天都深入到工作现场，观察并考评质量检查员的工作行为。同样，大学的校长也不大可能对教授在课堂上的教学行为做出全面准确的判断和评估，除非他能定期到教授的课堂上去听课，并持之以恒。此外，目标管理评定法更适合于实际产出能够有效进行测量的工作，例如，商厦前台的接待员其实际产出是不太可能进行测量的，只有对其工作行为进行考评才是有效的，比如：他们是否不厌其烦地回答了顾客提出的各种各样问题？是否和蔼可亲，礼貌待人？是否仪表庄重，站姿优美？一般来说，在生产企业中，一线人员宜采用以实际产出结果为对象的考评方法，而从事管理性或服务性工作的人员宜采用以行为或品质特征为导向的考评方法；在一些大的公司中，总经理、管理人员或专业人员宜采用以结果为导向的考评方法，而低层次的一般员工通常采用以行为或特征为导向的考评方法。

4）确定考评方法时依据的原则

（1）其成果产出可以有效进行测量的工作，采用结果导向的考评方法。

（2）考评者有机会、有时间观察下属需要考评的行为时，采用行为导向的考评方法。

（3）上述两种情况都存在，应采用两类或其中某类考评方法。

（4）上述两类情况都不存在，可以考虑采用品质特征导向的考评方法，如图解式量表评价法，或者采用综合性的合成方法，以及考评中心等方法。

基础训练

1.谈谈你对绩效计划的理解。

2.结合成功的企业案例，谈谈绩效目标的制定及达成对企业的重要意义。

3.人力资源部在绩效计划阶段的主要工作有哪些？

综合应用

□ 案例分析题

案例1

联想集团绩效目标的制定流程

联想集团围绕“静态的职责+动态的目标”两条主线，建立了职责与目标协调一致的岗位责任考核体系。

1.静态职责分解

以职责和目标为两条主线，建立以“工作流程”和“目标管理”为核心，适应新的组织结构和管理模式的大岗位责任体系。

2.动态目标分解

按照职责这条横线，与时间、目标这条纵线进行有机整合，使各部门、岗位之间的职责和工作关系有机地协调起来。

首先，联想把战略规划分为三个层次：集团战略发展纲要、子公司战略规划、业务部门战略规划。

其次，进行目标分解。为保证各项规划的实施，各牵头部门在与相关部门进行沟通与交流的基础上，将目标按职责分解到相关部门。各部门根据年度发展规划与目标，按职责和时间分解为部门的年度目标、季度目标，形成部门季度计划；重要岗位按月分解，制订月度工作计划；具体到员工，把企业宗旨和目标分解到个人的“岗位责任书”和“目标任务书”，为监控和考核打下扎实的基础。

各部门在制定年度规划的同时，制订各自的年度考核方案及季度分解方案。各部门将方案上报人力资源部，由人力资源部组织相关业务考核部门与被考核部门进行沟通、协商，最后确定部门考核方案，包括考核项目、权重、考核数据来源、评分标准等。人力资源部根据考核方案，计算考核得分，再根据部门类别对应计算分值并反馈给各部门。员工绩效考核则是由个人根据工作述职报告、绩效考核表自评打分，再与直接上级共同商定下一季度工作计划考核表，作为下一季度业绩考核的主要依据。直接上级在员工自评的基础上，对照工作计划考核表和员工的实际业绩及表现进行打分，同时对其下一季度的工作计划、完成效果、考核建议等进行审批，通常采用面对面交流或每季度一次的民主生活会形式。通过绩效面谈，告诉员工考核结果，肯定成绩，提出改进意见和措施，挖掘员工潜力，同时确定下季度工作计划，面谈结果双方签字认可。员工如果对考核评定过程有重大异议，有权向部门总经理或人力资源部提出申诉。所在部门及人力资源部为每位员工建立考核档案，考核结果作为工薪、年度奖金、干部任免、评选先进、岗位调换以及考核辞退的重要依据。

问题：通过分析联想集团绩效目标的制定流程，你认为其中的关键因素是什么？

案例2

北电网络的绩效目标管理

北电网络公司是一家历史悠久的电信公司，按照常理，它应该非常官僚，人浮于事。但是我们在北电看到的是大家都不讲级别，直呼其名，甚至在工作描述中只会突出职位的职责和贡献以及与团队的配合，不会特别重申级别。

北电网络公司在中国的市场推广和产品销售员工有500人，男女比例是6∶4，管理人员和员工的比例是1∶9，其中管理者中女性比例也很大，达到了1/3。

北电网络公司的员工考核主要分为两个方面：一方面是员工的行为，另一方面是绩效目标。每个员工在年初就要和主管定下当年最主要的工作目标是什么。以前北电是每年定一次目标，现在发展的速度变快，市场的变化也加快了，所以北电网络对员工的考核是随时的，经常会对已定的目标进行考核和调整。每个员工除了和自己的老板定目标，还有可能与其他部门一起做项目，许多人都会参加到同一个项目组里。所以，一个员工的业绩考核不是一个人说了算，也不是一个方面能反映的，而是很多方面的反馈。除了自己的主管外，还有很多共事的人对你进行评价，这就是360度考核。对员工的行为和目标的考核因为是经常性的，员工在工作中出现什么不足，会从周围的人或主管那里获得信息，所以一般不会出现到了年终总结时，考核结果让员工非常惊讶的现象，最多是有些不同看法，主管会与员工进行沟通，力求评估能够让员工获得非常积极的认识。

绩效评估有两种功能：一个方面是看以前的工作表现和业绩，也反映一个人的能力；另一个方面是看这个员工以后的发展，通过评估过程可以发现员工能够发展的地方，以及现在的工作或将来应该怎么样。北电网络公司许多不同级别的领导层是在评估中发现的，通过评估发现员工的这种潜能，员工就有可能入选管理层培养计划。

绩效评估结果是员工升职的一个参考。北电网络公司不会事先给个别员工特定考核，但是对每个升职员工一定有特定的考核，这个考核包括该员工的表现，也包括他的潜能。北电网络认为一个管理者的潜能包括四个方面：一是学习的能力，北电网络认为一名员工的学习能力比他的知识和经验可能更重要，因为市场在发生快速变化，知识不断更新，学习的速度和能力是非常关键的素质；二是去赢得工作成绩的能力，领导不但要善于计划，而且要赢取结果，这也是重要方面；三是去带动影响别人的能力，这是领导者的基本素质，每个经理人要有发展别人的能力；四是对公司业绩的贡献。要提拔一名员工，可能会对员工有两年的高绩效的要求，这个高绩效包括他的工作业绩和行为表现。为了使员工积极向上富有朝气，北电网络对员工升职的考核非常严格，以便让员工走上管理岗位就一定成功，所以对待人选还有一个高层评估，公司里更高级别的经理们要聚在一起和他们交流，来考察这名员工各方面的情况。激烈的企业竞争，将在很大程度上反映为人才的竞争。在企业人力资源管理中，如何激励和影响员工的行为，必将成为今后管理者需要努力思考的问题之一。绩效评估作为一种普遍的人力资源决策，管理者既期望从中得知员工工作业绩情况，还能获取有关员工培训、开发的信息。通常，薪酬分配也会以评估结果为衡量标准。不同文化背景，不同的行业，该如何进行最有针对性的绩效目标管理是每个企业都应该深思的问题。

问题：北电网络公司的绩效目标管理带给你什么样的启发？

□ 实践训练题

请为自己拟定一份学年成绩提高绩效目标，内含自身优劣势分析、影响成绩提高因素分析、破解影响因素分析及如何对自己实施奖惩。

第9章 绩效实施

学习目标

知识目标：

了解绩效考评的原则，掌握绩效指标的设计方法；熟悉绩效考评的误区；掌握绩效考评信息的收集和整理办法。

能力目标：

能够掌握绩效评估技巧。

素养目标：

能够联系实际，明确如何在管理实践中通过实施绩效考评推动我国科技创新体制的建立，促进创新人才的潜力开发。

案例研讨

考核项目内涵解读存在争议

A企业是一家生产制造塑料玩具的民营企业。由于行业竞争激烈，以前那种粗放式的管理效率太低，不能适应竞争需要，于是A企业开始进行绩效管理，以提高自己的内部管理水平。但在绩效管理实施一个季度后，考核结果一出来，各个部门就开始吵架，主要原因就在于大家对有些考核项目的内涵存在不同理解，似乎谁都有道理，谁也无法说服谁，到底该如何进行打分评价成了焦点问题。

以对物料采购及时供应率指标为例，各部门有各自的理解：生产部门认为，及时供应的概念就是将生产所需物料按计划规定的某一天的某一个时间，送达指定检查的地方；采购部门认为，只要物料采购工作不影响到生产部的生产，就应该是及时供应；而质检部门则认为，只有等待质检部对采购物料进行质量检验合格后，按要求供应给生产部使用才能算是及时供应。由于人力资源部对于绩效考核项目没有做细致规定，大家自然以各自的方式解读，有些甚至按照对自己最有利的方式去解读，这样肯定会影响日常工作的安排以及考核的实施。

从以上案例我们可以看出，对考核项目的内涵有不同的解读，是导致绩效考核结果产生争议的主要原因之一。以招聘合格率为例，“合格”的界定就要明确是能通过试用期，还是能在企业工作满3个月。如果没有明确界定绩效考核项目及其计算公式、统计方法的内涵，就有可能导致不同的人或同一个人在不同的时期对同一个项目的内涵有意无意地产生不同的理解。在这种不同理解的引导下，就有可能统计出不同的甚至是相反的绩效结果。更为严重的是，还有可能错误地引导员工朝着非目标性的绩效计划做无用功。因此，在制定考核项目时，需要对考核的具体内容、标准以及它们之间的相互关系做出说明，每项考核指标的内涵和外延都应当界定清楚，以避免产生歧义。不对绩效考核项目及其计算公式和统计方式内涵进行详细的界定，就不能客观、正确地反映员工真实的工作绩效。当然，如果在考核一段时间后发现有很多漏洞，导致考核数据来源有问题，内部争议和冲突比较大，就一定要尽快界定清楚。有许多概念并没有唯一的标准，需要将不同的理解方式罗列出来，根据公司的具体情况和岗位职责，经过大家协商并达成共识后，以书面形式明确下来。由此可见，绩效实施是绩效管理的核心环节，绩效实施的进展情况将显著影响员工的绩效改进及组织整体绩效的提升。

绩效实施是紧跟绩效计划之后的环节，是员工根据已经制订好的绩效计划开展工作，管理者对员工的工作进行指导和监督，对发现的问题及时协助解决，并根据实际工作进展情况对绩效计划进行适当调整的一个过程。绩效实施主要包括绩效指标和标准的设计、绩效考评、绩效信息的收集和记录三个阶段。

9.1 绩效指标和标准的设计

9.1.1 绩效指标的含义及构成

1）绩效指标的含义

在绩效考核中，用以衡量员工绩效的依据称为绩效指标。一般而言，绩效指标包括两个组成部分：一是对工作结果的评价，称为任务绩效；二是对工作过程中的表现评价，称为周边绩效。对任务绩效的评价通常可以用质量、数量、时效、成本等量化指标，而对周边绩效的评价则通常采用行为性描述和“评分”等模拟量化的方式进行，二者相结合，使绩效指标形成完整评价，避免了评价单一化、片面化、过分关注细节而忽视重点、不能与企业战略发展目标紧密结合的缺点。只有通过考核指标，考核工作才具有可操作性。总的考核结果的优劣往往需要通过各个考核指标的考核结果综合后来体现。例如，办公室的绩效可以通过文件编写质量、行政车辆管理、总体工作令领导满意度、总体工作令中层管理者满意度等指标来考核；出纳的绩效考核可以从现金收付、记账登录、现金提存与保管等方面的指标来进行。

2）绩效考核指标包括的四个构成要素

① 指标名称，是对考核指标的内容做出的总体概括。

② 指标定义，是指标内容的操作性定义，用于揭示考核指标的关键可变特征。

③ 标志。考核的结果通常表现为将某种行为、结果或特征划归到若干个级别之一。考核指标中用于区分各个级别的特征规定就是绩效考核指标的标志。

④ 标度。标度用于对标志所规定的各个级别包含的范围做出规定，或者说，标度是用于揭示各级别之间差异的规定。

从表9-1中我们可以看出，绩效考核指标的标志和标度是一一对应的，我们往往将二者统称为绩效考核中的考核尺度。

表9-1　**绩效指标举例**

指标名称	协作性				
指标定义	在与同事一起工作时表现出来的合作态度				
标志	S	A	B	C	D
标度	合作愉快	肯合作	尚能合作	偶尔合作	我行我素

3）四种考核尺度

（1）量词式的考核尺度

量词式的考核尺度是采用带有程度差异的形容词、副词、名词等词组表示不同的等级水平。例如，“较好”“好”“一般”“差”“较差”。

（2）等级式的考核尺度

等级式的考核尺度是使用一些能够体现等级顺序的字词、字母或数字表示不同的考核等级。例如，“优”“良”“中”“差”；“甲等”“乙等”“丙等”“丁等”以及“1”“2”“3”等。

（3）数量式的考核尺度

数量式的考核尺度是用具有量的意义的数字表示不同的等级水平。数量式的考核尺度包括离散型和连续型两种。下面的两个例子（见表9-2、表9-3）分别是离散型的考核尺度和连续型的考核尺度。其中，后者是连续型的考核尺度与量词式的考核尺度混用的做法。

表9-2　**离散型的考核尺度**

考核指标	指标定义	标度（尺度）分值				
勤勉性	员工是否遵守规定的上下班、工间休息、用餐时间，总体的出勤率	0	3	6	9	12

表9-3　**连续型的考核尺度**

标度（尺度）分值	91 ~ 100	81 ~ 90	71 ~ 80	61 ~ 70	60及以下
生产率	杰出	很好	好	需要改进	不满意

（4）定义式的考核尺度

如果指标的考核尺度中规定了定义式的标度，我们就将这种考核指标的尺度称为定义式的考核尺度。相对于前面三种考核尺度而言，定义式的考核尺度比较复杂。在前面的三种情况中，有的指标也规定了定义式的标度，但往往是非常简单的定义，而且在各个不同的指标之间通用（可能是量词式标度）。在定义式的考核尺度中，制度的设计者针对每一个考核指标的不同标志设定了相应的标度。这种考核尺度体现出的考核标准更加具体，并且更具针对性。

定义式的考核尺度制定的方法较为复杂，但能够有效地提高考核的客观程度，更好地实现考核的行为引导作用，因此在绩效考核中得到了越来越广泛的应用。表9-4是一个定义式的考核尺度的例子。

表9-4 **定义式的考核尺度**

	要素定义	分等级说明				
		优秀	良好	中等	差	极差
内训师	是否清晰授课，是否能正确地回答学员的问题，是否有不良习惯	能清楚、简明、正确地回答学员的提问	当试图强调某一点时能举例说明	用清楚、能使人明白的方式授课	授课时表现出令人厌烦的习惯	在班上给学员们不合理的批评

资料来源 杨明娜. 绩效管理实务［M］. 2版. 北京：中国人民大学出版社，2015.

9.1.2 绩效指标的分类

1）根据绩效考核的内容分类

（1）工作业绩考核指标

所谓工作业绩，就是工作行为所产生的结果。对于业绩的考核结果直接反映了绩效管理的最终目的——提高组织的整体绩效以实现既定的目标。

组织成功的关键要素决定了绩效考核中需要确定的关键绩效结果。这种关键绩效结果规定了在考核员工绩效时应着重强调的工作业绩指标。这些指标可能表现为该职务的关键工作职责或一个阶段性的项目，也可能是年度的综合业绩。工作业绩通常具体表现为：完成工作的质量指标、数量指标、成本指标以及时间指标。工作业绩考核指标有明显的优点，如可量化、具有客观性、与企业经济效益直接挂钩，但同时也有考核过程失控和导致被考核者行为短期化的缺点。

①工作质量指标。质量是组织竞争的基础。提高产品和服务的质量是整个绩效管理的主要目标。工作质量指标可以是客观的，也可以是主观的。销售代表的产出质量可以使用主观考核指标，比如顾客满意反馈。同样一个销售代表的产出质量也可以用客观的考核指标，比如顾客抱怨次数、顾客保留数量、顾客引荐数量等。质量考核指标越客观、具体，在绩效面谈中就越有说服力。而且，质量绩效方面的数据，可以直接用来为质量改进决策提供科学的依据。常见的工作质量考核指标有产品合格率、废品率、返工率、返修率、留任率、准时交货率、顾客投诉次数等。

②工作数量指标。工作数量指标提供的是发生频率、周期长短等计数方面的信息。使用工作数量指标虽然方便，但是，仅仅使用该指标并不能准确反映目标完成情况。数量指标种类繁多，常见的工作数量指标有产量、销售量、销售价格、本期销售收入、维修产品数量、接待顾客数量、清洁机器数量等。

③工作成本指标。在知识经济时代，产品和服务成本仍然是竞争的主要砝码。那些希望向顾客提供物美价廉的产品和服务的组织，设计出各种工作成本指标对员工进行考核。工作成本指标的表现形式很多，常见的工作成本指标有总成本、变动成本、固定成本、变动生产成本、员工离职成本、录用面试成本等。

总成本=变动成本+固定成本

变动成本=变动生产成本+变动销售费用+变动管理费用

固定成本=固定制造费用+固定管理费用+固定销售费用+财务费用

变动生产成本=直接材料+直接人工+变动制造费用

员工离职成本=直接离职费用+新员工补充费用+新员工培训费用

录用面试成本=一次面试所需要的时间×面试者工资×计划期间的面试次数

④工作时间指标。工作时间指标提供工作产出速度快慢方面的信息。顾客需要组织提供的产品和服务更优质、更快捷、更便宜，这些都与时间有关；而且，随着科学技术的进步，特别是随着IT技术的发展，不同组织在时间、速度上的竞争更加激烈。不同的组织都想方设法进行组织、管理和技术变革，力图使自己的反应更快、更敏捷。常见的时间指标包括：生产周期，指从原材料投入到成品产出的时间间隔；加工时间，指加工一个产品所需的时间；研发周期，指研究和开发一个新产品所需的时间；接电话时间，指从电话铃响到接电话所需的时间；排除故障时间，指排除一台机器故障所需的时间。

（2）工作能力考核指标

不同的职务对人的工作能力要求是不同的，只有绩效考核体系中加入工作能力方面的考核指标，才能使考核结果真正反映出员工的整体绩效。工作能力指标具体包括专业知识水平指标、业务能力和技巧指标、工作经验指标以及身体条件指标等。

此外，通过工作能力指标的行为引导作用可以鼓励员工提高与工作相关的能力，并通过能力考核的结果做出各种有关的人事调整决定。常见的工作能力指标有：语言表达能力、书面表达能力、解决问题能力、协调控制能力、创新能力、决策能力等。

（3）工作态度考核指标

我们常常可以见到这种现象：一个能力很强的人出工不出力，没能实现较高的工作绩效；而一名能力一般的员工兢兢业业，却做出了十分突出的工作业绩。这两种不同的工作态度产生了截然不同的工作结果。因此，为了对员工的行为进行引导从而达到绩效管理的目的，应在绩效考核中加上对工作态度的考核。工作态度通常具体表现为纪律性指标、协调性指标、责任性指标以及积极性指标。

工作态度与工作能力在某种程度上决定了员工实际的工作业绩，但是，即使有好的工作态度，工作能力也未必能够得到全部的发挥，从而转化为相应的工作业绩。这是因为从能力、态度向业绩转化的过程中，还要受到人为以外的一些因素的影响，如工作环境是否正常、工作分工是否合理等，这也在一定程度上说明了能力考核与态度考核的必要性。常见的工作态度考核指标有主动性、责任感、敬业精神、服务意识、整体观念、团队精神等。但是，工作态度考核指标却是难以客观评价的。实际工作中可以采用关键事件法、试探法、观察法等进行考核和记录。

（4）工作行为考核指标

工作行为很难用精确的数字或金额来描述，常用频率或次数来评价，如出勤率、事故率、表彰率、违纪违规次数、访问客户人次、客户满意度、员工投诉率、合理化建议采纳次数等。

2）根据绩效考核指标的性质分类

根据绩效考核指标的性质，我们把绩效考核指标分为以下三类：

(1) 定量指标

定量指标是经过研究和分析，事先确定的可以进行量化考核的指标。它可以对每个员工进行独立评判。根据格利伯特（Glibert）四要素（质量、数量、成本、时效）法则可以将定量指标分为以下几类：

① 工作的质量。通过计算工作的错误率来考核工作的质量，这里的错误率指的是相对于工作标准的偏差。

② 工作的数量。该方法的缺点是，由于工作的数量不仅由员工的能力和表现来决定，其他的许多因素也会影响工作的数量，因此可能出现不够准确的情况。与此同时，许多工作无法由工作的数量来计算，例如程序员、医生、消防员等从事的工作就具有这样的特点。

③ 工作的安全性。违反安全工作制度的员工可能会损坏机器设备或者受到身体上的伤害，从而使员工和组织遭受不必要的损失。

④ 工作成本。它是指在工作过程中发生的成本，包括原材料成本、能源成本、人工成本和机械成本等。

以薪酬管理岗位为例，工资计划管理是该岗位的重要职责之一，通过相关职责分析，可以将定量指标分为时间、成本、数量和质量四大类，如图9-1所示。

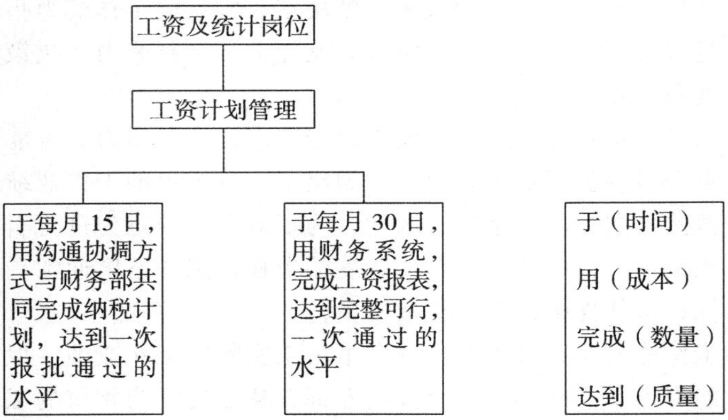

图9-1 工作定量指标示例

定量指标的优点是不易出现偏见性的错误，但是这些指标不能完全反映出员工对组织的全部贡献。因此，许多组织都采用定量指标与定性指标相结合的考评方式。

(2) 定性指标

定性指标是不能用定量数据衡量的指标。虽然定性指标有着较为明显的缺点，但它仍是许多组织经常使用的方法。通过定性指标可以了解员工在工作过程中对组织的全部付出，即使在员工没有生产出实际产品的时候也可以使用（见表9-5）。

表9-5 **定性指标举例**

考核指标	A	B	C
物料管理状况	物料管理井然有序，物资出入库手续齐全，物料登记准确无误，严格按照规定制度进行物料出入库的管理	物料管理比较有序，规章制度执行尚可，基本不存在浪费现象	物料管理混乱，出现过物资丢失问题，存在较为严重的浪费问题

（3）“特质、行为、结果”三类考核指标

综合运用“特质、行为、结果”这三类指标进行绩效考评指标体系的设计，是一种比较常见的方式。这三类考核指标的比较见表9-6。

表9-6 “特质、行为、结果”考核指标比较

考核指标	特质	行为	结果
适用范围	适用于对未来的工作潜力做出预测	适用于考核可以通过单一的方法或程序化的方式实现绩效标准或绩效目标的岗位	适用于考核那些可以通过多种方法达到绩效标准或绩效目标的岗位
不足	①没有考虑情境因素，通常预测度较低 ②不能有效区分实际工作绩效，员工易产生不公平感 ③将注意力集中在短期内难以改变的人的特质上，不利于绩效改进	①需要对那些同样能够达到目标的不同行为方式进行区分，以选择真正适合组织需要的方式，这一点是非常困难的 ②当员工认为其工作重要性较小时，意义不大	①结果有时不完全受考核对象的控制 ②考核对象有时容易为了达到一定的目的而不择手段，使组织在获得短期利益的同时丧失长期利益

这三类绩效考核指标可以采取如下选择方式：将考核指标冠以“特质”之名，考核指标的定义和尺度则采用行为导向和结果导向相结合的方式。

案例9-1

某公司销售部秘书的绩效指标设计

销售部秘书的主要工作职责有：

①协助销售部经理处理日常事务，包括起草文件、收发信件、接待客人等；

②协助销售部的业务人员处理日常事务，包括会议后勤、差旅安排和其他一些日常事务；

③汇总部门的财务票据和数据，提供给财务部门。

综上所述，销售部秘书面对的服务对象主要有三类：一是部门经理；二是本部门的业务人员；三是财务部门和相关人员。

销售部秘书向部门经理提供的主要工作产出有：起草日常公函、通知等；录入、打印文件；收发传真、信件；接待来客。向本部门的业务人员提供的工作产出主要有：差旅安排；会议后勤；其他日常服务，包括与行政部门协调借用设备等有关事宜。向财务部门提供各项财务报销和费用支出的相关数据和票据。因而，销售部秘书的业绩考核指标可参照表9-7。

表9-7 销售部秘书业绩考核指标

考核指标	指标定义
文件撰写	以销售部经理的名义起草各种信件、通知，并打印成文，报销售部经理审阅
文件管理	对销售部内外往来的传真、信件等资料进行登记、传送与管理
差旅安排	为部门出差人员预订机票、酒店等
会议后勤	为部门会议预订会议室、安排会议设备，会议进行中为参会者提供会场服务等
财务辅助服务	编制销售部的费用报表，提供给财务部门

在企业具体的管理工作中，确定指标的注意事项有：指标不能重复；具有系统性和全面性，覆盖工作的各个方面；做到简明而不复杂，典型而不交叉和重叠；应避免产生指标歧义；抓住关键性指标。

9.1.3 绩效指标标准的确定

1）定性指标标准的确定

通常，在一些组织的绩效考核表里，你可以发现这样的标准：优秀、良好、较好、尚可、很差。类似这样的用词让直线经理很伤脑筋，因为他们弄不清楚，到底什么才算是优秀，什么才算是良好，优秀和良好之间的差别在哪里？而且，在每项标准的后面都有一个具体的分数，比如：优秀——20分，良好——16分，较好——12分，尚可——8分，很差——6分。当直线经理不能准确理解每项标准的含义的时候，他们往往会凭主观臆断来确定员工的绩效考核结果，所以考核出来的结果往往是大家都比较优秀，得分都很高，这使得平均主义又一次以考核的形式出现。要克服这种现象，就要尽可能详细地描述每项指标各个等级的标准。下面介绍几种确定定性指标标准的方法。

（1）等级描述法

等级描述法是对工作成果或工作履行情况进行分级，并对各级别用数据或事实进行清晰具体的界定，据此对被考核者的实际工作完成情况进行评价的方法。

等级描述法适用于考核那些经常或重复进行的工作，因为它能够很清楚地用数据或事实描述出各个级别的不同。具体操作时，建议分为优秀、良好、一般、及格、不及格五个级别，为了简化操作，可以只对及格标准和良好标准进行具体的描述，依照各个级别间的递进关系，来区分五个级别。

例如，人力资源部要制定招聘制度这样一个阶段性、任务性的定性KPI，按照“优秀”、“合格”和“不合格”划分了三个等级，具体等级描述见表9-8。

表9-8 **定性指标标准（举例1）**

等级	描述
优秀	比预定时间提前一个月，书面制定详细的招聘管理制度及其实施方案和计划，制度体系完整、考虑全面、系统科学，在实际的招聘工作中发挥积极作用；对书面制定的招聘制度能够做到积极推进，充分辅导，使之在实际工作中很好地落实并收到较好效果
合格	在预定的时间内，书面制定详细的招聘管理制度及其实施方案和计划，制度体系完整、考虑全面、系统科学；对书面制定的招聘制度进行推进和配合，使之能够在实际工作中发挥作用
不合格	未能在预定的时间内书面制定详细的招聘管理制度及其实施方案和计划，不能按照既定的计划开展招聘工作

等级描述法通过对各个级别的具体界定，使得考核有了比较客观的依据，在一定程度上限制了考核者打分的随意性，更为重要的是：由于清晰界定了及格标准和良好标准，被考核者明确了上级对其工作的要求，明确了努力的方向，这有利于被考核者不断提高自己的绩效水平。表9-9是定性指标标准等级描述的例子。

表9-9 **定性指标标准（举例2）**

指标	5级	4级	3级	2级	1级
目标管理	设置目标合理，计划性、时间性强	总是设置具有现实性的目标，但又使目标设置过高	多数情况下，目标设置合理，但会出现目标设置标准忽略现实要求的情况	仅设置总体目标，细化分解不足，制定标准不恰当，时间要求不合理	目标设置模糊，不现实，实现标准不明，没有具体的时间要求
管理控制	善于控制、协调、干预，使群体行为趋于目标的实现	善于激励，能对下属及同事的行为产生影响，以管理者的身份体现其影响力	保持必要的指示、控制，获得他人的协作，对他人表现出信任	面临困难易放弃原则，管理思想和工作风格不易为他人接受	回避群体控制，批评多但不提意见
沟通合作	很强的沟通愿望和良好的沟通方式，使合作成为主要工作方式、方法	善于沟通，力求合作，引人注意	沟通清楚，易于接受，表现出互相接受的合作倾向	交流、沟通方式混淆，难以表达自己的思想、方法	缺少沟通，很少与人合作

（2）预期描述法

预期描述法是考核双方对工作要达到的预期标准进行界定，然后根据被考核者的实际完成情况同预期标准的比较，来评价被考核者业绩的方法。

在实际工作中，有时要对新任务或新工作进行评价，这时候考核双方往往没有或很少有先例可循，制定考核标准时也往往缺乏数据和事实的支持，在这种情况下，等级描述法就无能为力了。此时可以采用预期描述法，即考核双方尽量明确和清晰地界定预期标准，从而为评价被考核者的业绩提供依据。

例如，某公司发展研发管理体系的预期标准是：能够通过培训、答疑等形式将有关制度和流程向相关人员进行有效宣传；能够将研发管理体系在公司内部推行下去，试运行比较顺利；能够及时解决试运行过程中的一些问题，并根据试运行中的情况对原方案进行细化和完善；通过试运行，公司的研发管理工作能够比较规范和有序地开展，能够有力地促进研发工作，并初见成效。

虽然预期描述法只描述了一个标准，但仍然比没有标准强，也能在一定程度上限制考核者的随意打分。更为重要的是，制定预期标准能够使被考核者明确上级的预期和要求，这在下属面对新工作或新任务时，无疑是十分重要的。

（3）关键事件法

关键事件法是针对工作中的关键事件，制定相应的扣分和加分标准，来对被考核者的业绩进行评价的方法。关键事件法适用于那些关键事件能够充分反映被考核者工作表现或业绩的情况。

2）定量指标标准的确定

制定定量指标标准时，需要考虑两个方面的问题：一是指标标准的基准点。基准点，即我们所预期的业绩标准，它应当处于衡量尺度的中央（部分特殊指标例外，例如一些人身伤亡、火灾等重大恶性事故的指标，期望值的基准点可能在最高等级，因为我们的期望是不发生），向上和向下均有运动的空间。当一个人的绩效水平达到基准点时，我们就说这个人称职。二是等级间的差距。指标标准的差距可以是等距的，也可以是不等距的。一般来说，指标标准的上行差距越来越小，而指标标准的下行差距越来越大。这是因为，从绩效基准点出发提高绩效的难度越来越大，边际效益下降；而在基准点以下，人们努力的边际效益比较大。但是，有时为了控制员工绩效，增加他们的压力，也可以把基准点以上的差距加大，而把基准点以下的差距缩小。

定量指标标准的确定一般有两种办法，即加减分法和规定范围法。

（1）加减分法

采用加减分法的方式确定指标标准，一般适用于目标任务比较明确、技术比较稳定，同时鼓励员工在一定范围内做出更多贡献的情况。

应该注意的是，采用加减分的方式来计算指标值的时候，最大值应当以不超过权重规定值为限，最小值不要出现负数。表9-10是采用加减分法制定定量指标标准的例子。

表9-10 **定量指标标准（举例1）**

序号	指标	指标说明	权重	考核标准
1	媒体负面报道情况	反映公司被媒体负面报道的数量、范围和影响程度	10分	考核期间没有任何负面报道，本项得分为10分 考核期间发生一次市级曝光事件，扣5分 考核期间发生一次省级曝光事件，本季度考核为0分 考核期间发生一次全国性媒体曝光事件，本年度剩余季度考核全部为0分
2	薪酬总额控制	上一考核期间薪酬总额发放情况	20分	实际发放薪酬数额在控制数额内，本项目为20分 实际数额超过控制数额5%，本项目为10分 实际数额超过控制数额10%，本项目为0分
3	技术质量管理	考核生产中出现的技术质量问题或技术质量事故	10分	初始分为10分，考核期间发生一次技术质量问题，扣2分 发生一次严重技术质量问题，扣4分 发生一次技术质量事故，本季度该项目为0分 发生严重技术事故，该项目指标本年度为0分（发生质量问题或质量事故隐瞒不上报者，该项指标一年内为0分）

（2）规定范围法

规定范围法是指经过数据分析和测算后，考核双方就标准达成的范围来进行考核。表9-11是采用规定范围法制定定量指标标准的例子。

表9-11 定量指标标准（举例2）

考核指标	权重	考核标准			
		A	B	C	D
工作效率	20分	工作或解决问题效率很高，能按计划或提前高质量完成工作	工作或解决问题的效率比较高，基本能按计划完成工作，工作质量基本满意	不能及时完成工作或解决工作中的问题，或者即使按期完成，工作质量也不高	根本不能解决问题，无法完成工作，或者经常延期完成且质量很差
		20分～15分	14分～9分	8分～3分	2分～0分
表率作用	10分	有很强的上进心和学习欲望，不断学习业务知识以提高岗位技能，并能将学习心得与同事交流分享	认识到学习业务知识和提高岗位技能的重要性，并能主动学习业务知识和提高岗位技能	工作有压力感、紧迫感，认识到学习业务知识和提高岗位技能的重要性，但很少主动学习	没有上进心，工作得过且过，业务知识和工作技能没有提高
		10分～8分	7分～5分	4分～2分	1分～0分

9.1.4 绩效指标体系的设计

1）建立绩效指标库

组织负责此方面工作的人员首先应建立一个适合组织特点和战略需要的绩效考核指标库。需要注意的是，这个指标库并不一定完全能够涵盖最终确定的每个岗位的绩效考核指标。许多指标往往是在后面的步骤中通过不同的操作方法逐一产生，并补充到这个指标库中。指标库的建立在很大程度上体现了企业文化的要求。一般来说，为全面反映指标信息，指标库要设计充足的字段，包括指标的分管领导、岗位所在部门、岗位名称、指标属性、关键业绩领域、指标名称、指标定义、计算公式、指标收集、指标来源、指标核对、统计周期、统计方式、考核分数、相关说明等内容。其中一些内容如计算公式、指标属性等，只需要在指标库中一次性列出，无须重复列示。企业绩效性能的衡量一般来说是通过一定的模型进行的，首先往模型中输入指标数据，然后对数据进行处理并得出结果，最后根据结果分析企业的绩效。不同的企业对应不同的模型，相同的企业在不同时期也会对应不同的指标体系，这样有利于企业根据外部环境变化适时地调整战略。使用现代化的数据库技术，能够高效地管理数据，进行相应的维护和分析，因此企业很有必要建立一个能随时为指标体系提供相关素材的数据库。

案例9-2

近年来，肇庆积极探索构建与该市“一核三极一区”区域发展新格局相适应的考核评价体系，在全市实施区域差异化、精准化考评，让8个县（市、区）和2个功能区通过不同“赛道”发力，共同奔向高质量发展。

创新考评体系：“一核三极一区”考不同试题

如何破解区域发展不平衡，补齐产业短板？肇庆探索实施区域差异化、精准化考评。考不是目的，考出实绩、考出担当、考出精气神，才是考评的意义所在。这就意味着，同一考场，要用不同“试题”。

根据功能定位不同，按照“一核三极一区”将考评对象划分为3个考评区，即以端州区、鼎湖区、肇庆新区、高要城区为主体的1个城市核心区，以高要区、四会市、肇庆高新区为主体的3个产业增长极，以广宁县、德庆县、封开县、怀集县为主体的1个生态发展区。

围绕高质量发展，考评方案设置各地均需考评的共性指标。新发展理念、综合工作和党建工作3个一级指标中，新发展理念指标分值占比超50%。这是肇庆以新发展理念衡量地方发展的硬标准、硬约束，有效纠正了只以GDP及经济增长速度评定成绩的偏差。

由于区位条件、资源禀赋和发展阶段不同，各县（市、区）经济转型难度有明显差别，考评有针对性地设置差异化指标。如围绕乡村振兴、生态建设和基本公共服务均等化，对生态发展区设置新增认定市级以上农业龙头企业、森林资源管理和水土保持、农村厕所革命等差异化考评指标。

差异化指标比重不断增大，共性指标和差异化指标权重从去年的7∶3下降到今年的6∶4，彰显了肇庆突出各区域发展侧重点的决心。

优化评分标准：做强优势项目得高分

考评体系是“指挥棒”、“风向标”和“助推器”。从2008年起，肇庆一直坚持探索实施县（市、区）考评工作。

据了解，2015年肇庆开始实施经济、社会和党建综合考评，2016年按不同考评对象，形成了差异化考评雏形，2018年肇庆率先在全省提出并实施区域差异化考评。逐步将“统一考”变成了“重点考”，有效避免了“一张试卷考全部”。通过设置不同的目标任务，各县（市、区）都有“跳起来摘桃子”的动力。

即使同题竞技，分值和任务量也不相同。按照各地发展水平差异，对个别共性指标设置不同的分值权重和指标任务。

生态发展区中的怀集县，乡村振兴二级指标分值为8分，而不同考评区域的其他地区最低分值为1分。作为产业增长极之一的肇庆高新区招商引资目标任务为500亿元，而山区县仅为30亿元。

不仅埋头“答题”，“考生”还可以“举手”发言，自选考评“题目”。2019年年初，考评组经过调研确定目标，市领导、市直部门和区县开现场会协商，一般协商五六回合才敲定最终目标任务。

改革成效凸显：各项经济指标创多年新高

6月29日，肇庆举办“府城保护与复兴”和肇庆新区“文旅古镇”项目签约仪式。文旅古镇项目拟选址于肇庆新区，计划总投资不少于40亿元，构建肇庆市全域旅游集散地和城市会客厅。

几年前，肇庆新区还是一片鱼塘、田地。如今，呈现在人们眼前的是一座现代化新型城市的雏形，投资超390亿元的湾区西部华侨城项目正在如火如荼地建设中。

对于这一变化，优世联合集团IDC项目负责人感受尤为深刻。“三年前第一次到肇庆新区，我们并没有下决心落户。”一年后再到新区，他被新区的行政高效和建设速度震撼。良好的营商环境和通达大湾区核心城市的快捷交通最终吸引他留下来。“第一期提前半年开工，节省大量成本。”项目推进中，他一次次感受到惊喜。

围绕招商引资目标任务，肇庆新区积极打造产业项目投资建设的“高速通道”，允许企业一边开工，一边同步办理手续。肇庆新区目前累计完成投资338亿元，全面启动总投资649亿元的39个重点项目。

差异化绩效考评“指挥”区域间协同发展、错位发展，全市整体效能提升。2018年，肇庆多项经济指标增速及全省排名创下近年来新高。全市地区生产总值增长6.6%，增速排全省第七、提升11位；一般公共预算收入增长11.8%，增速排全省第二、提升14位。

刚刚出炉的全省2019年上半年经济数据显示，肇庆再创佳绩。地区生产总值增长7.0%，增速排全省第三；一般公共财政预算收入增长8.1%，增速排全省第一；实际利用外商直接投资增长高达63.7%，排全省第二。

“每个地区状况不一样，差异化考评更有针对性和可操作性。各地在保持合理经济增长率的同时，找准工作的侧重点和着力点，更易寻求实现高质量发展的路径。”广东省委党校副巡视员陈述认为，肇庆差异化考评的探索对多种经济形态兼有并存的地区有借鉴意义，在全省也有示范作用。

资料来源 冯艳丹，等．肇庆以差异化考评助推高质量发展［N］．南方日报，2019-08-08.引文经过节选、压缩和改编。

2）各岗位选择不同的指标

选择考核指标的一个重要标准就是，被考核人所承担的工作内容和绩效标准。这种区别正好反映在员工的职务职能等级上，因此我们将这种绩效考核方式称为“分层分类的绩效考核体系”。“分类”主要是依据工作性质（职务种类）进行的横向分类；“分层”主要是依据职能等级形成的纵向层次。一般来说，如果分得较细，则可按照职位职级的数量而定；如果分得较粗，也可分为高层、中层、基层。

按职务职能标准进行绩效考核的前提，就是在组织中建立健全一个明确的职位分类标准。在分层分类考核时，我们不一定要严格按照职位系列来进行。通常，我们会对比较复杂的职位系列进行一定的合并。特别是分层考核的层次并没有统一的标准，应根据组织的规模和实际情况，特别是管理幅度和管理层次来确定。至于分类的标准则要根据组织的生产经营对人员类别的需要而定。

对不同类型的工作内容，绩效考核所使用的考核指标自然各不相同。另外，由于职位等级上的区别，他们还承担了不同的管理职能（也可能不承担任何管理职能），这种职位等级上的区别也会对绩效考核指标和权重产生影响。

3）确定不同指标的权重

影响指标权重最重要的因素是绩效考核的目的。对于不同的考核目的，应该对绩效考核中各个考核指标赋予不同的权重。另外，企业文化倡导的行为或特征也会反映在绩效考核指标的选择和权重上。

需要强调的是，这种权重的不同并不一定会表现在每个指标的权重上，而可能仅仅表现在三个常见的考核维度（工作能力、工作业绩、工作态度）的权重上。

比如，现在要对公司人力资源部的部长和总经理办公室的秘书进行绩效考核，那么针对这两个岗位就可以使用两张不同的考核结果汇总表（见表9-12、表9-13）。在这个例子中，假设人力资源部部长（以下简称“部长”）有上级、同级和下级，总经理办公室秘书（以下简称“秘书”）只有上级和同级，没有下级。

表9-12 **绩效考核结果汇总表1（人力资源部部长）**

职位编号	×××	职位名称	人力资源部部长		
员工姓名	×××	考核期间			
考核维度	考核指标	权重	考核主体	平均得分	折合分数
业绩（100/60）	1.业绩目标	70	上级		
	2.工作任务	30			上级
	小计	100			
能力（100/20）	1.业务知识	20	上级、下级		
	2.人力资源规划能力	15			上级
	3.组织领导能力	15			上级、下级
	4.沟通协调能力	15			同级
	5.管理创新能力	15			上级、下级
	6.公共关系能力	10			上级
	7.培养部下能力	10			下级
	小计	100			
态度（100/20）	1.全局意识	20	上级、同级		
	2.成本意识	20			上级
	3.责任感	20			上级、下级
	4.积极性	20			上级、下级
	5.培养部下的意识	20			下级
	小计	100			
最终得分					

表9-13　**绩效考核结果汇总表2（总经理办公室秘书）**

职位编号	×××	职位名称	总经理办公室秘书		
员工姓名	×××	考核期间			
考核维度	考核指标	权重	考核主体	平均得分	折合分数
业绩（100/60）	1.业绩目标	40	上级		
	2.工作任务	60			上级
	小计	100			
能力（100/20）	1.业务知识	20	上级、下级		
	2.执行能力	20			上级
	3.理解能力	20			上级
	4.文字表达能力	25			上级
	5.微机操作能力	15			上级、同级
	小计	100			
态度（100/20）	1.协作性	20	同级		
	2.服务意识	20			上级、同级
	3.自律性	20			上级、同级
	4.责任感	20			上级
	5.积极性	20			上级、同级
	6.自我开发意识	10			上级、同级
	小计	100			
最终得分					

从表9-12和表9-13可以看出，在考核指标的选择上，设计者充分考虑了不同岗位员工的不同工作特征。对工作能力的考核，部长有7项指标，而秘书只有5项；对工作态度的考核，部长只有5项，而秘书却有6项；而且指标内容也不尽相同，这些指标体现了不同岗位对任职者的要求不同。

另外，在考核指标的权重问题上，表9-12和表9-13中都显示了工作业绩、工作能力和工作态度的权重以及各考核指标的权重，在具体的实践中，应根据不同的考核目的和其他客观的情况进行相应的调整。

9.2 绩效考评

9.2.1 绩效考评的含义

绩效考评就是要在绩效周期结束的时候，人力资源部门经理和职能部门经理依据绩效指标体系和在绩效实施过程中能够说明被考评者绩效表现的数据和事实，对被考评者的绩效目标完成情况进行评估、检查，判断被考评者是否达到绩效指标的要求，并以此作为人力资源决策的依据。我们把绩效考评这一过程称为员工评定、员工评价、绩效评估、绩效考核，这些只是名称上的不同，本质上都是一样的，都是管理者与员工之间为提高员工绩效，实现组织战略目的的一种绩效管理活动。

9.2.2 绩效考评的原则

1）公平、公正原则

绩效考评要遵循公平原则，主要是指绩效考评的结果不受个人特质（包括考评者和被考评者）的影响而产生差别待遇的不公平现象。实施绩效考评时，考评者应注重考评过程的公平性，对考评结果施予的奖惩一定要公平、公正，不可偏颇，尽量避免判断时的人为失误。

2）公开原则

公开原则主要是指在进行绩效考评时，应最大限度地减少考评过程的神秘感，加强考评者和被考评者双方对考评过程的认知。绩效考评应倡导“阳光考评”，主要体现在：考评前考评标准的制定要通过考评者和被考评者双方的协商来进行；考评前要对外公布考评标准细则；考评后的结果要公开。遵循公开原则可以使员工尽量参与到考评的过程中来，对考评工作产生信任感，从而能够理解和接受考评结果。

3）制度化原则

员工的绩效考评不仅是对员工过去的绩效做出评定，还要对他们未来的绩效做出一种预测，所以，员工的绩效考评必须定期进行，考评前期、中期和后期的工作要形成规范。也就是说，要把绩效考评制度化，这样才能全面发掘员工的潜能，问题才能及时被发现，组织才能持续健康地发展。

4）弹性原则

绩效考评要保持适当的弹性。例如，在经济景气时，汽车销售人员每个月的销售量可能会在10台以上，但遇到经济滑坡时，如果还将10台销售量作为考评的底线，销售人员都会产生不满，从而挫伤他们工作的积极性。因此，考评者应根据企业外部环境、组织内部环境以及员工自身状况对考评标准进行适当调整。

5）可行性原则

绩效考评的可行性原则，是指绩效考评方案的制订所牵涉的各个要素要为参与考评各方所处的客观环境所允许。诚然，任何一家企业为了追求绩效考评过程和结果上的完美，都会不遗余力地要求各方的配合，然而绩效考评应该从实际出发，从企业、员工、主管的实际出发，不要花费考评者和被考评者太多的时间，以免本末倒置。

9.2.3　绩效考评周期的确定

1）考评时间的确定

考评时间的确定包括考评时间和考评期限的设计。考评时间除取决于绩效考评的目的外，还应服从于企业人力资源与其他相关的管理制度。在一般情况下，考评时间要与考评目的、企业管理制度相协调，以定期提薪和奖金分配为目的的绩效考评总是定期进行的，而且与企业的薪酬奖励制度的要求相适应、相配套。每年提薪的企业其考评期为一年，一般应在上一年度的年终进行，以便根据员工的绩效考评结果确定其未来的薪金水平。每年两次分配奖金的企业，其考评期控制在6个月，分别在年中和年终进行。

用于培训的考评，可以在员工提出申请时或企业发现员工的绩效降低或有新的技术和管理要求时组织进行，以便正确地进行员工培训与技能开发的需求分析。必须制订有针对性的培训计划和培训实施方案。用于员工晋升晋级的绩效考评，其考评时机一般选在出现职位空缺或准备提升某类人员的时候，它属于不定期的绩效考评。

所谓考评周期，简单地说就是多长时间进行一次绩效考评。绩效考评周期的确定并没有唯一的标准，典型的考评周期是月、季、半年或一年，也可在一项特殊任务或项目完成之后进行。考评频率不宜太高，太高不但浪费精力和时间，还会给员工造成不必要的干扰，易造成心理负担；但周期过长，反馈太迟，会不利于改进绩效，使员工觉得绩效考评作用不大，可有可无，以致考评流于形式。那么如何来确定适合自己企业的考评周期呢？

绩效考评周期主要受以下因素的影响：工作任务的完成周期；奖金发放的周期；员工的工作性质；员工数量。

2）确定绩效考评周期的方法

绩效考评周期的长短一般可根据企业的特点、考评对象以及考评目的来确定。具体来讲，有以下三种情况：

（1）按照考评对象的层级来确定

考评对象职位层次高，工作复杂程度高，对能力、智力和素质的要求也高，其相应的绩效考评周期就越长；反之，职位层次低，工作要求相对简单，其绩效考评周期就短。因此，高层领导的考评往往以半年或1年为周期，中层管理人员的考评周期为半年或季度，专业人员一般为季度或月度，操作类人员一般为月度。

这种按考评对象确定考评周期的办法，优点在于根据考评对象的工作周期和职务特点确定考评周期，层次分明，针对性强；局限性在于，未能顾及组织情境和管理方式，划分太细，不利于考评的统一组织。同时，由于上下级采用不同考评周期，如果操作不当，很可能导致绩效目标难以自上而下落实。

（2）按考评目的和用途确定

绩效管理主要有两个用途：一是考评；二是检查。考评强调的是准确，往往要求对员工在考评期间的表现进行分析，且对照事先确定的标准或要求进行比较，这种考评结果往往是出于薪酬分配的需要，因此，考评周期可能会相对较长一些。检查则从挖掘员工的潜力入手，着眼于过程管理和问题解决，因此，考评周期相对较短，甚至可能放在每天。一般情况下，高层领导的考评一年一次，半年进行回顾；中层、基层员工的考评以季度或月度为周期进行考查，年终进行总评；操作类员工则每月考评一次，年底综合考评。

除了绩效考评外，很多企业还有单独的任职能力考评、晋升考评等，不同的考评目的需要确定不同的考评周期。

(3) 按照业绩反映期长短划分

根据企业的实际情况，也可以设定以业绩考评为本的考评周期。比如，在实行目标管理的企业，以实现组织阶段性目标的周期作为考评周期，根据实际情况，可以是一年或更长，也可以是半年或者每月进行考评；对于实行合同制的企业，可以以整个合同期作为考评的周期，也可将合同期划分为若干阶段作为考评区间；对于实行承包制的企业，则可以将整个承包期作为考评的周期，也可将承包期划分为若干阶段作为考评区间。

需要注意的是，在设定考评周期时，还应考虑到企业自身一直沿用的考评周期，如果企业过去一直沿用的是某一种考评周期并且大家也非常赞同现有的运作方式，考评的信度和效度也不错，就不一定非要进行改变与调整。再者，也要考虑到实际操作和成本问题。

3）职务职能类型与考评周期的关系

(1) 中高层管理者的考评周期

中层管理者是指企业内各部门的负责人，而高层管理者则是指董事长、总经理、副总经理。对中高层管理者的考核旨在促使中高层管理人员理清思路，抓住企业发展的战略重点，并使其承担起战略的责任，也就是通过有效的管理，不断提升企业的核心竞争力。对中高层管理人员，特别是高层管理人员的考核主要围绕以下内容进行：愿景及战略的规划和制定，为落实战略而制定的KPI指标的完成情况，组织文化建设，组织架构及流程的设计，绩效及管理改进计划的制订和实施，人员培养与开发，以及一些职业素养和工作态度的考评。

可以看出，对高层管理者的考评过程实际上就是对整个企业经营与管理的状况进行全面系统考评的过程，而这些战略实施和改进计划都不是短期内就会取得成果的，因此，中高层管理人员的考评周期必然要适当放长。根据经验，大多数中高层管理人员可以采取半年或一年考评一次的做法，并且随着层级的提高，考评周期一般会逐渐延长。另外，大型企业的高层管理人员的考评周期一般比小型企业的高层管理人员的考评周期要长，因为对于大型企业的高层管理者来讲，无论是制定还是实施战略，都会由于组织的复杂性而需要相对更长的时间。

(2) 市场营销、生产、服务人员的考评周期

① 市场营销人员是从事产品推广、销售与品牌提升的人员，其考核指标主要是市场占有率、项目成功率、客户忠诚度、品牌与技术营销、销售额、回款率及客户满意度。可以看出，这些指标也是企业重点关注的指标，及时获取这些信息并进行反馈，有利于企业尽早调整战略战术。因此，根据销售、市场人员的工作性质与特点，可以以月或季度为考评周期，或者根据实际情况缩短考评周期。

② 对于生产工人，在考评产量的同时应当引入质量指标，并注重绩效改进的考评指标比重。这些实际上都传达了一个信息，生产绩效需要短期的反馈，以便于员工进行横向的比较，找出绩效差距，确定改进方法。另外，生产工人的薪酬发放也要尽量缩短时间，这样才能起到对他们的激励作用。要为这种短期薪酬发放提供依据，必然需要短期的、及时的绩效考评。

③ 服务人员同时具有生产人员和销售人员的性质，因为服务本身就是企业的一种甚至是全部的产品，而服务人员的绩效与销售有着密切的相关性。在一些以提供服务作为其全部或主要产品的企业中，服务人员本身就是承担销售指标的人员。因此，服务人员的考评周期应当与销售、生产人员一样，尽量采用短的考评周期。

事实上，市场、销售、生产和服务人员一般都属于带有生产性质的人员，对于这类带有生产性质的人员来讲，应当尽量缩短考评周期，以便及时对他们的工作进行认可和反馈，一般情况下，进行月度考核比较合理，部门稳定发展的企业可以进行季度考核。

（3）研究与开发人员的考评周期

对研究与开发人员的考评是为了向研究与开发人员提供正确的支持意见和改进建议，为他们的工作创造一个宽松、稳定的环境，激励他们进行更有成效的研究与开发活动，避免急功近利的短期行为。同时，企业作为以营利为目的的经营单位，又要面对现实的生产问题，企业可投入到研究与开发中的资金和精力都是有限的，不可能无限期地等待，因此，确定研究与开发人员的考评周期是非常困难的一件事，也是企业关注的问题之一。对研究与开发人员的绩效考评旨在检查其目前的工作进度，找出存在的问题和改进的方法，以提高研究与开发工作的效率和效果。因此，对研究与开发人员，既可以根据项目周期确定考察周期，也可以定期进行检查。

通常，研究与开发人员考评周期的确定可考虑以下因素：

①按照项目阶段确定考评周期。我们知道，一个项目从投入到最后结束大体上要经过六个阶段，或者根据项目分成更为细致的阶段，而不是只有一个开发阶段。项目的研发过程具体包括：

• 产品概念阶段：对客户需求进行调研和考评。

• 产品计划阶段：界定产品和其竞争优势，制定项目规划和资源的使用计划。

• 产品开发阶段：设计和开发产品及服务，进行测试，制订从开发、制造到行销的整体计划。

• 产品验证阶段：对产品的特性进行检验。

• 产品发布阶段：做好产品上市准备，以满足消费者的需要。

• 产品生产的生命周期：产品正式生产后，对整个生命周期内的产品进行管理。

可以看到，这六个阶段是紧密相连的，对研究与开发人员的绩效考评可以安排在每个项目阶段结束后、下一个项目阶段开始前进行。这样对上一个项目阶段的工作进行考评，检验上一个研究与开发阶段工作的好坏，对于发现的问题及时纠正，以便提高下一阶段的工作绩效。

②可以按照时间周期对科研人员进行考评。对科研人员的考评以检查为主，主要为

了绩效改进，可以根据时间周期来确定考评周期。因为项目本身在时间上就有一定的规律可言，在某一时点上就应该有一定的输出结果，因而考评时就可遵循这一规律，按照这一时间周期或时间点确定考评周期。

③不同的科研人员和科研团队可采用不同的考评方式和周期。对项目带头人的考评要重点考察其创新能力和潜力、学术水平、实际贡献及在研究群体中所发挥的作用等。对群体内部人员的考评应由项目带头人去考察，要淡化职称考评，重视职位聘用，考评周期应结合职位的工作性质设定，避免产生短期效应；对连续考评为优秀的个人和研究群体，可适当延长其考评周期。总之，根据科研人员和项目的特点进行考评，避免伤害科研人员积极性，但同时也要有效利用绩效考评的手段，对科研人员和项目起到引导作用。

（4）行政职能人员的考评周期

行政职能人员主要是指人力资源、财务、计划、秘书等对公司的业务起支撑和辅助作用的人员。行政职能人员的考评标准不像业务人员那样有容易量化的指标，对行政职能人员的考评结果通常也会由于缺乏数据支持而变得没有说服力，因此，如何考评那些无法直接用数量指标来衡量的“业绩”，是设计行政职能人员考评体系的重点。要根据职位和职责的履行情况进行考评，衡量一定质量要求下的工作量和工作进度，重点考评行为过程而非行为结果。鉴于行政职能人员的工作特点，大多数企业都采用随时监督的方式，并以季度或者月度考评为主。

9.2.4 绩效考评中常见的误区及其控制

案例9-3

被误解的小张

小张是一家通信公司的技术人员，他来公司已经两年多了，工作业绩很出色，但一直没有得到加薪或晋升。按小张的上级主管的说法，小张虽然能按时出色地完成工作任务，但是平时自由散漫。

原来，小张在上学时就养成了一种习惯，即喜欢在晚上工作，只有在夜深人静的时候他才能进入状态。因此，白天在办公室里他显得有些心不在焉，这导致他的主管在年末考评时不管其工作做得如何出色，也不管其申辩，总是给他较差的评价。

公司因为主管在绩效考评的过程中陷入了误区，而导致了一位优秀人才的流失。事实上，在许多公司的绩效考评中也存在类似的误区。“察其所以往，知其所以来”，管理者要在考评中避免这些误区，必须先了解这些误区的形成原因以及如何避免。

1）绩效考评中常见的误区

（1）首因效应

首因效应，又称为第一印象误差，是指员工在绩效考评初期的绩效表现对考评者考评其以后的绩效表现会产生延续性影响。比如，某员工在刚刚进入某部门或某岗位时工作热情很高，业绩很好，给上级印象深刻。虽然他在整个绩效周期的工作业绩并不一定很好，但上级还是根据最初印象对其评价较高。首因效应会给考评工作带来消极的影响，使考评结果不能正确地反映考评对象的真实情况。

（2）晕轮误差

美国心理学家桑代克根据心理实验的结果发现，评定者在对一个人进行考评时，往往会凭主观印象行事，从而使考评结果有偏高或偏低的倾向，这种现象被称为“晕轮效应”。它表现为在工作考评过程中，考评者往往会因为被考评者在某一特性上受到很高评价（如信用管理），而高估其他特征（如客户关系）的一种现象，反向亦是如此；在考评中，将被考评者某一优点或缺点扩大，以偏概全，一好百好或一无是处。凭个人印象考评下属，也可称为光环化倾向。这种现象经常发生于被考评者与其主管是非常好的朋友或关系非常恶化的情形，尤其是在对那些没有量化标准的因素（如主动性、工作态度、人际关系、工作质量）进行考评时，晕轮效应会表现得更加明显。因此，为了考评结果的公正、真实，每位管理者（考评者）都必须充分意识到这一问题并尽量加以避免。

（3）宽厚性错误与严厉性错误

当评定者给出不应有的高评价时，即称为宽厚性错误。IBM就发现，其沿用旧的图尺度法进行考评时，有90%以上的员工都被评为“满意”或“优异”。这种行为产生的动机往往是避免引起评议争议。当使用主观性强的业绩标准，并要求考评者与员工讨论考评结果时，这种行为最多见。宽厚性错误会引起多种组织问题：当与员工讨论其工作缺陷时，他们可能不知道需要提高自己的业绩，而继续维持现状；其他员工，特别是那些工作比较出色的员工，可能对宽厚的考评不满，特别是当涉及提升和加薪时更是如此。最后，一个组织将发现，如果一个表现很差的员工有一个不坏的考评记录，那么辞退该员工将是很困难的。

与宽厚性错误相对应，也存在考评者给予过分批评的情况，即严厉性错误。有些经理考评采用的标准要比公司制定的标准更为苛刻，这种行为往往是因为考评者对各种考评指标和标准缺乏了解。如果一个经理对整个部门过分严格，则这个部门的员工在加薪和提升方面将受到不利影响，这显然不利于管理工作的开展和员工工作意愿的提高。

宽厚性错误和严厉性错误也产生于考评者缺少自觉性，从而让个人的感情、与员工的关系影响他们的判断。对于这类错误，往往可以用较为客观的绩效考评指标和标准（如行为指标、结果指标）来减少考评者操纵的可能。

（4）近期行为误差

近期行为误差是指考评者只凭员工的近期（绩效考评期间的最后阶段）行为表现进行考评，即员工在绩效考评期间的最后绩效表现的好坏，导致考评者对其在整个考评期间的业绩表现得出相同的结论。例如，有的组织一年进行一次绩效考评，当评定某一个具体的考评要素时，考评者不可能回想起在整个评价阶段中发生的与该考评要素相关的员工行为，这种“记忆衰退”就会造成近期行为误差。另外，员工往往会在考评之前的几天或几周里，表现积极，工作效率明显提高，而考评者对近期行为的记忆往往要比过去的行为更为清晰。

这种情况会使绩效考评得出不恰当的结论。例如，有的员工在最近一个月内表现不良因而得到了较差的考评。实际上，他在此前的若干个月之内都保持着较好的绩效水平。

（5）中心化倾向

在确定考评等级时，许多管理人员都很容易有一种中心化倾向。这种倾向是指考评者对一组考评对象做出的考评结果相差不多，或者都集中在考评尺度的中心附近，导致考评成绩拉不开距离。例如，在图尺度量表法中，设计者规定了从第一等级到第五等级的五个考评等级。管理者很可能会避开较高的等级（第五等级）和较低的等级（第一等级），而将他们的大多数下属都评定在第二、第三、第四这三个等级上。

中心化倾向产生的原因是：①人们往往不愿意做出“极好”“极差”之类的极端考评；②对考评对象不甚了解，以致难以做出准确的考评；③考评者对考评工作缺乏自信心；④考评要素的说明不完整或考评方法不明确；⑤有些企业要求考评者对过高或过低的考评做出书面鉴定，怕引起争议。

（6）对照效应

对照效应是指把某一被考评者与其前一位被考评者进行对照，从而根据考评者的印象和偏爱而做出的与被考评者实际工作情况有偏差的结论。例如，如果考评者接待的前一位被考评者，在考评者看来各方面表现都很出色，那么在对比之下，就可能会给后一位被考评者带来不利的影响。相反，如果前一位被考评者的工作业绩及表现很差，那么后一位被考评者就可能获得高分。心理学家认为，对照效应在考评中是广泛存在的，因为它是人们的一种心理现象。对员工进行考评时，因为涉及员工的切身利益，所以必须尽量避免这些心理现象的产生，以保证将考评误差降到最低。

2）对绩效考评中误区的控制

第一，确定恰当的考评标准。

考评指标尽可能准确、明白，尽量使用量化的客观标准，以减少考评者的主观干扰。

第二，选择正确的考评方法。

每一种考评方法都有其自身的优点和缺点，如排序法可避免居中倾向的出现，但在被考评者们工作成绩都较优秀的情况下，排序法则容易使被考评者产生不平衡的心理，所以一定要根据考评对象、考评目的等具体情况的不同，选择最有效的考评方法。

第三，选择适当的考评时间。

应根据工作的特点选择适当的考评时间，考评时间对考评的质量也有重要影响。一般而言，两次考评的间隔要适当，不宜过长，也不要过短。工作考评的最主要目的是促进工作的完善，如果考评间隔过长，则不利于及时发现和纠正问题，也不利于及时激励先进、鞭策后进。相反，如果考评间隔太短，不仅会使被考评者产生厌倦的对抗心理，而且被考评者的优缺点也没有充分体现，考评容易流于形式，也达不到考评目的。

第四，对考评者进行相关的培训。

对考评者进行有关晕轮误差、中心化误差等方面的培训，以避免问题的发生。在实际培训过程中，可通过录像或幻灯片的形式向受训者展示一些有关工作考评的案例，并要求他们对案件中的人进行考评，然后把每位受训者的考评结果以图解的形式表示出来，并逐一讲解各种不同的错误（如趋中倾向、晕轮效应等）。比如，如果一位受训者对所有的考评特征（如工作质量、数量等）的评定等级都一样，那么培训者可以指出这是由于受训者犯了晕轮效应的错误。这时，培训者可给出正确的考评结果并对受训者在考评过程中所犯的错误一一进行分析。

9.3　绩效信息的收集和记录

绩效实施是为绩效管理的下一个环节——绩效评估准备信息数据的，所以在绩效实施的过程中一定要对被评估者的绩效表现做一些观察和记录，收集、整理必要的信息。

这里所说的“记录”是由主管人员对自己所观察员工工作过程中绩效行为的文字描述，而“收集”则是主管人员对其他观察人员所记录绩效信息的获取。记录和收集绩效信息可以为绩效评估提供充分的客观事实，为绩效改进和提高提供有力的依据，可以发现绩效问题和产生优秀绩效的关键时间及原因，可以在绩效评估和人事决策发生争议时提供事实依据。

在绩效辅导阶段，管理人员与员工保持绩效沟通和辅导的同时，还有一项重要的工作就是进行数据的收集和记录，为下一阶段公正地评估员工的绩效水平提供依据。

9.3.1　绩效信息收集和记录的主要目的

1）提供绩效评估事实的依据

绩效评估结果的判定需要明确的事实依据作为支撑，尽管最初确定的工作目标或任务可以反映一些问题，但不足以证明员工完全按照规程、制度进行操作。在工作过程中收集或记录的数据，可以作为对员工绩效进行评估的依据，也可以作为晋升、加薪等人事决策的依据。

2）提供改进绩效的事实依据

我们进行绩效管理的目的是改进和提高员工的绩效和解决问题，要解决问题必须知道两件事，即存在什么问题和是什么原因引起了这个问题。假设主管人员笼统地对员工讲“沟通能力欠缺，需要改进”，员工可能不会在意，更不清楚如何改进。

3）发现绩效问题和产生优秀绩效的原因

对绩效信息的记录和收集可以使我们积累一定的关键事件。这些信息或关键事件可以帮助我们发现优秀绩效背后的原因，然后你可以利用这些信息帮助其他员工提高绩效，或者可以发现绩效不良背后的原因，这样有助于对症下药，改进绩效。

4）劳动争议中的重要证据

保留翔实的员工绩效表现记录也是为了在发生劳动争议时企业有足够的事实依据。这些记录一方面可以保护企业的利益，另一方面可以保护当事员工的利益。

案例9-4

联想的绩效考核过程沟通

如果把绩效管理比喻成一张错综复杂的渔网，沟通就是捏在渔夫手中的收网线，联想深信这一点。

联想的绩效沟通没有停留在事前让员工知道为什么考核和如何考核上，也没有停留在事后分析上，而是放在事中的纠正和完善上。

当然，并不是在发生变化的时候绩效沟通才开始运行，员工随时可以向人力资源部门反映问题，人力资源部门也随时期待着和员工面对面讨论绩效。绩效结果出来后的沟通一定不能大而化小，因为这直接关系着员工的积极性和下一阶段工作的正确与否。

很多企业也都认识到绩效沟通的重要性，纷纷强令人力资源部门进行绩效面谈，并制作绩效面谈的指标上交绩效管理中心，但事实上是否进行了面谈无从得知。

不断地修正员工行为和沟通让联想能够在赛马中识别好马。每个员工进入联想的时间可能有先后，学历也会有高低，但只要有能力，创造出了显著的业绩，都可以得到重用，都能够有所发展。在联想，因为业绩突出，一年之内提升3次者有之，进入联想仅3个月，能力强得到重用者有之。在联想，你永远会是“小马拉大车”，因为一旦你长成“大马”，就会有更大的车让你拉，这也迫使员工不断给自己提出更高的要求，在提高中去应对工作的压力和挑战。

9.3.2 绩效信息收集的内容

并非所有的信息都需要记录和收集，也不是收集的信息越多越好。所收集的信息应该与工作绩效紧密相关，常用的方法是以该岗位的关键绩效指标或绩效目标/计划作为依据进行信息的收集。一般来说，应该收集的绩效信息内容主要包括：

（1）工作目标和标准是否达到、工作任务完成情况的信息。

（2）证明工作绩效突出或不良的事实证据。

（3）内部、外部客户积极的和消极的反馈信息。

（4）管理者同员工就绩效问题进行沟通的记录，问题严重时还应该让员工签字。

（5）员工因工作或其他行为受到表扬或批评的情况。

（6）对管理者和员工有帮助的、能发现产生问题原因的其他数据。

（7）关键事件数据。

在这些信息中，部分是员工工作结果的数据，部分是员工工作行为的“关键事件”。对关键事件的记录要持续进行，可以采用“员工绩效记录卡”辅助进行（见表9-14）。

表9-14 **员工绩效记录卡**

姓名：	职位：	所属部门：	
满意事件		不满意事件	
时间	事件内容	时间	事件内容
2023-05-30	为完成系统升级，连续3个星期加班加点，毫无怨言	2023-06-17	没有按照安全操作流程操作
2023-06-29	尽管遇上机械故障，生产任务仍然能够按时完成	⋮	
2023-07-15	在职责范围外，为公司重要客户授课，客户评价极高		
⋮			
记录人：			

9.3.3 收集绩效信息的渠道和方法

1）收集信息的渠道

从哪里得到信息？同样，它也取决于你的需要。信息可以来自多种渠道，例如：

① 定期安排与员工的会面来评估他们的绩效。

② 对照建立的行动计划检查工作进展，考察绩效是否达到目标。

③ 回顾在评估周期开始的时候形成的目标计划。

④ 到各处巡视工作的进展情况，并与员工进行非正式的讨论。

⑤ 从与员工共事的其他人处得到对员工本人的反馈（正式的和非正式的）。

⑥ 检查工作的产出、结果，以检查其质量或准确性。

⑦ 要求员工作工作进展报告。

⑧ 提出要求后，检查任务完成情况，或者看是否有需要帮助员工解决。

⑨ 通过分析工作结果、讨论改进方案，评估工作责任或绩效目标完成的情况。

⑩ 关注客户的投诉和满意度（内部或外部），以便评估、检查员工的绩效。

2）收集信息的方法

绩效评估是一件复杂而系统的工作，需要长期跟踪收集信息资料，并对数据作必要的加工归类。收集信息资料的主要方法有：

① 考勤记录法：这种收集信息的方法最常用，主要记录员工的出勤情况，如出勤、缺勤及其原因。

② 工作记录法：将员工的某些工作目标完成的情况通过工作记录体现出来。例如，生产统计表上记录的产品数量和消耗原材料数目、财务数据中体现的销售额、客户记录表格中记录的服务数量和质量等生产服务情况。

③ 抽查法：定期或不定期对员工的生产、加工和服务的数量、质量等情况进行抽查，并由专人记录抽查情况。

④ 问卷调查法：采用问卷调查形式一般是指员工的某些绩效不是管理人员可以直接观察到的，也缺乏日常的工作记录的情况，派专人对员工进行多方面考察评定。例如，对于从事客户服务工作的员工，主管人员可以通过发放客户满意度调查表或以与客户进行电话访谈的方式，了解员工的工作业绩。

⑤ 关键事件记录法：就是对员工特别突出或异常失误的情况进行记录。关键事件的记录有利于主管对下属的突出业绩进行及时的激励，及时对下属存在的问题进行反馈和纠偏。

⑥ 直接观察法：主管人员对员工在工作中的表现进行直接观察，并记录员工的这些表现。

⑦ 减分搜查法：按职位或岗位要求规定应遵守的项目，定出违反规定的减分，定期进行登记。

总之，在绩效信息收集和记录过程中，主管除了本人平时注意跟踪员工计划进展外，还应当注意让相关人员提供相关数据。有效的信息收集方法为接下来的辅导提供了坚实的基础。我们提倡各种方法综合运用，因为单一的方法可能只能了解到员工绩效的一个或几个方面，而不能面面俱到。此外，主管必须清楚数据记录和收集的重点一定是以绩效为核心的。

基础训练

1.绩效考评的原则有哪些？

2.绩效考评者主观原因造成的误区有哪些？

3.简述收集绩效信息的方法。

综合应用

□ 案例分析题

案例 1

朗讯公司的绩效评估制度

朗讯公司的绩效评估制度系统是一个闭环反馈系统。

每年年初，员工都要和经理一起制定这一年的目标。

（1）业务目标的制定：员工可以通过客户、团队成员和主管的意见，让自己的业务目标尽可能和朗讯的战略目标紧密结合。员工要在业务目标中明确定义自己的关键目标。一个主管还要制订指导员工和发展员工的计划，强化其团队责任感。

（2）行为目标的制定：每个员工制定行为目标，来强化对朗讯文化的把握和具体执行。

（3）发展目标的制定：参考以前的绩效评估结果，通过多种途径的反馈和主管对员工的参考意见，能够帮助员工个人全面正确地评估自己的能力现状，这个评估结果对员工的个体发展非常重要。

在主管的协助下，将这三大目标制定完毕，员工和主管双方在目标表上签字，员工、主管各保留一份。在未来的一年中，员工随时可以据此对照自己的行为，履行自己的计划。

在目标制定后的一年中，每个员工在执行目标时都会有来自三个方面的互相影响：一是反馈，二是指导，三是认可。

反馈通常是员工与员工、员工与主管、主管与员工之间常用的一种沟通方式，朗讯的每位员工在工作中都有可能充当老师的角色。指导主要是指主管对员工的激励和指导的反馈。认可是一种特别的反馈，用来表示对员工工作成绩的认可。这三种方式是员工和主管沟通的三种常见形式。

评估围绕三个方面进行：

第一个是当前的业务结果。

第二个评估内容是朗讯的文化行为模式。

第三个是员工在发展自己的知识和技能方面做得如何。

评估过程分为准备评估、写评估报告阶段。

准备评估阶段：首先是员工的直接主管要做收集的准备，知道有哪些人给了员工反馈，给员工反馈的这些人可能是团队成员也可能是供应商，还有可能是别的主管。其次是看客户给员工的信件。再次是看员工最近的工作成绩。最后是员工和主管坐在一起讨论员工所做出的成绩和收到的一些反馈。

写评估报告阶段：主管对员工进行总结性评估时，必须参考一些材料，包括非正式的员工文件、前任主管对该员工的目标设定的文件、上一财政年度评估的文件等。

主管通过对员工各方面材料的掌握，在评估表格上记录了员工在各评估项目上的结果和评估意见，而且会提出一些评语，指出在哪方面做得好，哪方面欠缺，并在矩阵中填入评估结果。

写完评估报告，主管至少在小组评估会议的前一天将这个结果送给这位员工一份。

问题：朗讯公司的绩效评估制度带给你什么样的启发？

□ 实践训练题

请根据某公司人力资源专员绩效考核方案（见表9-15）撰写一份总经理秘书的绩效考核方案，注意突出考核项目、考核指标、权重及评价标准。

表9-15 **某公司人力资源专员月度绩效考核表**

考核时间： 被考核人姓名： 部门： 考核分数：

考核项目	关键业绩指标	评估标准/评分标准 优秀（权重×0.8~目标值） 良好（权重×0.6~权重×0.8） 较差（权重×0.6以下）	权重	目标值	完成情况	考核得分
岗位职责	招聘计划完成率	到岗人数/需求人数	20	20		
	人事档案（未及时办理，1分/次）	人事档案管理，完善人事档案，钉钉、微信、QQ加群，及时办理员工入离职手续，劳动合同签订	20	20		
	转正及各项保险缴交（转正名单、保险增减提交不及时，2分/次）	转正手续15天提交申请（通知业务人员提交）；保险增员25天前提交，减员30天前提交	20	20		
工作态度/能力	团队意识（因个人工作失职被投诉，3分/次）	在工作中配合上级领导，积极主动帮助、配合其他部门	20	20		

续表

考核项	关键业绩指标	评估标准/评分标准 优秀（目标值~权重×0.8） 良好（权重×0.8~权重×0.6） 较差（权重×0.6以下）	权重	目标值	完成情况	考核得分
工作态度/能力	考勤 （超过5次扣1分）	考核周期内请假、迟到次数合计不超过5次	5	5		
	沟通协调能力	与上级、部门同事沟通良好，能及时处理工作中遇到的问题，并及时反馈，提出意见	5	5		
	执行力	按时、按要求、保质保量地完成领导安排的任务	10	10		

提示：学会制定绩效指标是绩效管理课程的核心模块，也是人力资源管理专业学生的必备技能。建议大家制定绩效指标一定要和具体的工作岗位相联系，因为绩效指标就是工作岗位完成情况的风向标，大家可以结合工作岗位说明书来制定绩效指标，并按照指标的重要程度设置相应的考核分数和考核标准。

第10章 绩效反馈

学习目标

知识目标：

了解绩效反馈的含义和内容；理解绩效面谈的原则；熟悉绩效面谈的过程；掌握绩效面谈的技巧。

能力目标：

能够掌握绩效反馈技巧。

素养目标：

联系实际，明确如何通过绩效反馈来提升员工的担当精神与实干精神。

案例研讨

中小企业绩效面谈现状

绩效面谈是指管理者针对员工在特定考核周期内的工作业绩、工作态度、工作适应性等方面进行评估，根据评估结果与员工进行面对面沟通及工作问题分析，在员工绩效表现和考核结果及下一周期绩效改进计划等方面达成一致的过程。很多中小企业在绩效管理实践中常因面谈方法与技巧欠缺，管理者及员工对绩效面谈重视不够、认识不足等原因，使绩效面谈流于形式。

1. 认知偏差，绩效面谈缺位

对人才效能开发及提升有重要意义的绩效管理备受关注。2013年中国KELLY全球劳动力指数报告显示，中国有75%的受访雇员所在企业采用绩效薪酬制，约有70%的企业建立了绩效管理系统。但是，部分中小企业在进行绩效管理时简单地将绩效管理等同于绩效考核，而考核就是为了发放绩效工资，根本就没有绩效面谈，绩效改进更是无从谈起。

2. 面谈问题分析缺乏针对性

部分中小企业在绩效考核时常使用同样的考核标准，或者仅是为适应时代潮流而考核，考核指标和标准不够清晰、准确。企业不根据具体工作的特点进行考核，往往会导致上下级对考核标准及结果认知产生偏差，易产生工作问题分析失真的情况。由于面谈存在的问题分析缺乏针对性，故面谈效果较差。

3. 对绩效面谈不够重视

很多中小企业管理者因对绩效面谈工作重视不够，准备工作并不充分，表现为：缺少对绩效考核结果的全面分析，无面谈提纲，直接跟员工进行谈话。这往往导致员工忽视该项工作的重要性，拒绝表达或是敷衍了事，面谈效果不理想。而企业员工因对绩效计划、绩效考核标准重视不够、认识不足，在面谈时常表现为盲目听从上级对自己工作的改进安排，并没有认识到自身工作中存在的根本问题。因此，面谈对员工的工作行为改进及整体绩效提升的引导性不大。

4. 绩效面谈存在单向性

绩效面谈是一个双向沟通及反馈的过程。实践中，部分中小企业在面谈时只是上级对员工的近期表现提出改进建议，并没有让员工针对考核方法及结果提出异议，忽略员工的及时反馈，直接影响下一周期绩效计划制订的科学性与准确性，员工参与的积极性大大降低。

5. 绩效面谈方法不恰当

许多中小企业对绩效面谈重视不够，甚至缺位，缺少对管理者进行面谈知识及技巧方面的培训。面谈时过程简单、直接，易使员工产生消极对抗心理。而有的管理者非常重视工作成果，忽视员工在面谈过程中的参与性及贡献，整个面谈过程充满批评、否定，面谈氛围压抑，面谈效果不佳。

资料来源 蒋云. 中小企业绩效面谈问题浅析［J］. 人力资源管理，2016（12）. 引文经过节选、压缩和改编。

从上面的案例可以看出，把绩效考评的结果反馈给员工是非常重要的，而且现在有不少企业的绩效反馈面谈是存在问题的。绩效反馈是绩效评价的延伸，不仅能为员工的努力指明方向，还可以激发员工的上进心和工作积极性，从而提高组织的整体绩效。能否及时有效地对评价结果进行反馈、面谈，将直接影响到整个绩效评价工作的成效。

10.1 绩效反馈概述

10.1.1 绩效反馈的含义和作用

所谓绩效反馈，就是使员工了解自身绩效水平的各种绩效管理手段。绩效反馈的特定内容和目的也决定了管理者在进行绩效反馈时应该注意一些特殊的沟通技巧。

心理学家研究人类行为后发现，反馈是使人产生优秀表现的最重要的条件之一。如果没有具体及时的反馈，人们无从对自己的行为进行修正，从而无法逐步提高，甚至可能丧失继续努力的愿望，因而往往表现得越来越差。同样的道理，员工绩效表现不佳的一个可能的原因就是没能够得到具体、及时的反馈。

有效的绩效反馈对绩效管理起着至关重要的作用。

1）绩效反馈是考核公正的基础

绩效反馈让员工成为主动作为的一方，而且赋予其一定的权利，使其不仅具有知情权，更有发言权；同时，通过程序化的绩效申诉，有效地降低了评价过程中不公正因素带来的负面效应，在评价双方之间找到了平衡点、结合点，对整个绩效管理体系的完善起到了积极作用。

2）绩效反馈是绩效改进的保证

绩效评价结束后，管理者应就评价的全过程尤其是员工的绩效情况进行详细说明，指出员工的优缺点，特别是就未来的绩效改进计划达成一致意见。

3）绩效反馈是传递组织期望的手段

组织的未来期望及愿景目标是通过管理者传递给员工的，在绩效反馈时进行传递是一个合适的时机。在与员工讨论工作目标时，管理者可以将组织期望与愿景贯穿其中，让员工感觉到组织期望不是一种无形的愿景，而是与自己密切联系的，这样更有利于员工将其落实到具体的工作之中。

10.1.2 绩效反馈的目的

1）绩效反馈能使员工清楚管理者对自己工作绩效的看法和评价

一方面，一个绩效管理循环即将结束，员工希望能够得到来自管理者的对自己工作绩效的反馈信息，以便在以后的工作中不断提高技能、改进绩效；另一方面，员工也希望与管理者交流自己的想法，探讨一些具体问题。

2）绩效反馈能让员工认识到自己的成就和优点

每个人都有被认可的需要。当员工做出成绩时，员工希望得到管理者的承认和肯定，管理者的肯定对员工能够起到积极的激励作用。

3）绩效反馈能够指出员工有待改进的方面

员工的绩效中可能存在一些不足之处，即便员工目前的绩效表现比较优秀，但如果今后想要做得更好，仍然需要做进一步的改进，即“改进无极限”。一般来说，员工不仅关注自己的绩效结果，更希望有人指出自己需要改进的地方，通过绩效评价反馈，管理者和员工可以共同分析绩效不尽如人意的原因，找出双方有待改进的方面。

4）绩效反馈有助于协商下一绩效管理周期的绩效目标和改进点

绩效管理是一个往复不断的循环过程，一个绩效周期的结束恰好是下一个绩效周期的开始，因此，上一个绩效管理周期的绩效反馈面谈可以与下一个绩效管理周期的绩效计划面谈合并在一起进行。

10.1.3 绩效反馈的内容

绩效反馈的内容应包括以下几个方面：

① 绩效评估的结果。

② 员工在评估周期内的工作绩效状况，并听取员工对评估结果的看法。

③ 与员工探讨取得如此成绩的原因，对绩效优良者予以肯定和鼓励，和绩效不良者一起分析问题和原因，制订改进和培训计划。

④ 针对员工的绩效评估结果，告知其将获得怎样的奖惩。

⑤ 说明对员工的要求和期望。了解员工在下一个绩效周期的打算和计划，并提供可能的帮助和建议。

在实际反馈过程中，许多内容是同时进行的，而且不可能面面俱到。这主要靠主管确定一个主题后灵活掌握，随机应变。

10.2 绩效面谈

10.2.1 绩效面谈的含义、作用及注意事项

1）绩效面谈的含义

所谓绩效面谈，是指管理者与下属之间共同针对绩效评估结果所做的检视与讨论。

现代绩效评估通过评估体系设计、评估反馈、奖励指导与绩效改善等一系列步骤营造螺旋式上升的循环，从员工行为的期望与控制的具体环节方面确保企业的运行方向，提高企业的运作效率，提升企业的竞争能力。作为现代绩效评估区别于传统绩效评估的主要特征，绩效反馈面谈是各级主管人员阐明管理意志、调查员工思想、增进上下级感情的有效工具。由于一些管理者平日的工作非常忙碌，往往没有办法抽出适当的时间与下属进行年度绩效面谈，即使做了，也是尽可能越短越好；有些管理者图省事，甚至要求下属自己直接在绩效面谈表上“反省”一年的工作表现，然后管理者在表上盖章签名了事；更有些管理者为了图省事干脆将下属的考评分数打高一点，以避免自己与下属在绩效面谈时彼此争得面红耳赤。事实上这种情况在一般企业运作中时常发生，倘若任其延续下去，势必会造成管理者在日后工作中出现被动局面。因此，认识绩效面谈的重要性，并掌握相应的运作艺术对管理者来说至关重要。

2）绩效面谈的作用

为了实现企业经营的目标，大部分企业均设立绩效评估、绩效管理等制度。除此之外，这些企业也都希望在绩效评估后，能通过绩效面谈将绩效表现反馈给员工，使其了解在过去一年中工作上的得与失，以作为来年改进的依据。绩效面谈能为管理者提供一个良好的沟通机会，借此了解员工的实际工作状态，并确定可以给予员工的协助。通过绩效面谈，管理者和员工可以共同探讨企业的发展规划与目标，明确各自的努力方向。

3）绩效面谈中的注意事项

实践中常常发现，一些主管或员工常常将绩效面谈看成一个辩论的过程，其目的在于反驳对方的观点。事实上，这是一个非常错误的观念。因为，绩效面谈的主要目的是希望通过主管与下属的双向沟通，使工作更有成效，让企业的发展更健全。如果主管与下属在绩效面谈时所秉持的观点是“你死我活”，那么，绩效面谈岂不变成了“斗争大会”？所以，正确的绩效面谈应该是主管、下属双方都能敞开心胸，彼此以坦诚的态度，齐心协力地解决问题，以达到绩效面谈双赢的目的。

（1）评之有据，以理服人，达成共识

批评类的负面信息反馈往往是各级主管面谈时感到棘手的一件事，负面信息反馈往往会引起员工懊丧不满的情绪、不以为意的抵触心理，甚至还会影响到他们的工作热忱。一般情况下，员工对自己的工作往往有着良好的自我感觉。从统计情况看，一个团

队中应该是半数人员在绩效成绩的中位数以上，半数人员在中位数以下。然而有关的调查结果却表明，大多数职工都认为自己的工作表现是属于团队前列的。例如，在美国某企业500人的问卷调查中发现，58%的人认为自己的工作表现是在10%的行列之中，81%的人认为自己可以排在前20%的行列之内。这一现象表明，即使是非常准确地、实事求是地对员工进行绩效评估，也会有不少员工会感到绩效评估不尽如人意，远低于自己的预期，不够公平，进而产生对负面反馈信息的反感与抵制心理。这就是许多时候绩效反馈面谈难以顺利展开的原因。如何有效缓解员工在绩效反馈面谈时的自我防卫心态，促使其认真听取绩效反馈意见，虚心接受一时之间有些自感不适的负面信息是极为重要的。

（2）链中之环，承上启下，事关全局

全过程动态绩效考评是指为了达成组织的目标，通过持续开放的沟通过程，形成组织目标所预期的利益和绩效，并使团队和个人做出有利于目标达成的选择。全过程动态绩效考评的过程通常被视为一个循环。这个循环的周期通常分为四个步骤，即绩效计划、绩效实施与管理、绩效考评和绩效反馈面谈（如图10-1所示），而绩效反馈面谈作为其中的重要环节，不可或缺。

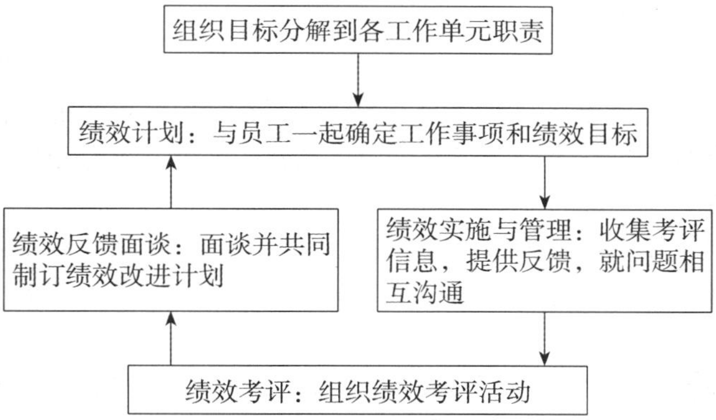

图10-1 动态绩效考评过程

（3）明长察短，双向沟通，放眼未来

通过绩效反馈面谈，管理者可以实施内部控制，了解员工需求，掌握其优点和特长；员工可以明确工作目标，找出差距和不足，表达想法和意见；上下级可以双向沟通，共同制订绩效改善计划和新的目标，从而建立良好的绩效伙伴关系，为下一步工作和新一轮的绩效评估奠定坚实的基础。

（4）激励手段，满足需要，主动提高

绩效反馈面谈是一种重要的激励手段，用得好，可以调动下属的积极性；反之，则成为障碍。要做好激励工作，管理者必须了解人的行为，并不断地调动员工的积极性才能顺利地实现其组织目标。关于人的行为，许多学者进行了大量的研究。根据人们行为的基本模式，绩效评估就是对人们行为或行为结果的评估。绩效反馈面谈就是将评估的结果反馈给被评估对象，并对其行为产生影响。据考察分析，绩效反馈后下属主要有以下四种反应：

①积极、主动地工作。在双方绩效评估均属良好时，管理者常常通过情感、奖励(包括表扬、金钱或实物)、地位（包括提升，扩大工作范围、责任）等多方面的激励方式来反馈下属的绩效，下属则以积极、主动的工作态度回报管理者对其绩效的认同。至于如何选择这些激励方式，则应视下属的具体情况而定。例如，某单位有一位青年员工，表现一直不太好，后来在大家的帮助下有了转变，为了鼓励他的进步，管理者决定奖励他100元钱。在实施奖励时，管理者分析了这个青年的经济情况，认为100元钱对其没有激励作用，于是买了一套他喜欢的书籍，印上“奖”字，在部门大会上当众授奖，这个青年深受感动，以后有了显著的进步。100元钱和一套书从经济价值上来说是等价的，但对满足这个青年的需要、激发他的工作积极性而言却不是等价的。换句话说，绩效反馈的方式不同，绩效反馈的效价也是不一样的。一套书满足了这位青年员工的荣誉需要，其效价远远超过了100元。这个例子说明良好的绩效反馈可以起到激励下属的作用，为了提高绩效反馈的效价，使它对每一个人都有强大的吸引力，反馈的形式还要多样化，要因地制宜、因人而异。

当员工绩效评估较差时，管理者往往通过情感、扣薪金、批评处分、缩小工作范围、降职等多方面的惩罚方式来反馈下属的绩效，此时下属也不得不以较积极的工作态度回应管理者对其绩效的反馈。

②保持原来的工作态度。当绩效反馈与下属自我绩效评估基本一致，下属认为其绩效与其需求相当，且无满足更高需求的可能时，常常会保持原来的工作态度。而当绩效评估不一致时，下属往往认为管理者对其绩效低估了，但又不愿消极、被动地工作，也常常采取这种工作态度。

③消极、被动地工作。出现这种情况有以下两个主要原因：一是绩效反馈情况与下属自我绩效评估不一致；二是绩效反馈情况基本一致且绩效良好，但下属对绩效反馈的形式不满。例如，有的单位对绩效良好的员工实行奖励制度，就是利用绩效反馈作为一种激励手段，以调动员工的工作积极性。在20世纪80年代，国内有些企业由于缺乏评价员工付出的努力和成效与奖励是否一致的客观标准，加上管理者怕麻烦、怕矛盾，不考虑各部门工作的好坏、成果的多少一律设奖；在员工之间不分工作好坏、贡献大小，奖金人人有份，个个差不多，即使是采用一、二、三等奖的形式，实质上也是轮流坐庄。这种奖金在某种程度上成了变相的福利，花钱再多也没有作用，这也就是美国心理学家赫茨伯格所说的“保健因素”。

④抵制工作。导致这种情况出现的原因除了绩效反馈情况与下属自我绩效评估不一致外，还有绩效反馈双方在情感交流方面发生了冲突。如某单位有一位员工，尽管尽了力，但由于主客观的原因未能按时完成任务。管理者认为其工作不努力，对其进行了批评，并扣发了他的薪金。该员工感到很委屈，认为管理者只重视工作结果，不考虑工作过程。由此该员工也对这位管理者产生了抵触情绪。

如上所述，绩效反馈用得好，可以调动下属的积极性；反之，则成为障碍。因此，在进行绩效反馈时应注意以下几点：绩效反馈要与下属的主导需求一致才可能起到激励作用；应为下属确立可行的行为目标；必须做到反馈方式的多样化；必须处理好绝对奖罚与相对奖罚的关系；管理者态度应真诚；应把组织的目标、规章制度、工作程序等向员工传达，让其了解组织的奋斗目标和具体措施，这样员工才能以主动的态度去完成各项任务。

拓展阅读10-1

绩效面谈的种类

从绩效面谈的内容和形式上看，绩效面谈可以有多种分类方式。如按照具体内容，绩效面谈可以分为：

第一，绩效计划面谈，即在绩效管理初期，上级主管与下属就本期内绩效计划的目标和内容，以及实现目标的措施、步骤和方法所进行的面谈。

第二，绩效指导面谈，即在绩效管理活动中，根据下属不同阶段内的实际表现，主管与下属围绕思想认识、工作程序、操作方法、新技术应用、新技能培训等方面的问题所进行的面谈。

第三，绩效考评面谈，即在绩效管理末期，主管与下属就下属本期绩效计划的贯彻执行情况，以及其工作表现和工作业绩等方面所进行的全面回顾、总结和评估。

第四，绩效总结面谈，即在本期绩效管理活动完成之后，将考评结果以及有关信息反馈给员工本人，并为下一期绩效管理活动创造条件的面谈。

按照绩效面谈的具体过程及其特点，绩效面谈又可以分为以下四种类型：

第一，单向劝导式面谈。单向劝导式面谈也称单向指导型面谈，它是通过对员工现实工作行为和表现进行剖析，说明哪些行为是正确的、有效的，哪些行为是错误的、无效的，根据工作说明书，尽可能说服下属，让他们接受并提出新的、更高的工作目标，不断提升其绩效水平。这种面谈方式对于改进员工行为和表现的效果是十分突出的，尤其适用于那些参与意识不强的下属，但由于这种单向面谈缺乏双向的交流和沟通，容易堵塞上下级之间的言路，难以给下属申诉的机会，因此沟通渠道可能会受阻。使用这种方式要求主管具备劝说员工改变自我的能力，并且能够熟练运用各种激励下属的模式和方法。

第二，双向倾听式面谈。双向倾听式面谈并没有严格的程序和格式。这种面谈形式为下属提供了一次参与考评，以及与上级主管进行交流的机会。在面谈过程中，上级主管首先要求下属回顾并总结自己的工作；然后，根据下属的自评报告，在综合归纳各方面考评意见的基础上，提出自己的看法，并做出总体的评估；最后，听取下属的意见，应当给下属充分发表意见的机会，使其毫无顾忌地表达自己对考评结果的直接感受和真实看法，针对不同意见，也应当允许下属保留自己的看法。采用这种面谈方式时，上级主管应具有与员工沟通其工作优缺点的能力，要求主管能够认真地倾听员工的不同意见，对员工的陈述或过激的言辞不予反驳，不加评论，以缓解员工的抵触情绪，采用这种方式可以在员工受到挫折时减少或消除不良情绪。

双向倾听式面谈要求参加者事先准备一些问题，而且要掌握提问和聆听的时机。它的目的是让下属了解上级对其优缺点的评价，并就此做出反应。这种形式的主要缺点是：难以向被考评者立即提出下一步工作改进的具体目标，虽然员工对考评结果感到满意，但其工作的改进程度不会太大。

第三，解决问题式面谈。基于上述各种面谈方式的一些不足，出现了一种通过绩效面谈解决下属实际问题的新形式，即解决问题式面谈。运用解决问题式面谈时，应创造一种活跃的、开诚布公的，能够进行有效交流的环境和氛围，主管应倾听员工的陈述，对员工的感受做出正确的回应，并针对上次面谈以来员工所遇到的困难、需求、工作满意度等问题逐一进行剖析，以达成共识，从而促进员工成长和发展。在本次面谈中，对下属所遇到的困难和提出的问题，应当抓住主要矛盾，深入进行讨论和剖析，寻求解决问题的途径，提出具体措施和办法，并在此基础上帮助下属提出改进工作绩效的计划和目标。这种面谈形式对大部分考评者来说具有一定的难度，为此，需要组织相关的培训，以提高考评者的管理水平。

第四，综合式绩效面谈。综合式绩效面谈是将上述各种面谈方式，经过合理的搭配综合而成的一种绩效面谈方式。当上级主管经过专门的管理技巧培训，掌握了一定的技能以后，在实现绩效面谈的多重目标时，该方式就显得十分有效了。所谓综合式绩效面谈，也就是在一次面谈中，采取灵活变通的方式，从一种面谈形式转换、过渡到另一种面谈形式。例如，单向劝导式面谈适用于评估绩效计划目标的实现程度，而解决问题式面谈更适用于促进员工潜能开发和全面发展。将两个目标区分开来进行面谈显然需要耗费很多时间和精力，如果采用综合式绩效面谈则可以“一箭双雕”，效率较高。

资料来源　中国就业培训技术指导中心．企业人力资源管理师（三级）培训教程［M］．北京：中国劳动社会保障出版社，2014.引文经过节选、压缩和改编。

10.2.2　绩效面谈的准备

为了更有效地进行绩效面谈，管理者和员工都必须在面谈前做好充分的准备。

1）管理者的准备

绩效考评的面谈，是管理者和员工进行面对面交流的过程，主要以口头沟通为主，管理者应做好相关准备工作。

（1）收集、整理绩效考评资料

管理者要对即将接受面谈的员工所从事工作的工作描述进行研究，将其实际工作绩效与绩效标准加以对比，并审查员工最近两年的工作绩效考评档案。

（2）确定最恰当的时间

面谈是一个双向沟通的过程，因此管理者应当找一个对双方来讲都较方便的时间来进行，以便为整个面谈留出一段较为充足的时间。只有这样，双方才能静下心来充分地进行交流，而不会受到其他事情的干扰。

（3）选定和布置面谈的场所

为了更有效地进行面谈，应选择一个中立性的场所。

场所的布置尤其是桌椅的摆放，对面谈双方尤其是下属员工的心理影响是不容忽视的。如图10-2所示的三个例子，对A、B、C予以比较即可发现，不同的摆放营造的气氛是截然不同的。

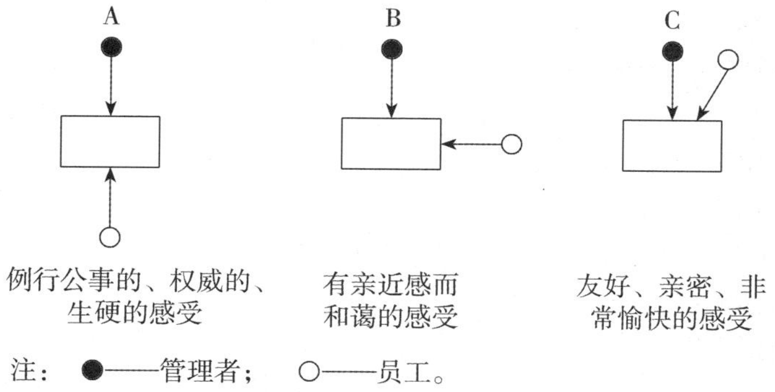

图10-2　面谈位置示意图

拓展阅读10-2

绩效反馈前管理者需做好哪些准备？

第一，回顾对员工的工作要求，确定自己已经完全熟悉了这些要求。

第二，回顾先前与员工讨论并达成一致的目标和标准（以及与其成绩相关的记录）。

第三，回顾员工的工作经历，包括：具备的工作技能、参加过的培训、拥有的特别经历、过去从事的工作和绩效。

第四，考评员工在工作期间的表现，确定绩效考评等级。

第五，特别关注是否与员工就绩效考评结果存在分歧，最好提供具体的例子来支持自己的观点。

第六，考虑员工的职业机会和职业限制，准备与其进行这方面的讨论。

（4）提前将面谈事宜通知员工

管理者应至少提前一周亲自通知员工面谈的时间、地点、目的等，使其有时间对自己的工作进行回顾，分析工作中所存在的问题。

（5）计划好采用的方式

① 先谈员工的优点，再谈工作中需要改进的地方。

② 直接从表格入手，说出考评结果，并且每次只讨论一项，没有达成一致前不进行下一项。

③ 在公布考评结果之前，先让员工说出自己的看法，或者让员工把表上的所有项目都说完，或者让其逐项说。

④ 采取与员工轮流发言的次序。

（6）事先做好“发问内容”

为使面谈时能获得更多准确的事实或情况，或把握对方的心思，必须预先准备具体的发问事项。特别是在采用“自我申报”和“自我考评”制度的公司，在绩效考评面谈时，将主要通过上述内容来理解问题的背景和理由，而且发问技巧的好坏，将直接影响面谈的效果，所以对发问内容的准备是必不可少的。

管理者在所有准备工作完成后，应运用5H1W的检讨原则，再次核对一下有没有缺失或遗漏的地方：

① when——何时，什么时间？所需时间？

② where——何地，什么场所？

③ who——谁，面谈的对象是谁？

④ what——什么，面谈的内容是什么？

⑤ why——为何，面谈的目的、理由是什么？

⑥ how——如何，面谈的方法、步骤有哪些？

2）员工的准备

在绩效考评面谈之前，管理者应及早让员工收到通知，以便员工在考评面谈进行之前做好准备工作。员工需要做的准备主要有以下四个方面：

（1）收集与先前绩效有关的资料，包括工作行为及成就的详细资料，对于某些未完成或做得不好的工作也应说明理由。

（2）如果管理者要求进行自我考评，应事先做好一份。

（3）分析自己工作中存在的问题，并搜集需要在面谈时提出的问题和意见，尽可能将其细化。

（4）事先安排好自己的其他工作。这一点尤为重要，因为只有工作安排得妥当，才能在面谈中不受干扰，才能把全部心思放到面谈上。

10.2.3 绩效面谈的过程

1）绩效面谈的原则

绩效面谈能否顺利进行，能否取得成功，决定了绩效评估的效果及其激励、奖惩与培训等开发功能的发挥。作为绩效面谈的实施者，各级管理者在绩效面谈过程中应掌握以下原则：

（1）抓住时机，及时反馈

绩效评估反馈面谈应快速及时，切勿等到问题已趋恶化或者事情已经过去很久之后再进行，问题尚不严重时的善意提醒会让人更加乐于接受。如果事情发生已久，或者事情长期被容忍，往往会使人产生习惯性的心理认可，当绩效反馈时再对此提出批评则会让人产生“为什么不早说”的反感与抵制心理。

（2）对事不对人

能力不足，反应不够灵活，这类缺点问题的提出违反了绩效评估反馈面谈时的对事不对人的基本原则。仅仅针对所发生的具体事例提出批评，切勿从不当工作行为中引申出个人素质方面的攻击指责，如斥责员工“蠢笨”“无能”等。也许某些管理者认为措辞严厉可以触动职工，使之认识到问题的严重性，但实际效果往往适得其反，此类做法除了会引发受批评者的反感与抵制心理外，并无其他更多的作用。

绩效评估的作用是控制员工的行为，纠正和淘汰员工工作中与组织目标不一致的行为，所以面谈的主要内容应该是下属绩效的客观表现，引导员工发现其行为与绩效目标（标准）之间的差距，使其明确今后应该改进的方向。撇开绩效不谈，而着重于员工与员工之间的差异，不仅会造成相互之间的心理排斥和矛盾，而且对员工今后的绩效改善、行为纠偏没有指导意义。

（3）明确具体，言之有据

绩效面谈时，切勿含糊笼统，有关评估应有具体的说明。如仅仅告知说“工作态度差”“工作积极性、主动性不够”，往往不易使人接受。假如换一种比较具体的提法：“我们非常关注你的工作态度问题，不管什么理由，和顾客发生争吵都是不应该的，这方面企业内有明确的规定；另外，也有顾客投诉你在服务活动中不够细心。”这样说可以使员工了解受到批评的具体原因是什么，使之能够耐心接受。当然，在必要时，也可以用一些相关的材料与数据佐证评估结果，促使员工改变过高的自我评估。

（4）反馈信息应定向于可控行为

员工的有些行为缺点是个人短期内所无法改正的，只有针对面谈对象所能自我掌控的行为提出改进意见，才有可能收到较好的效果。

（5）允许对评估反馈提出异议

当员工对所提出的绩效评估意见不满意时，应允许其提出反对意见，绝不能强迫他们接受其所不愿接受的评估结论。如果员工的解释是合理可信的，应灵活地对有关评估做出调整修正；如果员工的解释是不能令人信服满意的，应进一步向员工做出必要的说明，通过良好的沟通交流与员工达成一定的共识。

（6）同时提出对员工的支持帮助计划

绩效评估反馈的目的并不是要对一个人盖棺定论，而是为了能够更好地改进个人的工作。为此，在绩效反馈面谈时，不能简单地把问题提出了事，然后让员工“自己看着办”“好自为之”，而应该与其共同研究导致工作失误的原因；通过责任分担、一如既往的信任表态等做法减轻员工的心理压力；以真诚的态度提出改进工作的意见与建议，并在工作中为员工提供支持与帮助。

绩效评估的基本原理就是将员工的现实绩效表现与期望的绩效目标进行比较，找出差距和不足。正如培训效果评估一样，培训的效果不好是因为培训根本就不是改善绩效的方法，也可能是因为培训过程本身失效（如培训内容不合适、培训方式不当），只有原因找准了，才可能有的放矢。对于员工绩效的不佳，管理者应当与员工一起开诚布公地追根溯源，是工作态度不好、工作技能不足？还是岗位不合适？在正确归因的基础上，对症下药，落实绩效改善计划。

（7）建立并维持彼此的信任

绩效反馈面谈的主要任务就是将评估结果告诉员工，其间既有肯定和表扬，也有建议和批评，由于这种结果更多地与奖惩措施相联系，所以面谈对员工来讲非常敏感，再加上上下级关系造成的员工心理上的弱势，容易使员工在面谈时产生戒备、抵触甚至反抗情绪，于是营造一个平和的氛围，建立并维持彼此的信赖就成为举足轻重的第一步。管理者要真诚地帮助员工认识到绩效评估不是在挑他的毛病，而是帮助他找出过去工作中存在的问题，以便今后更好地工作。

（8）在平等的立场上进行商讨

管理者不能居高临下，俨然一个高高在上的法官，铁面无私地审判着一个仿佛与自己丝毫没有关系的犯了错误的人。管理者应将自己的角色定位于帮助者、教练员，像朋友似的展开面谈，使员工排除心理障碍，在平等的地位中感受较大的自由和责任，畅所欲言。

(9) 倾听并鼓励下属说话

管理者应意识到，在面谈时要多给下属一点说话的时间，更多地以倾听的方式同下属交流，让下属自己谈工作的完成情况、没有完成的原因以及下一步工作的打算和努力的方向。对于那些沉默内向的员工，要循循善诱、耐心启发，用提出非训导性的问题或征询意见的方式，促使其做出反应；对于那些情绪冲动的员工，要心平气和地听他诉说不满，尽量不急于争辩和反驳，分析其不满的原因，客观地、冷静地、建设性地提出问题的解决办法。

(10) 重在绩效，而不是人格特征

人们通常认为，气质活泼、性格外向的员工的绩效可能会比较好，但是事实证明：当员工的人格特征与岗位合理配置后，二者之间并没有绝对的关联度。现代绩效评估的出发点是“事”，着眼点是“事”，落脚点也是“事”，这与传统绩效评估重点关注人格特征有着显著的不同。

(11) 优点与缺点并重

绩效面谈中存在这样一种心理现象：与绩效优秀的员工面谈会容易进行，与绩效不佳的员工面谈较难开展。同样，在肯定和表扬员工的优点时，会使人感到轻松，而指出和批评员工的缺点时会使人感到紧张，但无论怎样，管理者在绩效面谈时，既要反馈优点，也要反馈缺点。这是因为，人不是十全十美的，再优秀的员工，也会有不足；人也不是一无是处的，再不好的员工，也有闪光点。只有优缺点并重，才能客观地、全面地让员工了解主管以及组织对其的看法和期望。

(12) 不将考评与工资、晋升混为一谈

绩效评估面谈，要聚焦于工作表现，强调未来发展，不能将业绩评估与工资、晋升直接混为一谈。否则，就会使绩效问题变成棘手的工资问题、晋升问题，本来是绩效改善问题，结果变成工资涨不涨、涨多少以及提不提拔、提拔到什么位置的问题，从而引发矛盾和冲突，阻碍绩效改善的进行。

很多企业把绩效面谈安排在加薪时间前甚至同时进行，这难免使得员工产生一个错觉，绩效管理相等于薪资管理。如果将加薪安排在绩效面谈后1~2个月后再进行，就减少了员工产生错觉的可能性，使其正确看待绩效管理。

(13) 以积极的方式结束面谈

在面谈过程中，由于谈话的内容侧重工作的改善，所以会造成员工心理上的不适，主管要理解员工的不满，听取员工的意见，激发员工克服缺点的热情。在谈话结束时，一定要以积极的方式鼓励员工，促使他满怀希望地投入到新一轮的工作中。

2) 绩效反馈面谈中的一般技巧

(1) 语言沟通

在语言沟通上，需要管理者注意：对评价结果进行描述而不是判断。

① 管理者在评价员工的服务态度时，不应直截了当地告之其结果（优、良、中、差等），而应描述关键性事件，如员工曾经与顾客争吵而没有向顾客道歉等。这些事件一经描述，员工便会自己进行判断，得出一个结论，从而避免员工对否定结果的抵触

情绪。

② 评价结果应具体而非笼统。评价结果过于笼统，会使员工怀疑主管对他们所从事的工作缺乏了解，将会降低评价结果的可信度。

③ 评价时既要指出进步又要指出不足。研究发现，在通常情况下，对员工的批评越严厉，员工的抵触情绪就越强烈。所以，建议先对员工进行表扬，使员工不会过于紧张，接下来批评员工的绩效，最后再表扬员工，使其能带着愉快的心情离开。这样，有助于消除员工的抵触情绪，增强员工根据绩效反馈结果改变行为的自愿程度。

④ 评价时应避免使用极端化的字眼。极端化字眼包括“总是”“从来”“从不”“完全”“极差”“太差”“绝不”“从未”“绝对”等语气强烈的词语。如果把极端化字眼用于对否定结果的描述中，就会使员工认为主管进行的绩效评价缺乏公平性与合理性，从而导致不满情绪，也可能使员工感到心灰意冷，怀疑自己的能力，对建立未来计划缺乏信心。因此，管理者在面谈时必须杜绝使用这些字眼，多使用中性字眼，还要注意用相对平缓的语气。

⑤ 通过问题解决方式建立未来绩效目标。在面谈中要确定未来的绩效目标，采取单纯劝说方式（管理者告诉员工应怎样做）和说听方式（管理者告诉员工长处和弱点，让员工自己说怎样做）都不能取得良好的效果，应当采用管理者与员工双方共同讨论的模式，让员工高度参与。

⑥ 直接进入面谈的主题。因绩效面谈的目的很明确，也有相应的面谈记录表提示双方将要进行面谈的主题，因此管理者可以开门见山，或稍微活跃一下气氛，不必花太多时间做迂回和铺垫。开始面谈时，最好先谈双方容易达成共识的问题，避免面谈一开始就陷入僵局，把容易引起对方不满或反对意见的问题留在最后。

⑦ 牢记面谈的目的和重点。在面谈的过程中，要始终牢记面谈的目的和重点，并围绕目的和重点展开面谈内容。面谈以绩效、鼓励、未来为主，过去的事情已经发生了，重要的是要让下属不再重复发生同样的错误，并给予改善下一阶段工作绩效的指导意见。在面谈中，如果下属提出好的意见或看法，管理者最好立即给予肯定和赞扬，以激发他的谈话兴趣；当对下属指出不足时，要同时提出期望和指导意见。当然，还要记住，在整个面谈过程中，管理者的角色是倾听者，要让下属多说话，鼓励他们评价自己过去一段时间的工作；要指导和提醒面谈的方向和主题，而不是以一种强制、高压的态度让下属服从。

⑧ 该结束的时候立即停止。当面谈该结束时，无论进行到什么程度都要结束，否则不但会影响到这一次的面谈效果，还会使双方产生厌烦的心理，以至于影响下一次的面谈效果。如遇到以下几种情形，最好立即停止面谈：第一，观点严重分歧，无法再继续交谈下去；第二，面谈时间太长，下属已出现厌倦情绪；第三，下属需要处理十分紧急的事情，必须立刻离开。

（2）非语言沟通

非语言沟通是绩效评价面谈中另一个不容忽视的环节，它对绩效反馈也有很大影响。非语言信息一般表现为面部表情、体态语言等，这些信息对沟通双方很重要，但对其如何理解有时会出现偏差。为消除这些错觉，管理者对非语言信息的流露应有所重视，并需注意以下细节：

① 空间场所的选择。管理者不应选择空旷的大房间作为面谈场所，并且面谈时，管理者与员工之间不应距离太远。面谈时，空间距离太大，员工与管理者之间的亲密感降低，会使员工感到孤立无助，导致紧张感增加。比较好的选择是在一个较小的工作间（此工作间的环境应是员工熟悉的）进行面谈，而且管理者与员工之间应坐得比较近（也不要太近）。

② 身体姿势的选择。管理者坐在沙发上不要陷得太深，或身体过于后倾，这些都会使员工产生被轻视的感觉，也不要正襟危坐导致员工过分紧张，最佳选择是员工平时所见到的自然体态。

③ 眼神的交流。面谈时，管理者不应长时间凝视员工的眼睛，也不应目光游移不定，这些都会给员工造成心理上的负担。比较好的方式是将员工下巴与眼睛之间的区域作为注视范围，进行“散点柔视”，方显坦诚、真挚。

④ 融洽面谈气氛的营造。有一位经理曾经说过：“我认为，一个经理应该也必须做到：当某人出错时，既能指出其错误，又不致挫伤其自尊心。每当有人走进我的办公室，我总是营造出一种便于交换意见的氛围，这一点很重要。我发现，只要我越过有形的屏障——我的办公桌，那么营造那种氛围则易如反掌。我的办公桌象征权力，它向坐在旁边的来人表明，我有权命令他应该如何如何。我总是越过那个屏障，以朋友和同事而不是经理的身份与员工交谈。因此我们同坐在沙发上，在比较轻松的气氛中交流工作。”在融洽的气氛中，双方就能顺利地进行交流和沟通，相反，如果气氛比较紧张，那么面谈也就很难继续进行。在面谈开始时，要想办法创造一种坦诚的、开放的、友好的面谈氛围。下面是两种面谈氛围的比较（见表10-1）。

表10-1 **两种面谈氛围的比较**

融洽的氛围	缺乏融洽的氛围
自在、轻松	紧张、恐惧、急躁
舒适	不舒适
友善、温馨	严肃、冷峻
自由开朗地说话	不敢大胆地说话
信任	挑战、争辩
倾听	插嘴
明白	糊涂
不攻击他人	侮辱对方
宽广的胸怀	狭隘的胸怀

要营造好的面谈氛围，管理者本身首先要有坦诚的、开放的和轻松的心态，同时要注意桌椅的摆放位置。

（3）在面谈之前、之后应采取的其他相关措施

① 面谈之前的措施主要有：经常与下级进行关于绩效的沟通；在判断别人的绩效之前先判断自己的绩效；鼓励下级对绩效评价面谈进行准备。

② 面谈之后的措施主要有：经常与下级进行关于绩效的沟通；定期对绩效目标进展情况进行评价；以绩效为基础，确定组织的奖酬系统。面谈结束前，主管最好先做一个简要的总结，让双方都有机会回忆一下面谈的主要内容（尤其是针对面谈时间比较长的情况）；可以在面谈过程中先做简单的记录，然后在24小时内将面谈内容整理到“员工绩效面谈记录表”上，记录要清晰具体，尤其是对提高员工绩效有帮助的信息。“员工绩效面谈记录表”是员工绩效管理的重要资料，应妥善保管。

基础训练

1.绩效反馈的内容包括哪些？

2.绩效面谈中应该注意哪些事项？

3.绩效面谈前管理者该做哪些准备工作？

4.绩效面谈的原则包括哪些？

综合应用

□ 案例分析题

案例1

某家电销售公司绩效考核案例

某家电销售公司专营洗衣机、冰箱、空调等各类家电的销售业务，年销售额8亿元左右。由于国内家电市场竞争日趋激烈，该公司迫切需要改善内部管理水平，在降低营业成本的同时，提高自身的竞争能力和服务水平。

通过与公司各级人员进行面谈和资料收集工作，我们发现：

（1）该公司的绩效考核体系采用了在一些公司较受欢迎的360度考核方法，但是，员工们因为害怕被别人打低分，于是也不敢给别人打低分，员工之间一团和气，难以发挥360度考核的诊断和发展功能。

（2）360度考核的成绩与员工的部分工资挂钩，然而由于360度考核更适合于员工发展这一特殊目的，因此不适宜与员工的经济利益有太直接的联系。

（3）没有把个人的绩效成绩与团队业绩联系起来，导致一些部门内大部分员工个人绩效考核成绩高，但是部门整体绩效却比较低的现象。

针对该公司这种状况，我们提出了以下改善策略：

（1）辅导该公司有效实施360度考核，但是降低360度考核的使用频率；取消了360度考核成绩与员工工资挂钩的制度，仅将它作为绩效诊断的参考和培训发展的依据。

（2）建立量化绩效考核制度，并使其与员工的部分工资以及增加薪酬挂钩。员工的职位晋升则以量化考核和360度考核两方面的考核结果为依据。

（3）将个人绩效考核成绩与团队业绩有机联系起来，根据部门绩效考核的结果决定

部门内员工个人绩效考核等级的分配比例。

通过对该公司实施360度考核辅导和引入量化绩效考核，该公司绩效管理系统正逐步完善，两套考核系统互为补充，取得了非常好的效果。

问题：探讨该公司绩效考核的成功因素及中国人面子文化对360度考核的负面影响。

案例2

一个成功的绩效改善的实例

康宏公司人力资源部制定了处理绩效问题的全新办法：非惩罚性处分，其核心思想是倡导责任和尊重的处分，认为每个员工都是成熟、负责、可堪信任的成年人。如果企业像对待成年人那样对待他们，他们就会表现得像个成年人。

这种新的绩效改善方法强调不使用惩罚手段，取消了警告、训斥、无薪停职，着眼于要求个人承担责任。公司管理层还进行了非常大胆而令人吃惊的改革——取消传统的最后处分步骤——无薪解雇，代之以大胆的新方法，即带薪停职处分。带薪停职的员工必须在停职日结束时做出决定，要么解决当前问题并完全承诺在各方面工作中达到令人满意的表现，要么另谋高就。公司负担停职日当天的工资，表现出希望看到员工改正并留下来的诚意。但是，如果员工再次犯错就会遭到解雇。何去何从，主动权完全掌握在员工自己手里。

非惩罚性处分先从非正式会谈开始。如果会谈未能产生预期结果，公司就会采取进一步的处分措施。

当非正式的会谈过程和绩效改进讨论不能成功地解决员工的绩效或行为问题时，主管所采取的第一级正式处分措施是“首次提醒”，也就是讨论员工存在的问题，提醒员工注意自己有责任达到公司要求的标准，并争取员工同意，使员工做出令人满意的表现。

如果问题继续存在，主管就会给予“二次提醒”——再次跟员工会谈，争取他同意解决问题。会谈后，主管将讨论内容正式编写成备忘录，交给该员工。“提醒”一词不同于“警告”或“训斥”，而是提醒员工注意两个问题：首先，提醒他注意现有绩效和期望绩效之间的具体差距；其次，提醒他注意，他有责任拿出合格的表现，做好他该做的工作。

如果正式处分措施的初始步骤不能成功地说服员工解决绩效问题，就需要果断采取行动——带薪停职。

通过这种新的绩效改善方法，公司紧张的气氛才得到缓解，员工消极怠工等现象得到了有效遏制。

问题：这个公司的绩效考核带给你什么样的启发？

□ 实践训练题

采用角色扮演的办法，一名学生扮演班主任，另一名学生扮演不太遵守纪律的在校生，运用绩效面谈技术进行一场模拟谈话。谈话之后彼此交流谈话感受，从而掌握绩效面谈技术。

第11章 绩效考核结果的运用

学习目标

知识目标：

了解绩效改进计划的指导思想；掌握绩效信息分析的方法；明确绩效改进的流程；熟悉如何在人力资源管理工作中运用绩效考核的结果。

能力目标：

掌握绩效工资方案的设计技巧。

素养目标：

树立“以人为本，激励创新”理念，为加快实施创新驱动发展战略、建设世界科技强国提供有力支撑和强大保障。

案例研讨

伯克希尔高管的绩效工资

作为伯克希尔的创始人，巴菲特认为简单和公平是管理高管薪酬的基本原则。伯克希尔在制定薪酬制度的时候，对高管采取高薪策略，高管所得到的绩效薪酬与他们的付出及工作成果直接相关。伯克希尔采用绩效薪酬激励机制，高管人员因其良好绩效而获得奖励，而且对高管绩效的考评将根据组织的环境状况而采取不同的评价标准。

一些子公司的高管继承了前人创造的、良好的经营环境所带来的出色业绩，而另一些子公司的高管却在复杂而艰难的环境中奋力拼搏，评价这两类高管业绩的标准当然不能仅限于公司业绩，母公司需要针对各个子公司的具体环境情况对高管制定具体的考核标准及薪酬计划。并且，伯克希尔将考核标准置于高管职责范围内真正应关心的地方，减少过于复杂或者无关紧要的考核标准。在总公司内，有些部门需要总部投入大量的资金，那么对这些部门高管的考核就不能单看他创造了多少收益，而应在剔除增量资本费用和利息之后，评价其对资金的使用效率。若高管能以高回报使用增量资本，就会得到奖励。

以上案例表明，绩效考核的结果只有与薪酬、晋升、培训及员工激励相结合才有意义。而绩效薪酬作为最重要的员工激励手段，在绩效考核结果的运用中发挥着不可低估的作用。

11.1 绩效改进计划

绩效改进计划就是指采取一系列具体行动来改进下属的绩效，它包括做什么、由谁来做和何时做。绩效改进工作的成功与否，是绩效管理过程能否发挥作用的关键。绩效改进是绩效管理过程中的一个重要环节。传统绩效考评的目的是通过对员工的工作业绩进行评估，将评估结果作为确定员工薪酬、奖惩、晋升或降级的标准；而现代绩效管理的目的不限于此，员工能力的不断提高以及绩效的持续改进才是其根本目的。

11.1.1 绩效改进计划的指导思想及原则

1）绩效改进计划的指导思想

要做好绩效改进工作，首先必须明确它的指导思想，绩效改进的指导思想主要体现为以下几点：

第一，绩效改进是绩效考评的后续工作，所以，绩效改进的出发点是对员工现实工作的考评，不能将这两个环节的工作割裂开来考虑。由于绩效考评强调的是人与标准比较而非人与人比较，因此，绩效改进的需求应当是在与标准比较的基础上确定的。绩效标准的确定应该是客观的，而不是主观的，只有找到标准绩效与实际绩效之间的差距（而非员工与员工之间绩效的差距），才能明确绩效改进的需求。

第二，绩效改进必须自然地融入部门日常管理工作之中，才有其存在价值。绩效改进不是管理者的附加工作，也不是企业在特殊情况下追加给管理者的特殊任务，它应该成为管理者日常工作的一部分。管理者不应该把它当成一种负担，而应该把它作为一项日常的管理任务来对待。当然，这种自然融入的达成，一方面有赖于优秀的企业文化对管理者和员工的理念灌输，使他们真正认可绩效改进的意义和价值；另一方面也有赖于部门内双向沟通的制度化、规范化，这是做好绩效改进工作的制度基础。

第三，帮助下属改进绩效、提升能力，与完成管理任务一样都是管理者义不容辞的责任。管理者不应该以“没有时间和精力”“绩效改进效果不明显”等理由来加以推脱。

对绩效管理的一个普遍的误解是，管理者常常认为它是“事后”讨论，其目的仅仅是抓住那些犯过的错误和绩效低下的问题。实际上，这并不是绩效管理的核心。绩效管理并不是以反光镜的形式来查找员工的不足，它是为了防止问题发生，找出成功道路上的障碍，从而提高下属的业绩和能力，以免日后付出更大的代价。所以，管理者应该勇于承担绩效改进的责任。

2）绩效改进计划的原则

（1）针对性

绩效改进计划的内容要与待改进的绩效相关，泛泛地进行培训或学习无法满足绩效改进计划的要求。

（2）时间性

绩效改进计划必须要有截止日期，并且这一日期要与下属一起来确定。

（3）具体性

在绩效改进计划中，该做的事必须描述清楚。举例来说，如果与下属沟通不畅是需要改进之处，要求其读一本书是要采取的行动之一，那么，特别指定阅读的书名应该列出，而不是简单地说“去读一本有关沟通的书籍”。

（4）要获得认同

绩效改进计划要由管理者和下属共同参与，以便双方都接受这个计划并致力于实行。

3）绩效改进计划中行为改变的条件

绩效改进计划的目的是要使下属改变行为，要使此目的得以实现，必须符合以下几个条件：

（1）意愿

员工必须有改变的意愿。

（2）知识与技术

员工必须知道要做什么并且知道如何去做。

（3）气氛

员工必须在一种能让他改变表现方式的环境里工作，造就这种工作气氛最重要的因素是主管。

（4）帮助与支持

如果员工想改进，就需要鼓励与帮助。一个人可能因畏惧失败而不敢尝试新的事物。此时，管理者需要帮助他、训练他。此外，人力资源部门也要与管理者合力帮助他们。

（5）奖励

如果知道改变会有奖励，人们会很容易去接受。奖励的方式可分为物质的和非物质的，前者包括加薪、分红等，后者包括自我的满足、称赞、加重责任、更多的自由和授权。

11.1.2 绩效改进计划的实施步骤

1）绩效诊断与分析

绩效诊断与分析，是绩效改进的起始环节。很多教科书将绩效诊断和绩效改进看成两个独立的环节，但从系统的角度来看，绩效诊断属于绩效改进的前期工作，它们之间密不可分，故在此将绩效诊断归入绩效改进的大范畴内。绩效改进虽然是企业每年的必修课，但每年的绩效问题和改进的内容都是不一样的。因此，绩效诊断与分析是绩效改进过程中不可或缺的环节。

据有关学者研究，诊断绩效问题一般有以下两种思路：

（1）四因素法

四因素法是从知识、技能、态度、环境四个方面着手分析绩效不佳的原因（如图11-1所示）。管理者可以通过与员工一起分析下述问题，寻找影响绩效的关键因素。

知识：员工有做这方面工作的知识和经验吗？

技能：员工具备运用知识和经验的技能吗？

态度：员工有正确的态度和自信心吗？

环境：有不可控的外部障碍吗？

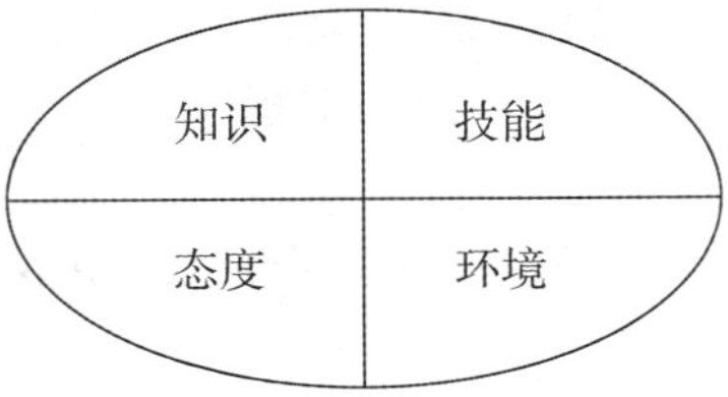

图11-1　四因素法

（2）三因素法

三因素法是指从员工、管理者和环境三方面来分析绩效问题（如图11-2所示）。

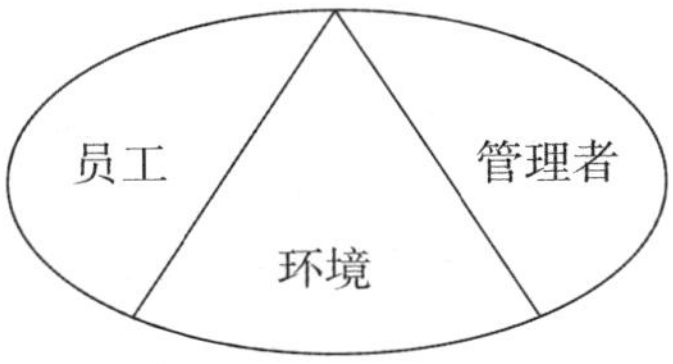

图11-2　三因素法

从员工方面来看，员工所采取的行动本身不正确、工作过程中不够努力或者因为知识和技能等不足都可能导致绩效不良；而员工对组织和管理者的要求理解有误，或者目标不明确、缺乏激励，也可能是绩效不佳的原因。

从管理者方面来看，对管理者的管理行为通常可以从两个方面进行分析：一是管理者做了不该做的事情，例如监督过严、施加不当压力等；二是管理者没有做该做的事情，例如没有明确工作要求、没有给予员工及时反馈、没有给员工提供指导以及教育和培训的机会等。

从环境方面来看，工作场所、团队气氛等因素，都可能对员工绩效产生影响，具体包括工具或设备不良、原料短缺、不良工作条件（噪声、光线、空间以及其他干扰等）、同事关系、工作方法等。

上述两种方法各具特色，前者（四因素法）主要是从完成工作任务的主体来考虑，通过分析员工是否具备承担此项工作的能力和态度来分析绩效问题的原因。这种方法容易造成管理缺位，即把员工绩效问题的产生归结为员工主观原因，而忽视了管理者的责任，这样不利于找到产生绩效问题的真正原因，同时也不易被员工接受。后者（三因素法）从更宏观的角度去分析问题，较容易把握产生绩效问题的主要方面，认识到管理者在其中所负的责任以及客观外部环境的影响。如果想要更加全面、透彻地分析绩效问题，必须结合上述两种思路，在管理者和员工充分交流的情况下，对产生绩效不良的原因达成一致意见。

2）组建绩效改进部门

条件允许的话，企业应组建专门的绩效改进部门来具体负责这项工作。部门的人员结构、数量、组建方式由绩效改进的需求决定。如果绩效问题比较严重，对部门的人员数量、结构、运作方式要求会较高。绩效改进部门是在传统培训部门的基础上发展起来的。从组织结构来看，传统的培训部门与绩效改进部门存在区别，见表11-1。

表11-1　**绩效改进部门与传统培训部门的区别**

项目	绩效改进部门	传统培训部门
部门使命	提供咨询、培训、分析和评估服务，来确保个人与组织绩效不断改进，支持组织战略与业务计划	以开发员工技能、强化员工知识、拓宽员工视野来支持组织的战略和业务计划
提供的服务	构建绩效与胜任能力模型，确定绩效差异并分析原因，实施绩效改进计划，评估绩效改进效果，为业务部门提供绩效改进的咨询服务	确定培训需求，设计并开发培训项目以及其他形式的学习体验，训练培训人员，实施培训项目并进行评价
部门人员职责与角色	客户联系员、绩效分析员、绩效咨询顾问、绩效改进效果评估员	讲师、辅导员、课程设计师、培训协调员、培训效果评估员

3）选择和实施绩效改进方案

一旦明确了差距，选择了合理的工具，绩效问题似乎就能迎刃而解，但实践表明，绩效问题往往有多重原因，这意味着需要几种改进措施同时进行。事实上，几种改进方法结合在一起常常会收到更好的效果。不管采取哪些改进措施，以下原则不可违背：

第一，时机是很重要的，及早指出，及时处理。

第二，应彻底及客观地调查。

第三，给予员工改进的机会。

第四，以正式的文件明确下来。

第五，采取行动前，应与高层管理者和人力资源顾问进行协商。

大致来说，广义的绩效改进方案包括四种类型，这四种类型以及具体的适用环境见表11-2。

表11-2　**绩效改进方案类型**

态度能力	不好	好
高	咨询 辅导 授权 工作重新分配	更多机会 工作丰富化 升迁 特殊培训
低	绩效改进方案（狭义）	训练知识技能

从狭义上来看，绩效改进方案可以更细致、更具体。例如，表11-3是一项用于改进员工时间管理方面的方案，其重点放在了公司内及自我改进的活动上。

表11-3　**员工时间管理绩效改进方案**

改进事项：时间运用能力		
组织内活动	组织外活动	个人自我改进活动
由下属完成	由主管完成	由下属完成
读书：《如何掌控自己的时间和生活》	派下属加入精于时间管理的经理所领导的专案小组，或安排与其会谈	与一名善于利用时间的经理面谈、请教，并选择2～3项亲自练习

续表

改进事项：时间运用能力		
参加时间管理实习会	用1周左右的时间，每天示范给下属你是如何安排控制时间的； 要下属看你为他所做的工作项目表及工作完成检查表，对任何有效的表现都给予鼓励	每天制定工作项目表，并排定优先顺序； 将每一项成绩予以记录，把工作项目表逐项加上预计完成的时间； 记录是否可以按时完成； 不要让自己通过加班或早到来清除积压的工作； 检查过去3个月的工作日记，找出不必要的时间和花费时间过多的事情，然后，计划下个月的工作，并予以改进

选择了正确的绩效改进方案并不代表着绩效改进就取得了良好的效果。绩效改进意味着组织和个人的某些改变，而改变自然会遇到阻力。阻力或是来自利益冲突，或是来自传统的束缚。因此，方案的推行需要员工的全力支持，也需要管理者的全力协助。

不管任何方案，当管理者与员工一起实施时，管理者都要义不容辞地负起最后完成的责任。此责任包括下列几项：确定员工了解这项方案；如果环境变动，此方案需改变，则应与员工协商，并将改变部分列入方案中；应提醒员工，使其能按计划执行，避免因遗忘导致方案以失败告终；如果方案某部分未按进度完成，应予以纠正。

对于员工来说，同意实施绩效改进方案后，员工应视之为己任，或是在意外事情发生妨碍计划完成时，员工应立即让主管知道。当感觉方案不切合自己的实际时，应及时加以修改。

4）变革管理

选择了正确的改进方案并不意味着成功在即。无论国内还是国外的企业变革实践都证明，变革的失败多是实施不力所致，而非方案不优之故。改进方案成功的关键是对变革过程的管理。改进意味着组织和个人的某些改变，自然会遇到阻力。这个阻力或是来自利益冲突，或是来自旧的观念和行为习惯，或是来自不安全感等。在设计改进方案时需要考虑到执行过程中可能遇到的障碍，并先行想好对策。一般而言，领导者的支持、充分的宣传和沟通、严密的步骤是保证改进成功的重要因素。

5）绩效改进结果评估

改进方案实施，并不意味着任务的完成。绩效改进结果评估就是对改进结果进行评价，以确定其是否实现了减少绩效差距的目标。柯克帕特里克（Kirkpatrick）提出了结果评估的四个维度：

（1）反应

工作场所的各类成员对改进活动，以及活动对他们的影响的反应结果如何？客户和供应商的反应怎样？

（2）学习或能力

实施后，人们了解或掌握了哪些以前不会的知识或技能？

（3）转变

改进活动对工作方式是否产生了所希望的影响？工作中是否开始运用新的技能、工具、程序？

（4）结果

改进活动对绩效差距的影响是什么？差距的缩小与经营行为具有正相关关系吗？

评估结果将反馈回组织观察和分析过程之中，从而开始新的循环过程。

总之，企业可以将分散的、孤立的绩效改进环节，如绩效诊断与分析、原因分析、制订绩效改进方案等加以整合，在各影响因素的动态联系中把握住影响个人或组织绩效的因素或结构，从而制定全面有效的改进策略，并能够科学化地实施，以实现组织绩效迅速提高的目标。

11.2　绩效改进实践

11.2.1　企业绩效考核结果应用对人才培养的激励作用

1）满足员工的精神需求

根据马斯洛的需要层次理论，人的需要分为生理需要、安全需要、社交需要、尊重需要、自我实现的需要。由此可见，人们不仅有物质方面的需要，还有精神方面的需要，而且精神方面的需要处于更高层次。企业绩效考核结果应用对人才培养的激励作用的表现之一便在于满足了人们的精神需要，激励着人们更加努力地工作。基本逻辑在于，当根据员工的工作表现来确定其薪酬福利、职位晋升时，员工会感受到自己的付出得到了客观的衡量，自己的行为受到了尊重；自己的付出会帮助自己一步一步地实现职业发展规划等。这是一种精神上的满足，据此，人们会产生公平感。按照亚当·斯密的公平理论，人们会更加努力工作，以使自己的收益和付出成正比，从而实现个人绩效的提升，这就为整个企业绩效的提升奠定了基础。

2）满足员工的物质需求

企业绩效考核结果应用对人才培养的激励作用表现为满足了员工的物质需求，为员工的家庭生活和工作开展提供了物质保障。精神需求固然重要，但是物质需求却是最基本的需要，越是底层的需求越能够产生强大的推动力。比如，人们对食物的追求等。如果这一需求不能得到满足，则其他工作的开展就会失去根基。充分运用绩效考核结果，将绩效考核结果与员工薪酬福利挂钩，则员工努力工作，绩效得到提升之后，薪酬福利也会相应地提高，员工的生活自然可以得到改善。另外，员工职位上的晋升通常也伴随着员工福利待遇的提高，即高职位的员工可以获得更多的物质报酬，这也有利于满足员工的物质需求。当然，这里有一个前提，就是绩效考核结果必须是公允的，是在遵循一定程序、按照一定标准的基础上获得的结果，是被员工所认同的。

3）推进员工的职业生涯发展

企业绩效考核结果应用对人才培养的激励作用表现在推进员工的职业生涯发展方面。如前所述，员工的职业生涯发展不是员工一个人的事情，而是需要不断地与上级主管沟通，并在职业生涯推进的过程中，不断地修正、调整。企业实施绩效考核，获得了员工的个人绩效信息，即知晓了员工在工作中表现的好坏，了解到员工是否按照预期的目标来推进职业生涯。企业将这些信息通过绩效沟通和绩效反馈的方式传递给员工，帮助员工形成一个全面的自我评价和判断，并帮助员工对职业生涯规划进行调整。管理者根据员工目前绩效考核结果和长期以来的绩效提高过程，和员工协商制订一个长远的工作绩效和工作能力改进提高的系统计划，明确其在企业发展中的未来发展途径。绩效考核结果可以为员工判断是否实现某一阶段的目标提供标准和依据，并据此调整和修正下一步的发展计划。企业还可以为员工发展提供力所能及的帮助，从而帮助员工更好地实现职业生涯发展。

4）形成良性竞争的氛围和文化

企业绩效考核结果应用对人才培养的激励作用表现在有助于在企业内部形成良性竞争的氛围和文化。一个管理规范的企业，必定是一个有规矩、有制度的企业，企业各项活动的开展都有章可循，员工对个人薪酬、晋升等也都能够进行合理预期，从而调整自身的行为。对于大型企业来说，规范化管理更为重要，其中，绩效考核就是规范化、科学化管理的重要组成部分。当科学地实施了绩效考核之后，每个员工的绩效考核结果就是个人绩效的呈现，然后可根据这个结果对员工进行奖惩等。这样，每个员工对奖惩结果都是心服口服的。如果想获得奖励，包括职位上的晋升，就要努力工作，获得绩效上的改进，为企业发展做出贡献。反之，如果工作上不努力，抱着得过且过的心态，工作上懈怠，绩效必然不佳，个人薪酬福利、职业发展、职位晋升就会受到影响。明确的标准和透明的程序在企业内部形成了良性竞争的氛围和文化，进而为企业更好地吸纳人才创造了条件，增强了企业在人才吸纳方面的竞争力。

11.2.2 绩效考评结果在招聘与选拔中的应用

1）考评结果对企业提高招聘有效性的作用

企业因扩大业务或因原有职位的员工离职而产生职位空缺时，往往需要从企业内部进行选拔或从社会上招聘新员工，在选拔与招聘过程中，绩效考评的结果与其有着密切的关系。

在招聘前，企业需要制订人力资源需求计划，而绩效考评是制订需求计划的重要基础。企业通过绩效考评发现现有员工的绩效水平与企业的期望值之间存在差距，针对这些差距来确定企业需要招聘的人员。

绩效考评既是对岗位人员现职工作的考核评价，又是对人员选拔结论进行实绩检验，可作为企业提高招聘有效性的手段。

（1）对招聘有效性的检测作用

对企业来说，招聘是有成本的，而且招聘的成本还可能是不低的，比如广告费、宣传费、招聘工作人员的人工成本等，甚至包括招聘到的人员并不适合企业而带来的损失。因此，很多企业都很重视对应征人员的素质测评。通过把新员工的绩效考评结果和申请工作时的测验结果进行比较，可以判断测评手段的有效性。例如，管理者发现在挑选测验中得分大致相等的工作申请人一年后在工作岗位上的成绩相差很大，由此可以看出，这些测验没有精确地预测人员的行为。通过检测，企业可以对招聘筛选的方法与检测手段进行改进，从而提高招聘的有效性。

（2）对招聘筛选的参考作用

通过绩效考评的结果和其他反馈，人力资源管理人员对企业内各个岗位优秀人员所应具有的品质与绩效特征有一定的理解，这些将会给招聘工作的筛选提供有益的参考。例如，通过对企业中优秀销售员的绩效特征进行分析，可以认为这些特征主要是能吃苦、有耐心等，那么，在招聘销售员时，挑选什么样的人就不言而喻了。

可见，招聘过程中存在许多问题，若要有效解决，必须善于运用绩效考评的结果。首先，根据考评的结果，可以获取空缺职位的要求，如能力要求、素质要求、业务知识要求等。其次，在筛选申请表及面试阶段，可以根据事先确立的职位要求，选择符合其要求的新员工。最后，在新员工上岗培训阶段，又可以根据绩效考评的历史记录，加强培训，缩短新员工的上岗适应期。

2）企业选拔对考评结果的依赖

绩效考核有利于发现员工的优点，为员工的职业发展获取充分的“证据”，进而对表现优异的员工或者具备特殊才能的员工进行奖赏、提拔。绩效考核的过程，类似于让齐宣王手下的乐师一个一个地表演，于是南郭先生无法混迹其中，同时吹竽高手也能够显露出来，管理者可以考虑提拔高手为吹竽队的队长。绩效考核其实是发现优秀人才、选拔人才的一种机制，是为员工的职业发展铺路的过程。

科学选拔包括两个方面：其一是选拔程序要科学；其二是选拔方法要科学，在各个程序采用科学的方式方法。这其中，需要采用科学有效的绩效考评程序与方法来保证选拔过程科学有效。一般地，科学选拔在利用考评结果方面，应遵循以下规则：

（1）业绩与能力有效统一

业绩是绩效考评中第一位的因素，而且在考评中占有相当高的比重（在很多企业的绩效考评中，业绩这一因素在所有考评因素中占70%左右）。好的业绩意味着较高的工作质量、较高的工作效率、较低的工作差错率等，因此，可以将业绩考评的结果作为人员选拔的先决条件，以鼓励员工创造出好的业绩。但如果仅凭业绩考评结果来进行人员选拔，可能会陷入“彼得原理”所指出的误区，即企业的员工有被选拔到自己不称职、不胜任的职位上的趋势。业绩是过去行为的结果，业绩优秀表明该员工胜任现在的工作职位，但并不一定能证明其有能力胜任将要选拔到的工作职位。

在把业绩考评结果作为选拔先决条件的同时，应将能力考评的结果作为人员选拔的制约条件，这也是贯彻岗位设置中能级对应原则的要求——每一个人所具有的能级水平与所处的层次和岗位的能级要求相对应，全面考察员工显露和潜在的能力，才能做到人尽其才，才尽其用。

（2）建立以职位族为基础的晋升阶梯

在传统的选拔制度下，晋升就意味着管理职位的提升，如科长升为处长，员工升为经理。管理职位在企业中是相当有限的，把管理职位的提升作为唯一阶梯，对广大员工和专业人员是不公平的，可能会因此减少优秀的专业人员而增加平庸或不合格的管理者。所以，可以将公司的职位划分为若干职位族，如研发、工程、行政、事务、操作等专业类别，并建立起不同的等级，从而形成以职位族为基础的晋升阶梯，借助于绩效考评的结果，来实现工作职位的定位优化。

11.2.3 绩效考评结果在员工培训中的应用

人力资源的培训与开发是现代人力资源管理运作的内在组成部分，同时也是企业对员工进行的一种人力资本投资。任何一项投资决策都讲求投资回报率，人力资本的投资也不例外。为了提高人力资本投资的回报率，降低投资风险，企业必须保证人力资源开发与培训决策的有效性。

通过绩效考评的结果，企业能够有效地了解到员工的不足与薄弱环节，因而也给人力资源开发与培训提供了决策依据。可以说，没有绩效考评，就无法做出最佳的人力资源开发与培训决策。

1）绩效考评为人力资源开发与培训提供了针对性

要使人力资源培训与开发发挥其应有的作用，必须要有针对性，即应针对员工的薄弱环节，使其能够获得急需的知识和技能；而要了解员工的优势和劣势，就必须通过对员工个人的绩效考评来获得，绩效考评结果为人力资源开发与培训提供了依据。通过员工的绩效考核评价，主管可以发现员工在培训和发展方面不同的需要。例如，如果某位员工的工作要求具有技术方面的写作技能，而其考评只得到了一个勉强合格的评价，就应对其在书面交流方面进行额外的培训。如果人力资源经理发现许多基层主管在管理纪律方面存在困难，就应建议在培训期间谈谈这个问题。通过识别那些对业绩有不利影响的缺陷，人力资源和直线管理人员有能力制订出人力资源发展方案，从而帮助员工发挥其优点，克服其缺点。一种绩效考评制度并不能保证员工会得到适当的培训和发展，但当评价结果值得参考时，对于确定培训和发展需要的任务是很有帮助的。

2）人力资源开发与培训的效果可以通过绩效考评来判定

人力资源开发与培训主要是通过提高员工的工作技能来提高他们的工作业绩，因此，检测人力资源开发与培训的效果如何，可以通过绩效考评来判定。这样，就加强了对企业培训开发活动的管理，有助于提高培训开发活动的质量，也使公司的人力资本投资取得了最大收益。

11.2.4 绩效考评结果在薪酬管理中的应用

绩效考评的最初目的就是更好地考评员工对团队或组织的贡献，以便在薪酬分配过程中体现出公平性原则。薪酬3P理论提出了三种薪酬支付方式：基于职位付薪、基于能力付薪以及基于绩效付薪。绩效薪酬（pay-related performance，PRP）属于第三种，是一种与绩效管理制度相联系的薪酬管理制度。一般而言，为了强调薪酬的公平性并发挥薪酬的激励作用，员工的薪酬中都会有一部分与绩效挂钩。如何有效地发挥薪酬的激励作用，寻求绩效管理和薪酬管理的有机结合是大多数组织所面临的一个难题。目前，组织常用的绩效薪酬管理制度有下述几种：

1）绩效工资与绩效调薪

（1）绩效工资是在基本工资中与绩效有关的工资，这部分工资收入是以员工的当期绩效表现为依据来计算并一次性发放的。绩效调薪是依据绩效结果对基本工资水平进行调整，既可以上调，也可以下调。绩效工资与绩效调薪都是与工资相联系的绩效薪酬制度，这两种制度在计算和实施方法上有许多相似之处，同时也存在着本质区别。两者最主要的区别是：绩效工资是根据每个考评周期的绩效评价结果而进行的一次性加薪或减薪；绩效调薪则是根据考评结果（通常是年度考评结果）累计式地对基本工资进行调整，即在原基本工资水平的基础上加薪或减薪，从而形成下一周期或年度的基本工资水平。

绩效工资与绩效调薪对工资增长的影响比较示例见表11-4。

表11-4　**绩效工资与绩效调薪对工资增长的影响比较示例**　单位：元

加薪幅度（%）	绩效工资	绩效调薪
2014年某员工的基本工资额：3 000		
2014年底加薪 加薪幅度：4%	获得加薪额：3 000×4%=120 支付总额：3 000+120=3 120	获得加薪额：3 000×4%=120 支付总额：3 000+120=3 120
2015年该员工的基本工资额	3 000	3 120
2015年底加薪 加薪幅度：5%	获得加薪额：3 000×5%=150 支付总额：3 000+150=3 150	获得加薪额：3 120×5%=156 支付总额：3 120+156=3 276
2016年该员工的基本工资额	3 000	3 276
2016年底加薪 加薪幅度：6%	获得加薪额：3 000×6%=180 支付总额：3 000+180=3 180	获得加薪额：3 276×6%=197 支付总额：3 276+197=3 473
2017年该员工的基本工资额	3 000	3 473
三次加薪后基本工资增加额	0	473

（2）绩效调薪是较为传统的绩效薪酬方式，这种方式的两个关键要点在于计算基数与系数的确定。在每个组织中，做法各不相同：有的组织根据岗位的级别确定一个最高奖励比例，以现有基本工资或年度薪酬总额和与职位相对应的最高绩效工资比例的乘积为计算基数；有的组织则根据现有基本工资所处的等级确定一个绩效工资的基数，甚至直接以原基本工资为计算基数，而计算系数则是根据绩效考评结果等级进行设计的，见表11-5。

表11-5　**员工绩效考评等级及绩效考评系数表**

绩效考评等级	优秀	良好	中等	合格	不合格
绩效考评系数	1.5	1.2	1	0.8	0.6

2）绩效奖金

绩效调薪虽然体现了薪酬与绩效挂钩的直接联系，但是它的累加性往往会造成支付成本过高的问题，而基本工资的刚性特征也使得组织在实施这种方式时负担越来越重。一项对美国250家公司的调查表明，其中30%的公司正在考虑取消绩效调薪，有的公司则干脆已经不再使用绩效调薪，而一次性的绩效奖金正在逐渐取代绩效调薪。绩效奖金制度一般规定，完成某项任务或达到某种绩效水平就可以发给工资的一定比例或一定金额的奖金。例如，销售人员每个季度的销售额达到计划的100%，则给予基本工资10%的奖励；当销售额超过计划的10%，就可以得到基本工资20%的奖励。这种一次性奖励的绩效奖金由组织自己决定，并且一次性奖金不能加到基本工资内，每次需要员工重新争取才能获得这种奖励。

利润分享计划（profit sharing plan）是年度绩效奖金的常见方式，这种薪酬激励方式在美国的应用可以追溯到19世纪末期。利润分享是根据利润或回报的某种衡量标准来确定工资的计划，这种衡量标准包括完全会计利润、经营利润、资产回报、投资回报、资本收益、销售收入、附加价值率或工资成本产出率及其他可能的回报。现金利润分享（cash profit sharing）是利润分享最简单的一种形式。通常将所实现利润按预定部分分给员工，将奖金与工作表现直接挂钩，即时奖励，即时支付。这在美国是一种传统形式，所分享的红利与公司的盈利能力联系起来，一般1年支付1次或2次，每年支付的金额相当于6个星期的工资。

3）长期激励计划

上面讲到的绩效奖金是个人短期的激励报酬，长期激励计划则关注员工长期的努力成果，即1年以上的绩效周期内的员工绩效，并对这个长期绩效进行考核和奖励。常见的长期激励计划主要有员工持股计划和股票期权计划。

11.2.5 绩效考评结果与职位变动

员工绩效考评的结果是人员调配、职位变动的重要依据。人员调配不仅包括纵向的升迁或降职，还包括横向的工作轮换。绩效考评的结果可能说明某些员工无法胜任现有的工作岗位，这就需要查明原因并果断地进行职位调换，将其安置到其他能够胜任的岗位上去。同时，通过绩效考评也可以发现优秀的有发展潜力的员工，对于在潜力测评中表现出特殊管理才能的员工可以进行积极培养和大胆提拔。这种培养还包括人员在各个岗位之间的轮换，以培养其全面的才干并熟悉组织的整体运作，为后续部门之间的交流与协调做好准备。但是，员工晋升的决策一定不能只根据员工在上一绩效周期的绩效水平，关键是依据其管理能力和发展潜力，否则就会出现“彼得原理”所说的误区。

彼得原理（Peter principle）是美国学者劳伦斯·彼得在对组织中人员晋升的相关现象进行研究后得出的一个结论，即在各种组织中，由于习惯于对在某个等级上称职的人员进行晋升提拔，因而员工总是倾向于从称职的位置晋升到不称职的地位。彼得原理有时也被称为“向上爬”原理。这种现象在现实生活中无处不在：一名称职的教授被提升为大学校长后无所作为；一名优秀的运动员被提升为主管体育的官员后而无法胜任。

对一个组织而言，一旦组织中的部分人员被推到了其不称职的级别，就会造成组织中人浮于事、效率低下，导致平庸者出人头地，发展停滞。因此，这就要求改变单纯的“根据贡献决定晋升”的员工晋升机制，不能因某个人在某一岗位级别上干得很出色，就推断此人一定能够胜任更高一级的职务。要建立更加科学、合理的人员选聘机制，客观地考评每一位员工的能力和水平，将员工安排到其可以胜任的岗位。不要把岗位晋升当成对员工的主要奖励方式，应建立更有效的奖励机制，更多地以加薪、休假等方式作为奖励手段。有时将一名员工晋升到一个其并不擅长的岗位，反而会使该员工无法很好地发挥才能，也会给企业带来损失，这不是对员工的奖励。对个人而言，虽然每个人都期待着不停地晋升，但不要将往上爬作为自己发展的唯一动力。与其在一个无法完全胜任的岗位勉强支撑、无所适从，还不如找一个自己能游刃有余的岗位好好发挥自己的专长。

拓展阅读11-1

进一步深化预算绩效管理改革的对策建议

按照党的二十大部署，要进一步深化预算绩效管理改革，破除体制机制障碍、补齐管理制度短板，构建完善综合统筹、规范透明、约束有力、讲求绩效、持续安全的现代预算制度，推动建设一个花钱更少、效益更好的社会主义现代化强国。

1.高质量推进预算绩效评价。进一步完善覆盖全国的分行业、分领域、分层次核心绩效指标和标准体系，通过跨部门跨地区跨年度大数据分析，推进预算绩效管理质量实现跃升。扩大事前和事后绩效评价范围，聚焦贯彻落实党中央、国务院重大方针政策和决策部署，对于覆盖面广、影响力大、社会关注度高、实施期长的重大政策和项目，引入专家和第三方机构深入开展绩效评价，探索建立政策和项目评价标准化制度体系，广泛运用满意度调查方法，全面客观反映其全生命周期绩效的实现程度，有效回应人民关切，为决策科学化、民主化奠定坚实基础。

2.创新开展成本效益管理。开展全成本核算、注重成本效益相匹配，是科学决策和合理安排预算的重要基础，也是下一步深化预算绩效管理改革的难点和重点。具体可以通过最低成本法、成本效益法、作业成本法、净现值法等，在预算编制阶段核定成本，在预算执行阶段控制成本和质量，在决算阶段考核成本和绩效。只有分类核清成本，才能科学制定支出标准；只有控制成本，才能把有限的财政资金用在刀刃上，实现效益最大化。

3.加快实施整体支出绩效管理。全面总结经验，按照"分类试点、量体裁衣"原则，加快实施部门和单位整体支出全过程绩效管理，财政部门定期组织开展绩效评价，人大、审计等加强审查、审计监督，通过多方协同联动，实现内部管理和外部监管有机结合、贯通发力。综合运用关键绩效指标法、平衡计分卡、层次分析法等方法，全面科学衡量部门和单位整体及核心业务实施效果，推动政府部门整体运行效率、履职效能和公共服务质量有效提升。

4.探索开展政府收入绩效管理。我国政府收入绩效管理要涵盖一般公共预算、政府性基金预算、国有资本经营预算收入，贯穿各类政府政策制定、执行、完善、废止全过程。通过建立健全科学有效的绩效管理制度，规范管理流程，运用定量和定性分析方法，对政府收入结构、征管效率和税收优惠政策进行全方位绩效管理，提升政府收入政策效果和执行效率。全面开展社会保险基金预算绩效管理，促进社会保险基金精算平衡和可持续运行。

5.全方位用好用足绩效结果。完善互联互通的预算一体化系统，加强预算绩效信息智能汇总分析和深度挖掘利用，充分运用全过程绩效管理成果，及时纠正偏差、改进管理，推动预算决策和资源配置科学精准。强化绩效评价结果应用，硬化责任约束，形成评价结果、反馈整改、提升绩效的良性循环。完善预算绩效管理工作考核和结果通报制度，推动将绩效结果纳入政府绩效和干部政绩考核体系，调动领导干部履职尽责和干事创业的积极性。

6.加快培育高素质绩效管理人才队伍。各级财政部门、预算部门应积极推进多学科绩效管理专家库建设，加强宣传培训，形成全员重绩效、懂绩效、用绩效的工作格局。加强对第三方机构执业质量的监督管理，开展第三方机构绩效评价报告质量抽审，建立健全约谈通报和问责制度，引导规范市场秩序健康发展。推动更多有条件的大专院校加快设立预算绩效管理学科或专业，探索实行预算绩效管理行业领域专业资质认证，加强高端人才培养，建立完善绩效人才评价体系，培育一批具有长远战略眼光、强大综合素质、优良工作作风的高水平绩效管理人才队伍，确保基业长青。

资料来源　郑涌．深化预算绩效管理改革　推进国家治理现代化［J］．财政研究，2022（11）．

基础训练

1.简述如何进行绩效改进。

2.简述绩效考评结果如何应用。

综合应用

□ 案例分析题

Y企业考核结果评定及运用出了问题

Y企业是一家生产型企业集团。甲在A部门工作，工作成绩在部门内部非常优异；乙在B部门工作，工作成绩一般。一个年度下来，由于A部门整体绩效水平偏低（比如说只有70分），因此甲的绩效得分上限是70分；而由于B部门整体绩效水平很高（比如说是100分），乙的绩效得分上限是100分。因此产生的问题是，从个人绩效来说，甲远远优于乙，但由于受到部门绩效的“连累”，最终的考评结果乃至收入水平是甲不如乙。甲愤愤不平，觉得乙是“搭便车”。

不但如此，在Y企业的绩效考评中，A部门和C部门之间也出现了不平衡。甲和丙分别在A和C部门工作，成绩都很优异。一个年度下来，两部门绩效得分都是100分。但由于A部门的负责人要求严格，部门内个人绩效得分普遍偏低；C部门负责人要求相对宽松，部门内部个人绩效得分普遍偏高。最终，甲的考评结果不如丙。

产生上述不合理现象的原因如下：

（1）部门负责人之间存在的管理水平差异以及员工之间存在的素质差异，导致职能部门之间整体绩效产生差异，从而影响最终的员工个人绩效和收入。

（2）管理者对下属以及员工对自身的要求有所区别，这种区别给绩效考核工作带来不可避免的主观性（在目标设定、考核过程中都是不可避免的），造成考核“基准线”的差异，从而影响最终的员工个人绩效和收入。

上述问题看似小事，但长期积累下去有可能动摇整个绩效管理体系的根基，可能导致的结果如下：

其一，整体绩效相对优秀的部门负责人为了维护本部门员工的积极性和相对公平，势必采取相应的方法拉近这种差距（因为毕竟绩效考核结果将与员工的薪酬、晋升、培训等相关因素相联系），从而降低对自己及下属工作要求的标准，以寻求与其他部门相对平衡；员工则会因为感觉干好干坏一个样（与部门绩效较差的部门员工进行比较而言），而失去追求更高目标的热情和动力，向部门绩效较差的部门员工看齐。

其二，部门绩效相对较差的员工因为没有压力（考核结果已对其做出了相对肯定、薪酬水平与部门绩效高的部门员工差别缩小），也不会主动寻找并持续改进自身所存在的问题，以致岗位工作绩效难有提升。

问题：你觉得如何做才能使Y企业的员工对绩效考核结果满意？

分析提示：

（1）调整薪酬体系，合理运用绩效考评结果。

首先，在确定考评结果时，采取一些技术手段，保证考评结果相对客观。比如大家经常提到的“强制分布法”“标准分换算法”等，都是通过一些技术手段对考评结果加以调整，从而避免在绩效考评的过程中一些主观因素的影响，部分消除前文中提到的一些偏差现象。

其次，对薪酬结构进行调整，体现个人绩效与部门、企业绩效的关联性。目前大部分企业采取“基本工资+绩效工资”的薪酬模式，如果稍加调整，比如调整为“基本工资+个人绩效工资+部门绩效工资+年终奖金”，其中个人绩效工资和个人绩效得分挂钩，部门绩效工资和部门绩效得分挂钩，年终奖金则和企业整体利润完成情况挂钩，可以更好地引导员工关注整个部门、企业的绩效。当然，上述三个因素如何相互影响、各自的比例如何，Y企业完全可以根据自身情况而定。

（2）加强企业文化建设，强调团队精神与合作意识。

任何管理工具都不是十全十美的，绩效管理同样也是如此。无论采取多少种技术手段、科学方法，最终的考核结果也无法达到百分之百的准确。因此，加强企业文化建设，强调团队精神与合作意识，从而形成良好的内部协作氛围，则能够对绩效管理体系起到必要的补充作用。

□ 实践训练题

请你为家乡某中学撰写一份教师绩效考核工资方案。

主要参考文献

［1］姚月娟．人力资源管理［M］．6版．大连：东北财经大学出版社，2023.

［2］赵日磊．手把手教你做绩效管理：模型、方法、案例和实践［M］．北京：电子工业出版社，2016.

［3］中国就业培训技术指导中心．企业人力资源管理师（四级）［M］．北京：中国劳动社会保障出版社，2016.

［4］中国就业培训技术指导中心．企业人力资源管理师（三级）［M］．北京：中国劳动社会保障出版社，2016.

［5］胡劲松．绩效管理从入门到精通［M］．北京：清华大学出版社，2015.

［6］孙宗虎．绩效考核管理：实训、实战、实务［M］．北京：人民邮电出版社，2015.

［7］杨明娜．绩效管理实务［M］．北京：中国人民大学出版社，2015.

［8］方振邦，唐健．战略性绩效管理［M］．5版．北京：中国人民大学出版社，2018.

［9］郭京生，袁家海，刘博．绩效管理制度设计与运作［M］．2版．北京：中国劳动社会保障出版社，2012.

［10］鲁百年．矛与盾的平衡——全面企业绩效管理［M］．北京：北京大学出版社，2012.

［11］秦杨勇．平衡计分卡与绩效管理经典案例解析［M］．北京：中国经济出版社，2012.

［12］孙宗虎，罗辉．绩效考核量化管理全案［M］．2版．北京：人民邮电出版社，2012.

［13］王海燕，姚小远．绩效管理［M］．北京：清华大学出版社，2012.

［14］杜映梅．绩效管理［M］．2版．北京：中国发展出版社，2011.

［15］李亚慧．绩效管理制度［M］．北京：人民邮电出版社，2011.

［16］徐延利．绩效管理——理论、方法、流程及应用［M］．北京：经济科学出版社，2011.

［17］何强．绩效考评［M］．2版．北京：电子工业出版社，2010.

［18］林筠．绩效管理［M］．2版．西安：西安交通大学出版社，2018.